SCHRIFTEN ZUR GELDTHEORIE UND GELDPOLITIK

Herausgegeben von
Prof. Dr. Hans-Hermann Francke, Freiburg
Prof. Dr. Alois Oberhauser, Freiburg

Band 11

Die geldpolitische Konzeption der Banque de France und der Deutschen Bundesbank

Eine vergleichende Analyse der Geldmengenpolitik in Deutschland und Frankreich

Wolfgang Disch

Centaurus Verlag & Media UG 1995

Zum Autor: *Dr. Wolfgang Disch* studierte Volkswirtschaftslehre an der Universität Freiburg mit den Schwerpunkten Finanz- und Geldpolitik. Nach dem Studium war er als Lehrbeauftragter an der Berufsakademie Villingen-Schwenningen und Lörrach tätig. 1994 Promotion. Derzeit ist der Autor als Länderanalyst beim Schweizerischen Bankverein in Basel beschäftigt.

Die Deutsche Bibliothek – CIP-Einheitsaufnahme

Disch, Wolfgang:
Die geldpolitische Konzeption der Banque de France und der Deutschen Bundesbank : eine vergleichende Analyse der Geldmengenpolitik in Deutschland und Frankreich / Wolfgang Disch. – Pfaffenweiler : Centaurus-Verl.-Ges., 1995
(Schriften zur Geldtheorie und Geldpolitik ; Bd. 11)
Zugl.: Freiburg (Breisgau), Univ., Diss., 1994
ISBN 978-3-89085-933-0   ISBN 978-3-86226-356-1 (eBook)
DOI 10.1007/978-3-86226-356-1
NE: GT

ISSN 0941-1194

Satz: Vorlage des Autors

Inhaltsverzeichnis

Verzeichnis der Tabellen und Schaubilder

1. Tabellen

2. Schaubilder

Abkürzungsverzeichnis

AFB	Association professionnelle des Banques
BbkG	Gesetz über die Deutsche Bundesbank
BdF	Banque de France
BIFS	Bon des institutions financières spécialisées
BT	Billet de trésorerie
BTN	Bon du Trésor négociable
CCP	Centres de chèques postaux
CCP	Compte chèques postaux
CD	Certificat de dèpôt
CDC	Caisse des Dépôts et Consignations
CNC	Conseil national du crédit
CODEVI	Compte pour le développement industriel
CP	Commercial Paper
DBB	Deutsche Bundesbank
ENBAMM	Etablissement non bancaire admis au marché monétaire
EWS	Europäisches Währungssystem
FCP	Fonds commun de placement
INSEE	Institut National de la Statistique et des Etudes Economiques
MATIF	Marché à terme des instruments financiers
OAT	Obligation assimilable du Trésor
OECD	Organization for Economic Cooperation and Development
OPCVM	Organisme de placement collectif en valeurs mobilières
OPM	Opérateur principal du marché
PUF	Presse Universitaires de France
SICAV	Sociétés d'investissement à capital variable
SMIC	Salaire minimum interprofessionnel de croissance
SVR	Sachverständigenrat zur Begutachtung der gesamtwirtschaftlichen Entwicklung
SVT	Spécialiste en valeurs du Trésor
TMM	Taux du marché monétaire
TMO	Taux du marché obligataire
ZGBM	Zentralbankgeldmenge

I. Einleitung

Mit der Vereinbarung über den deutsch-französischen Finanz- und Wirtschaftsrat im Jahre 1988 hat die traditionell enge politische und wirtschaftliche Zusammenarbeit zwischen Deutschland und Frankreich eine neue Qualität erreicht. Die bisher oft nur in Floskeln rhetorisch beschworene Notwendigkeit verbesserter Zusammenarbeit hat damit einen materiellen Inhalt bekommen. Die Zielsetzung dieser Vereinbarung wird darin gesehen, die Zusammenarbeit zwischen beiden Ländern zu verstärken und noch enger zu gestalten, ihre Wirtschaftspolitik möglichst weitgehend zu harmonisieren und ihre Positionen zu internationalen Finanz- und Währungsfragen besser aufeinander abzustimmen.

Die Präambel der Vereinbarung über die Schaffung des Finanz- und Wirtschaftsrates enthält daneben eine eindeutige europäische Perspektive. Sie verweist darauf, daß eine Verstärkung der Zusammenarbeit zwischen Deutschland und Frankreich zur Entwicklung der europäischen Wirtschafts- und Währungsunion beiträgt. Selbst noch im dichten multilateralen Rahmen der europäischen Integrationsbestrebungen gelten die deutsch - französischen Beziehungen weithin als wenn nicht schon privilegierte, so doch zumindest exemplarische bilaterale Partnerschaft, die eine Bedingung sine qua non für eine erfolgreiche europäische Zukunft darstellt.[1)] Die Schaffung des Europäischen Währungssystems im Frühjahr 1979 ist hierfür ein beredtes Beispiel.

Neben dem politischen Willen, die bilaterale Zusammenarbeit weiter voranzutreiben, ist eine genaue Kenntnis der anderen Seite notwendig. Die deutsch-französische Diskussion leidet aber unter einem erheblichen Mangel an Kenntnissen über Entstehung, Entwicklung und Ausprägung der jeweiligen nationalen Politiken. Dabei kann doch nur eine vergleichende Analyse der nationalen Besonderheiten beider Länder die Voraussetzung für engere Zusammenarbeit schaffen, Vorbehalte bestätigen oder überwinden. Das gilt auch für die Geldpolitik in Deutschland und Frankreich. Ein Vergleich der Geldpolitiken in beiden Ländern dürfte somit von großem Interesse sein. Ziel der vorliegenden Arbeit ist daher, die Geldpolitik in Deutschland und Frankreich vor dem Hintergrund der länderspezifischen Ausgangslage, der speziellen

---

1) Die deutsch-französische Partnerschaft ist aber nicht frei von Problemen. So blieb z.B. der französische Nationalstolz nicht unberührt von der Tatsache, daß das Europäische Währungssystem praktisch ein DM-Block ist, und die Möglichkeit der französischen Regierung, die eigene Notenbankpolitik festzulegen, angesichts der faktischen Leitwährungsstellung der DM kaum gegeben ist, während die Bundesbank so einen guten Teil der französischen Geld- und damit auch Wirtschaftspolitik mitbestimmt. "Avec une sorte d'allégresse la France se place sous la dépendance de la Bundesbank." So die Kritik eines hohen französischen Beamten in Le Monde vom 12. Dezember 1988.

wirtschaftspolitischen Ziele und der institutionellen Regelungen zu beschreiben, zu interpretieren und zu vergleichen. Neben einem besseren Verständnis der Notenbankpolitik im Nachbarland gibt die vergleichende Analyse auch Aufschluß darüber, inwieweit zwischen beiden Ländern bereits Konvergenz auf geldpolitischem Gebiet erreicht worden ist. Dies wiederum ist bedeutsam für die konzeptionelle Ausrichtung des geldpolitischen Handelns in Europa, denn unabhängig davon, ob man die Wirtschafts- und Währungsunion in einer oder zwei Geschwindigkeiten zu erreichen versucht, es wird entscheidend auf die Konvergenz der Geldpolitik zwischen Deutschland und Frankreich ankommen.

Die vorliegende Arbeit ist in vier Teile gegliedert. Zunächst wird im ersten Teil der monetäre Sektor beider Länder beschrieben, um so die institutionellen Voraussetzungen ihrer Geldpolitik transparent zu machen, denn

> "la stratégie opérationelle des autorités monétaires est intimement dépendante de la nature et des structures du système financier que les pouvoirs publics entendent réguler."[1)]

Im zweiten Teil soll versucht werden, die geldtheoretische und -politische Konzeption der beiden Notenbanken zu ermitteln und zu vergleichen. Ein solcher Versuch steht dabei vor folgender Schwierigkeit: Eine Publikation der Banque de France und der Deutschen Bundesbank, die die Konzeption in kohärenter und ausformulierter Weise präsentiert, gibt es nicht. So lassen sich nur aus dem tatsächlichen Vollzug der Notenbankpolitik und der Betonung bestimmter Schwerpunkte (der Wahl des monetären Indikators und Zwischenziels, der Einsatz bestimmter Instrumente etc.) Rückschlüsse auf die geldpolitische Konzeption ziehen. In historisch-empirischer Vorgehensweise wird versucht, unter Berücksichtigung von Primärquellen beider Notenbanken und mittels Textexegese offzieller Verlautbarungen der Zentralbankiers des jeweiligen Landes, die geldpolitische Konzeption herauszuarbeiten. Der Fall der Banque de France liegt hierbei komplizierter. Sie war, wie noch zu zeigen ist, während des gesamten Untersuchungszeitraums als weisungsgebundene Institution nur ausführendes Organ der Regierung. Letztere bestimmte im wesentlichen die französische Geldpolitik. Dies hat zur Konsequenz, daß die geldpolitischen Vorstellungen der jeweiligen Regierung in die Analyse der geldpolitischen Konzeption mit einbezogen werden müssen. Dies ist auch der Grund dafür, warum geldpolitische Maßnahmen nicht nur in der Presse, sondern auch in wissenschaftlichen Publikationen generalisierend den "autorités monétaires" bzw. den "Pouvoirs publics" zugeschrieben werden.

---

1) Métais/Szymczak (1986), S. 123. "Die operative Strategie der monetären Instanzen ist stark abhängig von der Natur und den Strukturen des Finanzsystems, welches die "pouvoirs publics" zu regulieren haben." (Alle Übersetzungen durch den Verfasser).

Die Untersuchung der geldpolitischen Instrumente der beiden Zentralbanken erfolgt im dritten Teil der Arbeit und komplettiert die vergleichende Analyse der Notenbankpolitik in Deutschland und Frankreich. Im vierten und letzten Teil wird vor dem Hintergrund der aufgedeckten geldpolitischen Konzeptionen beider Notenbanken die faktische Geldpolitik untersucht. Dabei soll auch auf die Frage eingegangen werden, in welchem Umfang und aus welchen Gründen eine außenwirtschaftlich orientierte Politik betrieben wurde. Eine solche Analyse verspricht auch Aufschlüsse darüber, ob zwei "medium-sized-countries" - Deutschland und Frankreich -in der Lage sind, eine unabhängige Geldpolitik zu betreiben.

II. Institutionelle Regelungen und Funktionsweise des Finanzsystems in Deutschland und Frankreich

Die Formulierung und Wirkungsweise der Geldpolitik sind nicht unabhängig von den institutionellen Rahmenbedingungen einer Volkswirtschaft. So haben der Aufbau und die Struktur des finanziellen Sektors einen bedeutenden Einfluß auf die Definition der eingesetzten monetären Aggregate sowie auf die Wahl der "Ersatz-Strategien" (Zwischenziel/Indikatoren) und vice versa. Mit den Worten von Schlesinger und Bockelman formuliert:

> "...nevertheless, it is a fact that the monetary policy of a country, its range of tasks and especially the application of the instruments available for credit policy depend very largely on the structure of the banking system and of the financial markets."[1)]

Ferner wird das Handeln der geldpolitischen Entscheidungsträger durch das Rechtsverhältnis zwischen Regierung und der Zentralbank maßgeblich mitbestimmt. Man kann mithin die geldpolitische Konzeption nicht losgelöst von institutionellen Gegebenheiten betrachten. Aufgabe dieses Teils der Arbeit ist deshalb, die Unterschiede in den institutionellen Gegebenheiten des finanziellen Sektors in Deutschland und Frankreich zu ermitteln, und die von diesen ausgehenden Einflüsse auf die jeweilige Geldpolitik deutlich zu machen. Erst aus dem Verständnis dieser Zusammenhänge heraus ist die geldpolitische Konzeption der Banque de France und der Deutschen Bundesbank klar erkennbar.

---

1) Schlesinger/Bockelman (1973), S. 162.

Nach einem kurzen Überblick über die wesentlichen organisatorischen Einheiten der beiden Notenbanken wird zunächst auf die für die Geldpolitik wichtige Frage eingegangen, inwieweit die beiden Notenbanken eine von der Regierung unabhängige Geldpolitik betreiben können. Nach einigen grundsätzlichen Überlegungen zu dieser Problematik wird die Situation in Deutschland und Frankreich näher beleuchtet. Anschließend werden sowohl das Bankensystem als auch die Finanzmärkte kurz dargestellt mit dem Ziel, mögliche Ansatzpunkte der Geldpolitik aufzuzeigen und deutlich zu machen, welche Rolle der finanzielle Sektor für die Formulierung der geldpolitischen Konzeption spielt.

1. Die Deutsche Bundesbank und die Banque de France

1.1 Organisation der beiden Notenbanken[1]

Ihre stark zentralistische Struktur hat die Banque de France trotz zahlreicher Reformen im Laufe ihrer langen Geschichte bis heute bewahrt.[2] Die leitenden Organe sind der Gouverneur, unterstützt durch zwei Sous-Gouverneure und der Conceil Géneral (Generalrat). Ein "Comité de Direction" wie der Zentralbankrat in Deutschland gibt es in Frankreich nicht. Der Gouverneur wird ebenso wie seine zwei Stellvertreter auf Vorschlag des Wirtschafts- und Finanzministers und nach erfolgter Zustimmung des Ministerrates vom Staatspräsidenten auf unbestimmte Zeit ernannt. Umgekehrt kann er auch jederzeit durch die Regierung abgerufen werden. Die schwache Position des Gouverneurs gegenüber der Regierung kommt hier deutlich zum Ausdruck. Demgegenüber ist die starke formale und faktische Macht und Verantwortungskonzentration in den Händen des Gouverneurs nicht nur im Vergleich zu Deutschland einmalig. Die wesentlichen geldpolitischen Entscheidungen werden in enger Zusammenarbeit zwischen dem Wirtschafts- und Finanzminister und dem Gouverneur getroffen, wobei der erstere die endgültige Entscheidungsbefugnis besitzt.[3]

Der Conceil Général als weiteres Leitungsorgan der Banque de France setzt sich neben dem Gouverneur und seinen Stellvertretern aus 10 Beratern ("Conseillers") zusammen. Neun der zehn Mitglieder, die über besondere fachliche Qualifikation verfügen müssen, werden vom Wirtschafts- und Finanzminister für einen Zeitraum von 6 Jahren berufen. Das zehnte Mitglied wird vom Personal der Bank gewählt.

---

1) Eine ausführliche Darstellung der Aufgaben und Funktionen der beiden Notenbanken findet sich in: Deutsche Bundesbank (1989), Sonderdrucke Nr. 7, S. 9ff. sowie Banque de France (1986), La Banque de France et la Monnaie, S. 107ff.

2) Zur Geschichte der Banque de France siehe Besnard/Redon (1989).

3) vgl. Biacabe (1986), S. 300.

Der Conseil Général ist in der Praxis lediglich ein beratendes Gremium, welches die vorher zwischen dem Gouverneur und der Regierung vereinbarten Maßnahmen bestätigt, selbständige geldpolitische Entscheidungen trifft er nicht. Er ist, vergleichbar mit dem Bundesbankdirektorium, das Exekutivorgan der Banque de France. Die starke Position des Gouverneurs innerhalb der Bank wird durch den Conseil Général nicht eingeschränkt.[1]

Die von der neuen konservativen Regierung unter Balladur geplante Reform der Statuten der Banque de France bringt diesbezüglich wesentliche Veränderungen mit sich.[2] So ist beabsichtigt, einen "geldpolitischen Rat" zu schaffen, der die Geldpolitik konzipiert und in voller Unabhängigkeit verwirklicht. Dieser "Conseil de la politique monétaire" wird aus neun Mitgliedern bestehen: ein Gouverneur, zwei Sous-Gouverneurs und sechs weitere Personen. Die ersten drei werden direkt von der Regierung für eine Amtszeit von 6 Jahren bestellt und können vor Ablauf derselben nicht abgesetzt werden. Die Auswahl der sechs weiteren Mitglieder geht folgendermaßen: Die Präsidenten verschiedener staatlicher Institutionen (u.a. le président du sénat, le président de l'Assemblée nationale, le président du Conseil économique et social) erstellen eine Liste mit maximal 18 möglichen Kandidaten. Hieraus beruft der Ministerrat die sechs weiteren Mitglieder für eine Amtszeit von 9 Jahren.[3]

Die geldpolitische Willensbildung liegt in Deutschland in den Händen des Zentralbankrates, der über die Währungs- und Kreditpolitik der Bundesbank entscheidet. Er setzt sich zusammen aus dem Präsidenten und Vizepräsidenten, den weiteren Mitgliedern des Direktoriums und den Präsidenten der Landeszentralbanken.[4] Dem Direktorium als dem zentralen Exekutivorgan der Bundesbank obliegt die Durchführung der Beschlüsse des Zentralbankrats. Es setzt sich aus dem Präsidenten, Vizepräsidenten und bis zu sechs weiteren Mitgliedern zusammen, die besondere fachliche Eigenschaften besitzen müssen. Das Vorschlagsrecht für die Mitglieder des Direktoriums liegt bei der Bundesregierung. Sie werden nach Anhörung des Zentralbankrats vom Bundespräsidenten für eine Amtszeit von in der Regel acht, mindestens jedoch zwei Jahren bestellt und können vor Ende der offiziellen Amtszeit nicht abberufen werden. Die LZB Präsidenten werden vom Bundesrat aufgrund eines Vorschlags der jeweiligen Landesregierung bestimmt.

---

1) vgl. Prate (1987), S. 238.

2) vgl. hierzu Le Monde vom 12. Mai 1993, S. 11f.

3) vgl. Le Monde vom 12. Mai 1993, S. 12.

4) vgl. Deutsche Bundesbank (1993), Sonderdrucke Nr. 7, S. 8.

1.2 Autonomie und Handlungsspielraum der Banque de France und der Deutschen Bundesbank

Im Vordergrund der Autonomiediskussion steht in der Regel die Beziehung zwischen Regierung und Notenbank. Vergegenwärtigt man sich die empirischen Erfahrungen und theoretischen Vorstellungen zu dieser Frage, so sind verschiedene Möglichkeiten für ein geldpolitisches Arrangement denkbar:[1]

- Geldpolitik wird im Auftrag und auf Weisung des Staates, d.h. von einer Institution durchgeführt, die den Wünschen der Regierung unterliegt.

- Geldpolitik wird einer autonomen, von Weisungen der Regierung unabhängigen Instanz übertragen.

- Geldpolitik wird der Entwicklung bestimmter, von vornherein festgelegter Indikatoren - etwa dem Produktionspotential - unterworfen oder an einer konstanten Wachstumsrate der Geldmenge orientiert und damit der Beeinflussung sowohl durch die Regierung als auch durch eine autonome Institution entzogen.[2]

- Geldpolitik wird ausgeschaltet, indem die Geldversorgung der Volkswirtschaft der privaten Konkurrenz von Geldproduzenten überlassen wird.[3]

Die beiden letztgenannten Varianten sind für die vorliegende Arbeit ohne Relevanz, da sie weder in Deutschland noch in Frankreich ernsthaft diskutiert werden. Geldpolitik wird hier entsprechend den ersten beiden Varianten praktiziert: von einer weisungsunabhängigen Zentralbank in Deutschland und einer weisungsabhängigen Zentralbank in Frankreich.[4]

---

1) Die Darstellung erfolgt in enger Anlehnung an Hartwig (1983/84), S. 307.

2) Ein neueres Argument für die geldpolitische Regelbindung liefert die Theorie der Zeitinkonsistenz ("time inconsistency"). Danach hat eine Regierung ein Interesse, zur Verbesserung ihrer Wiederwahlchancen entgegen der in der Öffentlichkeit angekündigten stabilitätsorientierten Politik später eine höhere Inflationsrate zuzulassen, um somit temporäre Beschäftigungseffekte zu erzielen. vgl. hierzu Loef (1988), S. 360-375.

3) vgl. Hayek (1977).

4) Ein Entweder- Oder, wie es durch die Unterscheidung "Unabhängigkeit" versus "Abhängigkeit" zum Ausdruck gebracht wird, gibt es in der ökonomischen Realität nicht. Der konkrete Handlungsspielraum einer Zentralbank liegt zwischen diesen beiden Polen und wird durch rechtliche, politische und ökonomische Restriktionen bestimmt. Dennoch läßt sich der Unterschied zwischen eher "unabhängigen" und eher "abhängigen" Zentralbanken deutlich aufzeigen und sollte nicht übersehen werden. Die Banque de France und die Bundesbank sind hierfür ein instruktives Beispiel.

Das Urteil darüber, welche der beiden Varianten gewählt wird, ob also Geldpolitik dem politischen Entscheidungsprozess oder unabhängigen Zentralbanken überlassen werden soll, ist seit jeher gespalten. Eine intensive inhaltliche Darstellung und Diskussion der grundsätzlichen Argumente die für bzw. gegen die Autonomie der Notenbank sprechen, kann hier nicht erfolgen. Gleichwohl soll auf einen kurzen Überblick über die pro und contra Argumente nicht verzichtet werden, weil damit die möglichen theoretischen Ausgangspositionen aufgezeigt werden. Die unterschiedlichen institutionellen Lösungen dieses Problems in Deutschland und Frankreich ergeben sich weitgehend aus einer unterschiedlichen Gewichtung der pro- und contra Argumente.

1.2.1 Über das Für und Wider der Notenbankautonomie

Die Meinungen über die "richtige" Stellung der Notenbank im politisch-gesellschaftlichen System gehen weit auseinander. Dabei kann ein unvoreingenommener Betrachter in teilweise entgegengesetzten Argumenten durchaus bedenkenswerte Aspekte finden.[1] Dies macht deutlich, daß es sich bei der Diskussion um die Autonomie der Notenbank um ein normatives Problem handelt, das mit wissenschaftlichen Argumenten allein nicht zu lösen ist. Im folgenden werden die wichtigsten Argumente diskutiert, wobei unterschieden wird zwischen Argumenten für bzw. gegen die Unabhängigkeit der Notenbank.[2]

1.2.1.1 Argumente für die Unabhängigkeit der Notenbank

a) Das "ökonomische" Argument

Von entscheidender Bedeutung für das Verhältnis von Regierung und Notenbank ist hiernach, daß die fiskalische Komponente der Zentralbankgeldschöpfung ausgeschlossen ist. Ganz im Sinne der Neuen Politischen Ökonomie wird unterstellt, daß die Ausgabefreudigkeit und Nachgiebigkeit der Regierung gegenüber Interessengruppen besonders vor Wahlterminen dazu führe, daß Notenbankkredite als bequeme und "politisch preiswerte" Finanzierungsquelle in Anspruch genommen werden.[3] Daher bestehe die Gefahr eines latenten fiskalischen Mißbrauchs der Notenbank. In der Tat werden diese Befürchtungen durch Beispiele in der Geschichte untermauert, gleichwohl haben aber auch unabhängige Notenbanken Fiskalinflation finanziert.

---

1) vgl. Issing (1982), S. 59.

2) Die folgenden Ausführungen stützen sich an Caesar (1980), S. 347-371 und für Frankreich an Biacabe (1986), S. 298-308.

3) vgl. Schmidt (1983), S. 273ff; Hasse (1989), S. 122.

b) Das "politische" Argument

Kam schon im "ökonomischen" Argument ein gewisses Mißtrauen gegenüber staatlichen Instanzen zum Ausdruck, ob diese eine sachgerechte ("unpolitische") Geldpolitik betreiben können, so wird die Skepsis nun explizit formuliert. In einem demokratischen Rechtsstaat bedarf es "... zum Schutz der Wahrung der Währung einer neutralen Instanz, die das Anliegen der Währungspolitik verkörpert und wirksam vertritt".[1)] Die Zentralbank wird demnach als eine Instanz angesehen, die im Gegensatz zu Regierung und Parlament "unpolitisch" entscheiden könne. Im Wissen um die eigene Schwäche entschließt sich das Parlament daher zu einem Akt der "Selbstentmachtung." Die unabhängige Notenbank ist nach dieser Auffassung eher in der Lage, ihr Handeln unabhängig von der Tagespolitik langfristig auszurichten und auch unpopuläre Maßnahmen zu ergreifen. Diese Argumentation wird ergänzt durch die Neue Institutionenökonomik und deren bürokratietheoretische Auffassung, wonach Notenbanken auch aus einem Eigeninteresse heraus geneigt seien, dem Ziel der Geldwertstabilität einen hohen Stellenwert beizumessen.[2)]

Die Entscheidung für die Notenbankautonomie impliziert a priorie allerdings noch keine Aussage über Erfolg oder Mißerfolg der Geldpolitik. So kann zum Beispiel eine weisungsabhängige Zentralbank bei entsprechendem geldpolitischem Kurs der Regierung das Ziel der Preisniveaustabilität ebenso erreichen wie eine autonome Notenbank.[3)] Akut wird das Autonomieproblem immer dann, wenn die Auffassungen der Notenbank und der Regierung hinsichtlich der Zielprioritäten voneinander abweichen.

c) Das "technische" Argument

Die beiden bislang angeführten Argumente bringen ein tiefes Mißtrauen gegenüber dem Willen der Regierenden zu geldwertbewußtem Handeln zum Ausdruck. Zusätzlich wird noch ein drittes Argument für eine unabhängige Zentralbank angeführt, das sich auf die "technischen" Unterschiede im Willensbildungsprozeß bezieht und

---

1) Schmölders (1968), S. 194.

2) vgl. Schmidt (1983), S. 296ff. Der Public-Choise-Ansatz wird hier positiv gewendet. Ursprünglich brachte die Übertragung dieses Ansatzes auf den "Fall" der Notenbank Argumente gegen die Unabhängigkeit derselben oder zumindest die Forderung nach einer Einschränkung der Notenbankautonomie im Sinne einer Regelbindung der Geldpolitik. vgl. Issing (1982), S. 55ff.

3) Frankreich ist ein Beispiel dafür, daß auch bei regierungsabhängigen Notenbanken Preisniveaustabilität zu erreichen ist, da Inflation stets multikausal bestimmt ist und auch Regierungen, die der Notenbank keine Autonomie zugestehen, aus anderen Gründen sehr wohl motiviert und in der Lage sein können, eine deflationäre Politik zu verfolgen.

insoweit als "technisches Argument" bezeichnet werden kann. Danach können Entscheidungen einer unabhängigen Zentralbank im Vergleich zu parlamentarischen und regierungsinternen Entscheidungsprozessen schneller gefällt werden, so daß der decision lag verkürzt und somit die Wirksamkeit der Geldpolitik verbessert wird.

1.2.1.2 Argumente gegen die Unabhängigkeit der Notenbank

a) Das "wirtschaftspolitische" Argument

Im Rahmen einer postkeynesianischen Position kommt der Koordinierung zwischen Finanz- und Geldpolitik eine große Bedeutung zu. Die Aufgabe der Geldpolitik besteht hierbei darin, durch entsprechende Zins- und Liquiditätspolitik "crowding-out-Effekte" zu vermeiden. Die Autonomie der Notenbank könnte hierbei zu Friktionen führen und die Globalsteuerung aus einem Guß unmöglich machen. Nur eine Subordination der Zentralbank garantiere eine optimale Wirtschaftspolitik und damit einen höchstmöglichen Grad an gesamtwirtschaftlicher Zielerreichung.[1] Dabei wird das Ziel der Preisniveaustabilität dahingehend relativiert, daß auch beschäftigungs- wachstums- und verteilungspolitische Zielsetzungen berücksichtigt werden sollen.

c) Das "staatspolitische" Argument

Der Meinungsstreit über die Sonderstellung der Zentralbank in einer parlamentarischen Demokratie ist so alt, wie es unabhängige Notenbanken gibt. Das wesentliche Argument gegen eine unabhängige Notenbank wird demokratietheoretisch untermauert. Nach dieser Auffassung ist die Unabhängigkeit der Notenbank ein Fremdkörper im "Rechtfertigungssystem demokratischer Legitimität", eine Art Nebenregierung ohne parlamentarische Kontrolle. Geldpolitische Entscheidungsprozesse sollten hiernach grundsätzlich beim Parlament oder der Regierung liegen. Zugespitzt formuliert lautet die Frage: "Alle Staatsgewalt geht vom Volke aus - nur nicht die der Deutschen Bundesbank?"[2] Dieses "Demokratieargument" könnte man dadurch relativieren, daß durch die gesetzliche Bindung an eine konstante Wachstumsrate der Geldmenge (Regelbindung) die Handlungsfreiheit der Notenbank eingeschränkt wird.

---

1) Zur Rolle der Geldpolitik in einem konsistenten System der Globalsteuerung siehe Nowotny (1986), S. 218ff.

2) Hoffmann (1989), S. 53.

Bleibt also festzuhalten: Die Argumente für und gegen die Unabhängigkeit der Notenbank lassen kein eindeutiges theoretisches Urteil zu.[1] Letztlich geht es bei dieser Diskussion über die Unabhängigkeit nicht um eine wissenschaftlich entscheidbare Frage, sondern um eine politisch-normative Entscheidung.[2] Daß je nach historischen Erfahrungen und der speziellen politischen und ökonomischen Situation eines Landes unterschiedliche Schlußfolgerungen gezogen werden, kann nicht verwundern. Wie die nachfolgenden Ausführungen zeigen werden, gilt dies auch für Deutschland und Frankreich.

1.3 Die rechtlichen Regelungen der Zentralbankautonomie in Deutschland und Frankreich

Wird vom Verhältnis zwischen Regierung und Notenbank gesprochen, bezieht sich dies insbesondere auf drei Bereiche, die zu regeln sind:

- Die personelle Unabhängigkeit: Von Bedeutung sind in diesem Zusammenhang die Vorschriften über die Wahl und Ernennung der leitenden Personen der Notenbank sowie deren Amtsdauer und die Modalitäten der Abberufung.

- Die funktionelle Unabhängigkeit verstanden als Freiheit von geldpolitischen Weisungen der Regierung. Sie bezieht sich auf den Gestaltungsspielraum der Notenbank bei der Konzipierung und bei der Durchsetzung der Geldpolitik.

- Die finanzielle Autonomie d.h. der Staat darf nicht in der Lage sein, seine Ausgaben direkt und/oder indirekt über Notenbankkredite zu finanzieren.

Eine Gegenüberstellung der beiden Notenbanken zeigt deutlich, wie verschiedenartig die drei Bereiche in Deutschland und Frankreich geregelt sind. Neben der unterschiedlichen Gewichtung der oben erörterten Pro- und Contra-Argumente in beiden Ländern sind es vor allem auch historische Erfahrungen und daraus resultierende unterschiedliche nationale Inflationsneigungen, die zu den grundsätzlich verschiedenen

---

1) In diesem Sinne auch Issing (1982), S. 59; Biacabe (1986), S. 300.

2) Empirisch gibt es Anhaltspunkte dafür, daß die durchschnittlichen Inflationsraten in den Ländern mit unabhängigen Notenbanken besonders niedrig sind. Allerdings läßt sich nicht immer eindeutig feststellen, ob die niedrige Inflationsrate eines Landes in erster Linie auf seine unabhängige Notenbank oder ob die unabhängige Notenbank auf die Abneigung der Bevölkerung gegen Geldentwertung zurückzuführen ist. Zwei empirische Untersuchungen liefern jedoch empirische Evidenz dafür, daß die Inflationsraten mit der Unabhängigkeit der Notenbank negativ korrelieren. vgl. Banaian, Laney, Willet (1986), S. 199ff; Alesina (1989), S. 55-98.

institutionellen Regelungen der Notenbankverfassungen in Deutschland und Frankreich geführt haben.

1.3.1 Die finanzielle Autonomie der Notenbank

Von ausschlaggebender Bedeutung für die Diskussion um das Verhältnis von Regierung und Notenbank ist, daß die fiskalische Komponente der Zentralbankgeldschöpfung - sowohl bei Kassenkrediten als auch im Falle eines Ankaufs von Staatsschuldtiteln am Kapitalmarkt - allein dem Ermessen der Zentralbank unterliegt und demzufolge ein fiskalischer Mißbrauch der Geldpolitik ausgeschlossen ist. Dieser höchst sensible Bereich der Finanzierung der Staatsschuld durch die Notenbank ist in Frankreich auf besondere Weise geregelt: Die Kreditaufnahme des Staates bei der Banque de France wird in Vereinbarungen zwischen dem Wirtschafts- und Finanzminister und der Banque de France festgelegt und bedarf der Zustimmung durch die Nationalversammlung.[1)]

Für die indirekte Finanzierung der öffentlichen Haushalte durch Offenmarktgeschäfte der Banque de France existieren dagegen keine Absprachen bzw. Obergrenzen;[2)] diese liegen vielmehr im Ermessen der Banque de France und bieten so der Regierung einen relativ uneingeschränkten Zugang zu dieser Form der Kreditfinanzierung.[3)] Somit ist der Umfang der indirekten Finanzierung materiell von der Regierung abhängig.

Dagegen entscheidet die Bundesbank eigenständig über den Ankauf von Staatsschuldtiteln am offenen Markt; die Regierung hat diesbezüglich keinerlei Einflußmöglichkeiten. Der Erwerb solcher Papiere dient lediglich zur Regulierung des Geldmarktes.

---

1) Die letzte grundlegende Vereinbarung zwischen der BdF und der Regierung datiert vom 17. Sept. 1973 und wurde am 21. Dez. 1973 vom Parlament als Gesetz verabschiedet. Sie vereinfachte die Kreditbeziehungen zwischen Staat und BdF. Sie finden sich in der Bilanz unter der Bezeichnung "concours au Trésor Public" und setzen sich folgendermaßen zusammen: (1) Unverzinsliche Kredithilfen (10,5 Mrd. FF) und (2) verzinsliche Kredithilfen (10 Mrd. FF). Die Höchstgrenze ist nicht eindeutig festgelegt; sie schwankt mit den Gewinnen und Verlusten des Devisenstabilisierungsfonds. Sie lag im August 1990 bei 38,52 Mrd. FF. vgl. Flouzat (1990), S. 198f.

2) Die BdF darf vom Schatzamt emmitierte Schuldverschreibungen nicht direkt ankaufen (Art. 25 loi de la BdF).

3) Mit der Schaffung neuer Formen von Schatzwechseln durch den Trésor, die automatisch bei der Notenbank mobilisierbar waren, wurden in der Vergangenheit Teile der Staatsverschuldung finanziert. Diese Papiere wurden im Bankensystem untergebracht und konnten jederzeit bei der Banque de France zu einem niedrigen Zins rediskontiert werden. Das direkte Verschuldungsverbot über gesetzlich festgelegte Grenzen wurde somit umgangen. vgl. Prate (1987), S. 221 und 242.

Was die direkte Inanspruchnahme von Notenbankkrediten durch die Regierung anbelangt, so ist diese auf kurzfristige, der Höhe nach begrenzte Kassenkredite beschränkt.[1] Im Gegensatz zu Frankreich dürfen diese Kredite nicht zur Finanzierung von Haushaltsdefiziten herangezogen werden, sondern nur zur Überbrückung kassenmäßiger Fehlbeträge im Laufe eines Haushaltsjahres. In den achtziger Jahren gewann die fiskalischen Komponente der Zentralbankgeldversorgung durch den starken Anstieg des Bundesbankgewinns an Bedeutung. Er hat eine Dimension erreicht, die zum geldpolitischen Störfaktor werden kann.[2]

1.3.2 Die funktionelle Unabhängigkeit

Die Deutsche Bundesbank wird im Schrifttum als eine Notenbank angesehen, die über einen so hohen Grad an rechtlicher Unabhängigkeit verfügt, wie ihn nur sehr wenige Notenbanken anderer Länder besitzen.[3] Die funktionelle Unabhängigkeit der Bundesbank, definiert als Freiheit von geldpolitischen Weisungen der Regierung, ist in § 12, Satz 2 BBkG[4] festgeschrieben. "Sie (die Bundesbank) ist bei der Ausübung der Befugnisse, die ihr nach diesem Gesetz zustehen, von Weisungen der Bundesregierung unabhängig." Somit ist eine direkte Einflußnahme der Regierung auf geldpolitische Entscheidungen der Bundesbank ausgeschlossen.[5]

Die Verpflichtung nach Art. 1 des gleichen Paragraphen, die allgemeine Wirtschaftspolitik der Regierung zu unterstützen, wird durch den Hinweis "unter Wahrung ihrer Aufgaben" wieder relativiert. Entscheidend ist, was das Bundesbankgesetz als die Aufgabe der Bundesbank festlegt. Die in § 12, Satz 1 erwähnte Aufgabe wird in § 3 BBkG näher bestimmt, nämlich die "Währung zu sichern." Auch diese Formulierung ist nicht eindeutig und hat demzufolge zu unterschiedlichen Auslegungen geführt. Gleichwohl hat sich in der wissenschaftlichen Literatur und geldpolitischen Praxis die Meinung durchgesetzt, daß dem Ziel Preisniveaustabilität Priorität zukommt.[6] Daran hat auch das Gesetz zur Förderung der Stabilität und des Wachstums der Wirtschaft

---

1) Irmler weist darauf hin, daß die Bundesbank indirekt Staatskredite finanziert, da das Bankensystem zahlungsfähig bleiben muß. vgl. Irmler (1989), S. 239.

2) In den achtziger Jahren ergaben sich Bilanzgewinne in der Größenordnung von 10 - 13 Mrd. DM. pro Jahr. vgl. Richter (1992), S. 22f.

3) vgl. Caesar (1990), S. 111 - 127; Prate, (1987), S. 237; Biacabe (1986), S. 301.

4) vgl. Deutsche Bundesbank (1989), Sonderdrucke Nr. 7, S. 113-138, Gesetz über die Deutsche Bundesbank.

5) vgl. Issing (1982), S. 49.

6) vgl. Woll (1988), S. 188.

vom 8. Juni 1967 nichts geändert. In diesem Zusammenhang wird überwiegend die Meinung vertreten, daß das Stabilitätsgesetz an der Zielpriorität des § 3 BBkG nichts geändert hat. Es verweist lediglich auf die selbstverständliche Verpflichtung der Bundesbank, daß sie im Rahmen ihrer Geldpolitik auch die übrigen in § 1 Stabilitätsgesetz genannten Ziele berücksichtigen soll.[1)]

Um mögliche Konflikte zwischen Regierung und Bundesbank zu vermeiden, sind in § 13 BBkG Vorschriften für die Zusammenarbeit zwischen beiden Trägern der Wirtschaftspolitik festgelegt. Danach haben Mitglieder der Regierung das Recht, an den Sitzungen des Zentralbankrates teilzunehmen. Sie haben kein Stimmrecht, können aber Anträge stellen. Auf ihr Verlangen ist die Beschlußfassung bis zu zwei Wochen auszusetzen. Umgekehrt soll die Bundesregierung den Bundesbankpräsidenten zu ihren Beratungen hinzuziehen. Diese gegenseitigen Kooperationspflichten sind von Gleichberechtigung und nicht von Subordination geprägt. Im Konfliktfall sind die rechtlichen Befugnisse der Regierung somit eng begrenzt. Sie kann ihre währungspolitischen Vorstellungen gegenüber der Bundesbank juristisch nicht durchsetzen.[2)] In diesem Fall liegt die Entscheidung beim Parlament, "das dann entweder generell über Beibehaltung oder Fortfall der Unabhängigkeit der Währungsbank oder speziell über die gesetzliche Regelung einer konkreten Einzelfrage beschließen muß."[3)] Desweiteren wird angenommen, daß eine "Dramatisierung" des Konflikts zwischen Regierung und Bundesbank geeignet sei, einen Streit zwischen beiden zu vermeiden. Eine gesetzliche Regelung für den Konfliktfall wurde jedoch bewußt nicht getroffen. Als ultima ratio bleibt eine Gesetzesänderung, also eine Entscheidung des Parlaments.[4)]

Das Gesetz vom 3. Januar 1973 über die Banque de France enthält die maßgeblichen Bestimmungen für die rechtliche Beurteilung ihrer Autonomie. Nach Art. 1 ist die Banque de France:

---

1) vgl. Bonin (1979), S. 171.

2) In der Vergangenheit gab es eine Reihe von Vorschlägen, die Bundesbank in ihrer Geldpolitik enger an die Regierung zu binden. vgl. hierzu Ehrenberg (1988), S. 119; Roth (1982), S. 31ff. und S. 140ff.

3) Ausschuß für Geld und Kredit des Deutschen Bundestages, 1957, "Schriftlicher Bericht über den Entwurf eines Gesetzes über die Deutsche Bundesbank", Bundesdrucksache 2, 3603, S. 5.

4) Die Unabhängigkeit der Bundesbank ist verfassungsrechtlich nicht garantiert: "Die aufgefundene beschränkte Unabhängigkeit der Bundesbank von der Regierung ist verfassungsmäßig, aber nicht verfassungsgeboten... . Die Selbstentmachtung der politischen Führung zugunsten der Währungsfachleute ist limitiert, verfassungsrechtlich legitimiert und duch den einfachen Gesetzgeber jederzeit widerruflich". Schmidt (1973), S. 679.

"l'institution qui, dans le cadre de la politique économique et financière de la nation, reçoit de l'Etat la mission générale de veiller sur la monnaie et le crédit. A ce titre, elle veille au bon fonctionnement du système bancaire."[1]

Schon diese Regelung weist darauf hin, daß die Banque de France an der Gestaltung der Geldpolitik nicht allein beteiligt ist. Der Kern ihrer Abhängigkeit liegt jedoch in Artikel 4:

"La Banque de France est habilitée à donner des avis sur toutes questions relatives à la monnaie. Elle contribue à la préparation et participe à la mise en oeuvre de la politique monétaire arretée par le Gouvernement et avec le concours, dans le cadre de sa compétence, du Conseil national du crédit. Elle intervient notamment par les concours qu'elle accorde dans les conditions prévues au titre II ci-après."[2]

Ein explizites Weisungsrecht der Regierung in geldplitischen Fragen gegenüber der Notenbank gibt es nicht; allerdings macht die Formulierung des oben genannten Art. 4 deutlich, daß die Bank ausführendes Organ der Regierung und nicht selbständiger Träger der Geldpolitik ist.[3] Dagegen war der Conseil National du Crédit der Banque de France gegenüber de jure bis 1984 weisungsberechtigt; ihm stand die Aufgabe zu, die Geld- und Kreditpolitik der Regierung mitzugestalten. Seit der Reform von 1984 beschränkt sich der Conseil National du Crédit auf die Regelung bankrechtlicher Probleme und hat in Fragen der Geldpolitik nur noch beratende Funktion.[4] Die Unabhängigkeit der Bank ist noch weiter eingeschränkt im Bereich der internationalen Währungspolitik.

---

1) "Die Banque de France ist die Institution, der im Rahmen der nationalen Wirtschafts-und Finanzpolitik vom Staat die allgemeine Aufgabe übertragen ist, über das Geld- und Kreditwesen zu wachen. In dieser Eigenschaft überwacht sie das Funktionieren des Bankensystems."

2) "Die Banque de France ist ermächtigt, zu allen Problemen, die das Geldwesen betreffen, ihre Auffassung zu äußern. Sie wirkt mit bei der Ausarbeitung und beteiligt sich an der Durchführung der Geldpolitik. Diese wird von der Regierung unter Mitwirkung des Conseil National du Crédit im Rahmen seiner Zuständigkeit festgelegt. Insbesondere greift sie mit den Mitteln ein, die ihr unter den Bedingungen des Titels II dieses Gesetzes zugewiesen sind."

3) vgl. Biacabe (1986), S. 301.

4) vgl. Patat (1987), S. 22.

In Art. 3 heißt es:

> "Pour le compte de l'Etat et dans le cadre des instructions générales du Ministre de l'Economie et des Finances, la Banque de France réguliarise les rapports entre le franc et les devises étrangères et gère les réserves publiques de change. Elle peut participer, avec l'autorisation du Ministre de l'Economie et des Finances, à des accords monétaires internationaux."[1)]

Auch in diesem Bereich der äußeren Währungspolitik ist die Banque de France nur ausführendes Organ des Finanzministeriums. Devisenmarktinterventionen und die Verwaltung der Währungsreserven erfolgt durch den Fonds de Stabilisation des Changes.[2)] Ebenso wie in Frankreich hat auch in Deutschland die Regierung das Recht, das Wechselkurssystem und Paritätenänderungen festzulegen; die Notenbank ist in diesem Zusammenhang nur als technisches Vollzugsorgan tätig. Ferner legt die Regierung mögliche Kapitalverkehrsbeschränkungen fest und nimmt an internationalen Organisationen teil. Die Bundesbank bleibt demzufolge in außenwirtschaftlichen Fragen der Geldwertstabilität auf die Regierung angewiesen.[3)]

1.3.3 Die personelle Unabhängigkeit

Die funktionelle Unabhängigkeit ist zwar eine notwendige, aber noch keine ausreichende Voraussetzung für eine unabhängige Notenbank. Hinzukommen muß die Unabhängigkeit im persönlichen Bereich; fehlt diese, so läuft die funktionelle Unabhängigkeit ins Leere. Die personelle Unabhängigkeit muß demnach sicherstellen, daß die Willensorgane der Notenbank " nicht schon durch die Auswahl der den Willen bildenden Mitglieder auf eine bestimmte Bankpolitik festgelegt sind".[4)] Das Urteil darüber, wie autonom eine Zentralbank in ihren Entscheidungen ist, hängt wesentlich von der Stellung ihrer Repräsentanten gegenüber der Regierung ab.

---

1) "Für Rechnung des Staates und im Rahmen genereller Anweisungen des Ministers für Wirtschaft und Finanzen reguliert die Banque de France das Verhältnis von Franc und ausländischen Devisen; sie verwaltet die öffentlichen Devisenreserven. Sie kann sich mit Einwilligung des Ministers für Wirtschaft und Finanzen an internationalen Währungsabkommen beteiligen."

2) Der Fond besitzt keine Rechtspersönlichkeit, sondern ist ein Sonderkonto des Schatzamtes bei der Banque de France, welche dasselbe träuhänderisch aufgrund genereller Anweisungen des Finanzministeriums verwaltet. vgl. Banque de France (1986), La Banque de France et la Monnaie, S. 117.

3) Da die Wahl des Wechselkurssystems und Paritätsänderungen bei festen Wechselkursen nicht der Bundesbank obliegen, kann ihr, nach eigener Auffassung, nicht zur Aufgabe gemacht werden, die Währung nach außen zu sichern. vgl. Deutsche Bundesbank (1989), Sonderdrucke Nr. 7, S. 11ff.

4) Lampe (1971), S. 18.

Vorrangige Bedeutung kommt diesbezüglich den Vorschlags- und Ernennungsmodalitäten und dem Amtsverhältnis zu.

Sowohl in Deutschland als auch in Frankreich ist eine gewisse Politisierung der Notenbankpolitik über die personelle Ebene durchaus gegeben, da in beiden Ländern allein politische Instanzen für die Bestellung der Führungsspitze der Notenbank zuständig sind. Ein Vergleich wird allerdings dadurch erschwert, daß das politische Gewicht der Notenbankgouverneure und der Leitungsgremien der Notenbank in beiden Ländern unterschiedlich zu bewerten ist. Während in Frankreich, wie erwähnt, der Gouverneur selbst die wichtigsten geldpolitischen Entscheidung in enger Zusammenarbeit mit dem Finanzministerium trifft, ist die Bedeutung des Bundesbankpräsidenten in Anbetracht der eher kollegialen Entscheidungsfindung in der Bundesbank relativ gering. Demgegenüber ist der Conseil Général als das Führungsremium mehr auf Konsultations - und Administrationsfunktionen beschränkt, wohingegen bei der Bundesbank der Zentralbankrat die wichtigsten geldpolitischen Entscheidungen trifft.

In beiden Ländern wird der Gouverneur bzw. der Präsident der Notenbank von der Regierung ausgewählt. In Deutschland wird er vom Bundespräsidenten ernannt; in Frankreich leistet er seinen Amtseid vor dem Staatspräsidenten. Die Amtszeit des Bundesbankpräsidenten beträgt 8 Jahre; der Gouverneur der Banque de France hat keine feste Amtszeit und kann jederzeit abgesetzt werden. Seine rechtliche Stellung gegenüber der Regierung ist wegen seiner allzeit möglichen Abberufung schwach.[1] Die Vergangenheit hat gezeigt, daß Gouverneure, die in kritischen Phasen eine starke Unabhängigkeit gegenüber der Regierung gezeigt haben, die Bank meist kurze Zeit später verlassen mußten.[2] Die Mitglieder des Conseil Général werden gleichfalls auf Vorschlag der Regierung mit Ausnahme eines vom Personal der Bank gewählten Mitglieds, vom Ministerrat ernannt.

Wie bereits erwähnt, werden die Mitglieder des Zentralbankrates der Bundesbank zum Teil (Direktorium) auf Vorschlag der Bundesregierung, zum Teil (Landeszentralbanken) auf Vorschlag der Landesregierungen und des Bundesrates vom Bundespräsiden-

---

1) Michel Camdessus, Gouverneur der Banque de France vom November 1984 bis Ende 1986 auf die Frage, ob der Gouverneur der Banque de France weniger frei und weniger geschützt sei als seine Kollegen anderer Länder, sagt hierzu: "When he takes office, a governor of the Banque de France goes to see the President of the Republic and swears an oath to carry out his functions well and faithfully. A man who swears such an oath is a man who is free. If he considers that he is no longer in a position to do his duty, he must go". Interview von Michel Camdessus, in: Euromoney, Juni (1985), S. 248.

2) Zu einer Chronologie der französischen Notenbankpolitik siehe auch Bouvier (1988), S. 73-104.

ten ernannt. In Deutschland, nicht aber in Frankreich, ist vor der Ernennung eines neuen Mitglieds die Anhörung des Zentralbankrats gesetzlich vorgesehen.[1] Insgesamt gesehen ist die Bundesbank wie die Banque de France nahezu völlig abhängig bei der Auswahl und Ernennung der Führungsgremien. Im Gegensatz zu Frankreich wird in Deutschland die Abhängigkeit durch den Pluralismus der Vorschlags- und Ernennungsinstanzen gemildert.

1.3.4 Zusammenfassung und neuere Entwicklungen in Frankreich

Die Gegenüberstellung hat gezeigt, wie unterschiedlich die drei Komponenten der Autonomie in beiden Ländern rechtlich geregelt sind. Im Gegensatz zu dem weitgehend subordinierten Zentralbanksystem in Frankreich[2] zeichnet sich die weitgehend autonome Bundesbank dadurch aus, daß ihre internen Entscheidungsbildungsprozesse nur sehr begrenzt durch die Regierung beeinflußbar sind. Die Vorstellung von einer weisungsunabhängigen Notenbank war in Frankreich in der Vergangenheit nicht besonders populär und den gewachsenen gesellschaftlichen und politikökonomischen Strukturen wesensfremd[3]. So hat der hohe Grad an Zentralisierung, der für den französischen Staat im allgemeinen und die französische Wirtschaftspolitik im besonderen kennzeichnend ist, dazu beigetragen, daß keine "Nebenregierung" in Form einer unabhängigen Notenbank entstanden ist. Sodann hat das schon oben erörterte "staatspolitische" Argument, wonach eine unabhängige Notenbank als ein demokratiefremdes Element angesehen wird, insbesondere in politischen Kreisen zu einer Ablehnung der Notenbankautonomie geführt - und dies über alle Parteigrenzen hinweg. Endlich ist das "wirtschaftspolitische" Argument in diesem Zusammenhang von Bedeutung, denn im Rahmen der sog. Planifikation war eine institutionelle Koordinierung zwischen Regierung und Notenbank notwendig, da nur sie eine Geld- und Wirtschaftspolitik "aus einem Guß" gewährleistete.

Aufgrund der geschilderten Dominanz der französischen Regierung in Fragen der Geldpolitik ist eine Analyse der geldpolitischen Konzeption der Banque de France und die Beurteilung der Wirksamkeit der französischen Geldpolitik nur unter Bezugnahme auf die geldpolitischen Vorstellungen und Zielprioritäten der Regierung sinnvoll; die Verlautbarungen der Banque de France allein zur Grundlage und zum Maßstab der

---

1) Allerdings kann der Zentralbankrat die Berufung eines neuen Mitglieds nicht verhindern. vgl. Kaiser (1980), S. 30.

2) Ähnlich auch Denis (1987), S. 11 und Ceasar (1981), S. 331ff.

3) Die Frage der Notenbankautonomie wird in der wissenschaftlichen Literatur nach wie vor kontrovers diskutiert. vgl. hierzu die verschiedenen Aufsätze in der Revue d'économie financière n° 22 aus dem Jahre 1992.

Untersuchung machen zu wollen, hieße die faktische politische Machtkonstellation unberücksichtigt zu lassen. Dies gilt für den gesamten Untersuchungszeitraum. Indess zeichnet sich eine tiefgreifende Zäsur in der französischen Geldverfassung ab. Das Parlament hat im Juni 1993 der Reform der Notenbankverfassung zugestimmt und vorbehaltlich einer Ratifizierung durch den Staatspräsidenten kann das neue Notenbankgesetz noch in diesem Jahr in Kraft treten. In diesem Gesetz finden sich wichtige Wesensmerkmale der deutschen Notenbankverfassung wieder. So wird die künftige Geldpolitik am Ziel der Preisniveaustabilität ausgerichtet sein. Ohne von dieser Aufgabe abzuweichen, hat die Banque de France, wie die Bundesbank, die allgemeine Wirtschaftspolitik der Regierung zu unterstützen. So heißt es in Paragraph 1 des neuen Notenbankgesetzes:

> "La Banque de France définit et met en oeuvre la politique monétaire dans le but d'assurer la stabilité des prix. Elle accomplit sa mission dans le cadre de la politique économique générale du gouvernement."[1)]

Die Banque de France ist hierbei von Weisungen der Regierung unabhängig. Im Gegensatz zum deutschen Institut muß das französische, vertreten durch den Gouverneur, dem Parlament Rechenschaft über Sinn und Zweck seiner Geldpolitik ablegen. Die Währungspolitik bleibt auch in Frankreich weiterhin eine Domäne der Regierung.[2)]

Es sei abschließend noch einmal darauf hingewiesen, daß diese Reform der französischen Notenbankverfassung die Ergebnisse dieser Arbeit nicht berührt. Für den gesamten Untersuchungszeitraum gelten die obigen Ausführungen zum Verhältnis Regierung und Notenbank sowie die daraus resultierenden Schlußfolgerungen.

---

1) "Die von der Banque de France definierte und realisierte Geldpolitik hat das Ziel, die Preisniveaustabilität zu sichern. Ihre Aufgabe erfüllt sie im Rahmen der allgemeinen Wirtschaftspolitik der Regierung." vgl. zu den einzelnen Paragrahen des neuen Gesetzes Le Monde vom 12. Mai 1993, S. 12.

2) vgl. Le Monde vom 4. Mai 1993, S. 19f.

2. Das Bankensystem in Deutschland und Frankreich

2.1 Die Bedeutung der Bankenstruktur für die Geldpolitik

Die Notenbank setzt in beiden Ländern mit ihren geldpolitischen Maßnahmen beim Bankensektor an. Die Kreditinstitute sind hierbei eine Art "Medium" oder "Kanäle", welche die geldpolitischen Impulse an den Nichtbankensektor weiterleiten.[1] Deshalb hat das Banken-system für die geldpolitische Konzeption und den Einsatz der geldpolitischen Instrumente entscheidende Bedeutung.[2] Die folgende Charakterisierung der Struktur des deutschen und französischen Bankensystems soll im Rahmen der geldpolitischen Analyse Hinweise auf mögliche Ansatzpunkte der Geldpolitik in beiden Ländern geben. Insbesondere die Veränderungen in der Struktur des französischen Bankensystems haben die monetäre Steuerungskonzeption der Banque de France nachhaltig beeinflußt.

2.2 Strukturmerkmale der beiden Bankensysteme

Anfang 1984 wurde in Frankreich ein neues Bankengesetz erlassen, das erstmals gleiche Regeln für alle Institute formuliert, die Finanzdienstleistungen erbringen (établissements de crédit). Zwar nimmt auch dieses Gesetz noch Rücksicht auf einige Spezialinstitute, dennoch wurde hiermit ein wesentlicher Schritt getan, die in der Vergangenheit entstandene Spezialisierung und Priviligierung im französischen Bankensystem zu beseitigen.[3] Ein weiteres wesentliches Merkmal des französischen Bankensystems war und ist die starke Dominanz des Staates in diesem Bereich. Sowohl die Nationalisierung eines Großteils der Banken sowie der staatliche Dirigismus auf diesem Gebiet haben das französische Bankensystem bis in die achtziger Jahre geprägt. Diese starke staatliche Reglementierung entspricht den dirigistisch - planwirtschaftlichen Zügen der gesamten Wirtschaftsverfassung und Politik. Demgegenüber ist das deutsche Bankensystem weitgehend frei von solchen staatlichen Beschränkungen. Hier dominiert das Universalbankenprinzip, welches den Banken und Sparkassen insbesondere erlaubt, das Einlagen- und Kreditgeschäft sowie das Wertpapiergeschäft gleichermaßen zu tätigen.[4]

---

1) vgl. Issing (1990), S. 37f; David (1977), S. 1037.

2) Welchen Veränderungen die wechselseitige Beziehung zwischen Bankenstruktur und Geldpolitik in der Vergangenheit unterworfen waren zeigt eine OECD-Studie. vgl. Bingham (1985).

3) vgl. Ministère de l'Economie des Finances et du Budget, Les Notes Bleues, N° 521 (1991) S.2ff.(Im folgenden zitiert als: Notes Bleues). Zur historischen Entwicklung und aktuellen Situation des französischen Bankensystems siehe auch Choinel/Rouyer (1988).

4) vgl. Deutsche Bundesbank (1989), Sonderdrucke Nr. 7, S. 34.

2.2.1 Universalbankprinzip versus Spezialisierung

Das französische Bankensystem war im Gegensatz zum deutschen System in der Vergangenheit durch Begriffe wie "Spezialisierung", "Réglementation" und "Cloisonnement"[1] gekennzeichnet. Die Grundlagen hierfür wurden bereits mit dem Bankengesetz vom 2. Dezember 1945 gelegt. Dieses Gesetz schuf eine Klassifizierung der Banken, die eingeteilt wurden in Depositenbanken (banques de depots), Beteiligungsbanken (banques d'affaires) und Banken für mittel- und langfristige Kredite (banques de crédit à long et moyen terme). Mittels Gesetz wurde damit ein arbeitsteiliges, spezialisiertes Bankensystem geschaffen.[2] Mit diesem Gesetz wurde gleichzeitig die Banque de France sowie "les quatre vieilles" d.h. Crédit Lyonnais, Société Générale, Comptoir National d 'Escompte de Paris und die Banque Nationale pour le Commerce et l'Industrie verstaatlicht.[3] Weitere 36 Banken wurden nach dem Wahlsieg der Sozialisten 1982 ebenfalls nationalisiert.[4] Zwischen 1966 und 1969 wurde durch die Reformen "Debré-Haberer" die strikte Trennung zwischen Depositen- und Beteiligungsbanken beseitigt und damit die Entwicklung hin zu einem Universalbanksystem eingeleitet. Diese Entwicklung wurde mit dem Bankengesetz vom 24 Januar 1984 abgeschlossen. Nun waren Begriffe wie "Deregulierung," "Banalisation", und "Décloisonnement" en voque. In der Tat wurde mit dem neuen Bankengesetz ein neuer institutioneller Rahmen geschaffen und damit die "balkanisation" des Bankensystems abgebaut.[5] Die établissements de crédit sind nun der gleichen Kontrollinstanz unterworfen.[6] Mit Ausnahme der Banque de France, des Schatzamtes, der Caisse des dépôts et consignations und dem Services financiers de la Poste sind alle Kreditinstitute in diesem Gesetz berücksichtigt. Im folgenden soll kurz auf die wichtigsten Institutsgruppen eingegangen werden.

---

1) vgl. Debonneuil/Ophele (1989), S. 33ff.

2) Diese drei Bankentypen waren unter dem Begriff "banques inscrites" zusammengefaßt. Nicht in diese Klassifikation einbezogen wurden die Volks- und Genossenschaftsbanken sowie die Agrarbanken, für die Sonderregelungen galten. Das gleiche galt für die Sparkassen. Diese Institute wurden als "banques à statut légal spécial" zusammengefaßt. Daneben gab es noch eine dritte Kategorie, nämlich die "établissements financiers". vgl. Faugère/Voisin (1989), S. 68.

3) Die beiden letztgenannten wurden 1966 fusioniert zur heutigen Banque Nationale de Paris. vgl. Notes Bleues, N° 521, (1991), S. 3f.

4) Zwischen 1986 und 1988 wurde eine Reihe von Banken von der konservativ-liberalen Regierung unter dem neuen Premierminister Chirac reprivatisiert, darunter auch die Société Générale. vgl. hierzu Cloes/Schogs (1989), S. 100ff.

5) So der ehemalige Direktor des Schatzamtes M. Lebèque; vgl. Notes Bleues, N°521,S. 6.

6) Es handelt sich hierbei um die Commission bancaire, Comité de la réglementation bancaire und Comité des établissements de crédit. vgl. hierzu Patat (1987a), S. 22.

Die Gruppe "Banken"[1] stellt mit einem Marktanteil von 50 % den Kern des französischen Bankensystems. Es handelt sich hierbei um typische Universalbanken, d.h. sie betreiben jede Art von Bankgeschäft. Die drei Pariser Großbanken Banque Nationale de Paris, Crédit Lyonnais und die Société Générale haben traditionell ein großes Übergewicht. Die zweite Gruppe bilden die Genossenschaftsbanken (établissements du secteur mutualiste et cooperatif). Es handelt sich hierbei um die früheren "établissements à statut légal spécial". In der Vergangenheit war ihr Kundenbereich auf bestimmte Gruppen der Bevölkerung (Landwirtschaft, Gewerbetreibende) beschränkt. Ihre Entwicklung zu Universalbanken ist allerdings voll im Gange, so daß sie jetzt in direktem Wettbewerb mit den Banken stehen.

Gegenüber Deutschland, wo man nur eine einzige Gruppe von Genossenschaftsbanken vorfindet, gibt es in Frankreich gleich fünf Bankengruppen mit genossenschaftlichem Status und zwar drei größere, den Crédit Agricole, die Banques Populaires (Volksbanken) und den Crédtit Mutuel, sowie zwei kleinere Genossenschaftsbanken, den Crédit Cooperatif und den Crédit Mutuel Agricole et Rural. Stärkste Gruppe unter den Kreditgenossenschaften ist der Crédit Agricole mit dem Zentralorgan "Caisse Nationale de Crédit Agricole," Während der Crédit Agricol in der Vergangenheit als quasi Spezialbank für den Agrarbereich zuständig war, betreibt er heute nahezu alle Bankgeschäfte. Sie ist damit "la grande Banque des particuliers" und ein wichtiger Gläubiger auf dem Interbankenmarkt. Die zweite wichtige Bankengruppe mit genossenschaftlichem Status sind die Volksbanken (banques populaires). Ursprünglich als Banken für die Handwerker und die Klein- und Mittelbetriebe haben sie inzwischen ihre Aktivität auch auf andere Zielgruppen ausgeweitet. Das dritte genossenschaftliche Verbandsystem bilden die Crédits Mutuels. Ihr geschäftlicher Schwerpunkt liegt im Privatkundenmarkt. Die übrigen Genossenschaftsbanken sind von untergeordneter Bedeutung.[2]

Im Vergleich zu Deutschland führt die dritte Gruppe im französischen Bankensystem, die Caisse d'Epargne et de Prévoyance (Spar - und Vorsorgekassen), geradezu ein Schattendasein. Der Geschäftsschwerpunkt liegt nach wie vor im Spargeschäft. Kredite an Selbständige und Handwerker dürfen nur sehr eingeschränkt vergeben werden.[3] Die caisses d'épargne sind relativ unselbständig; die von ihnen gesammelten Gelder können meistenteils nicht selbständig angelegt werden, sondern müssen an die Caisse des Dépôts et Consignations abgeführt werden. Diese hat die Aufgabe, jene

---

1) Sie sind im französischen Bankenverband Association professionnelle des Banques (AFB) zusammengeschlossen.

2) vgl. Choinel/Rouyer (1988), S. 68ff.

3) vgl. Notes Bleues, N° 521 (1991), S. 13.

Gelder im Rahmen gesetzlich geregelter Verwendungsmöglichkeiten zu verwalten. Sie gibt Darlehen an Gebietskörperschaften und legt die Überschüsse auf dem Geld- und Kapitalmarkt an. Dank dieser Regelung ist die CDC zu dem mit Abstand größten Geldgeber der Gebietskörperschaften geworden.[1)]

Von den Universalbanken zu unterscheiden sind die Spezialinstitute mit Sonderaufgaben. Es handelt sich dabei laut Bankgesetz von 1984 - ähnlich wie in Deutschland - um eine Gruppe von Instituten, denen der Staat Aufgaben von allgemeinem öffentlichen Interesse zugedacht hat. Schwerpunkt ist hierbei die Vergabe langfristiger Kredite an staatlich geförderte Institutionen und Geschäftszweige. So vergibt der Crédit Foncier de France Darlehen für den Wohunungsbau, der Crédit Local de France fördert die Infrastruktur des Landes durch Kreditvergabe an öffentliche Körperschaften; die Caisse de garantie du logement social fördert den sozialen Wohnungsbau durch Bürgschaften und der Crédit National ist für die Förderung von Ausrüstungsinvestitionen der französischen Industrie zuständig.[2)] Zur Refinanzierung stehen diesen Instituten nur in geringem Umfang Einlagen von privater Seite zur Verfügung. Neben der Emission von Schuldverschreibungen greift man deshalb verstärkt auf den Geldmarkt zurück.

Das deutsche Bankensystem[3)] ist traditionell durch den Universalbanktypus geprägt, der alle Arten von Bankgeschäften betreibt. Der Anteil der Universalbanken am Geschäftsvolumen sämtlicher Banken belief sich Ende 1989 auf rd. 78%. Die ehemals bestehende Trennung von Kreditinstituten in Banken einerseits und Sparkasssen und Kreditgenossenschaften andererseits ist im Zeitverlauf weitgehend verschwunden, auch wenn gewisse Unterschiede im Kundenkreis noch vorzufinden sind. So haben sowohl die Sparkassen als auch die Kreditgenossenschaften ihr langfristiges Einlagen- und Darlehensgeschäft auf den kurzfristigen Bereich erweitert und finanzieren neben den traditionellen Kundengruppen auch die Industrie. Andererseits sind die Geschäftsbanken verstärkt im Spareinlagengeschäft engagiert. Neben diesen universell tätigen Instituten gibt es eine Reihe von Spezialbanken, die nur ausgewählte Bankgeschäfte betreiben dürfen. Hierzu gehören die privaten und öffentlichen Realkreditinstitute mit Sonderaufgaben, die Postgiroämter sowie die Bausparkassen. Beherrscht wird das deutsche Bankensystem allerdings von den Geschäftsbanken.

---

1) vgl. Patat (1987a), S. 87.

2) vgl. Choinel/Rouyer (1988), S. 96ff.

3) vgl. hierzu Deutsche Bundesbank (1993), Sonderdrucke Nr. 7, S. 37ff.

2.2.2 Staatliche Reglementierung und Wettbewerb

Der finanzielle Sektor in Frankreich war stets ein bevorzugter Ort staatlicher Eingriffe. Hierzu gehören die schon angesprochenen Nationalisierungswellen im Bankensektor sowie eine Vielzahl von Reglementierungen und Privilegien, die die Wettbewerbstruktur im Bankensystem entscheidend beeinflußten. So verhinderte die ursprüngliche Einteilung in Geschäfts- und Beteiligungsbanken einen wirksamen Wettbewerb. Dirigistische Zinsfestsetzungen im Bereich der Einlagen sowie quantitative und qualitative Kreditkontrollen wirkten gleichermaßen wettbewerbsverzerrend.

Die staatlichen Interventionen erfolgten auf unterschiedliche Weise: Zum einen leitete der Staat Teile des Sparaufkommens auf sich und nahm dann selbst die Verteilung dieser Mittel vor (Circuit du Trésor),[1)] zum anderen subventionierte er Darlehen, die von Spezialinstituten und Genossenschaftsbanken an die entsprechenden Wirtschaftssektoren weitergeleitet wurden. Die Genossenschaftsbanken standen unter der direkten Kontrolle des Wirtschafts -und Finanzministers und besaßen zahlreiche Privilegien. So war der genossenschaftliche Sektor teilweise von der Steuer befreit, Zinssubventionen verbilligten die Darlehen der Genossenschaftsbanken,[2)] steuerfreie Sparformen (Livre bleu du Crédit mutuel) erhöhten die Einlagen bei diesen Instituten. Die dadurch entstandenen überschüssigen Mittel wurden auf dem Geldmarkt den in der Regel defizitären Geschäftsbanken zu entsprechenden Zinsen zur Verfügung gestellt. Damit entwickelten sich völlig getrennte Sondergeldkreisläufe (Circuit spécialisés), auf denen je nach Sektor und Verwendungszweck unterschiedliche Konditionen galten. Das brachte erhebliche Wettbewerbsnachteile für die Depositenbanken, da sie aufgrund der Zinssubventionen nicht konkurrenzfähig waren.[3)] Der Einfluß auf die Preisbildung erfolgte über Zinsobergrenzen auf der Einlagenseite einerseits und die Festlegung der Kreditzinsen andererseits. Letztere wurden selektiv eingesetzt. Bedingt durch diese administrative Zinspolitik spiegelten sie häufig nicht die Marktgegebenheiten wider[4)]. Folge dieses staatlichen Interventionismus war ein überreglementiertes Gebilde, das für Außenstehende kaum mehr zu durchschauen war. Dies änderte sich trotz zahlreicher Ansätze erst durch die umfassenden Reformen in den achtziger Jahren.

---

1) Die Mittel stammen von der Postbank und der Caisse des dépôts et consignations als wichtige Kapitalsammelstellen des Staates. vgl. Faugère/Voisin (1989), S. 68f.

2) "A titre d'exemple, le Crédit agricole peut seul accorder des prêts bonifiès à l'agriculture; la différence de taux étant prise en charge par le Trésor public." ebenda. S.73.

3) vgl. Notes Bleues, N° 521 (1991), S. 2.

4) vgl. Metais/Szymczak (1986), S. 14.

Die weitreichenden Änderungen des Bankgesetzes Anfang 1984 und eine Vielzahl weiterer gesetzlicher und administrativer Maßnahmen, so die Abschaffung der Kreditplafondierung, haben den Wettbewerb unter den Kreditinstituten verschärft. Zudem hat der starke Rückgang von Krediten zu Sonderkonditionen ("débonification"), die Standardisierung ("banalisation") von Sparprodukten[1] und die Öffnung ("décloisonnement") der Sondergeldkreisläufe dazu beigetragen, die Heterogenität des französischen Bankensystems abzubauen. Damit hat sich die Möglichkeit der geldpolitischen Einflußnahme der Banque de France auf das gesamte Bankensystem via Zinssteuerung entscheidend verbessert.[2]

Das schnelle Wachstum der Geld- und Kapitalmärkte sowie die verstärkte Selbstfinanzierungskraft der französischen Unternehmen haben zu einem Prozeß der "Desintermediation" geführt. Ende 1989 wurden nur noch 62% aller der Volkswirtschaft bereitgestellten Kredite über Banken zur Verfügung gestellt, im Vergleich dazu waren es im Jahre 1979 noch 79%. Die Banken haben auf diese Veränderungen mit einer forcierten Diversifizierung ihrer Finanzdienstleistungen reagiert. Sie sind verstärkt auf den Geld- und Kapitalmärkten engagiert, sei es direkt durch Emission von Depositenzertifikaten, den Aufbau größerer Wertpapierbestände und durch Arbitragegeschäfte im Rahmen einer aktiven Steuerung der Aktiva und Passiva, sei es indirekt durch die Verwaltung von Wertpapierbeständen und anderen Aktiva von Investmentfonds.[3] Die nun breiter aufgefächerte Geschäftstätigkeit der Kreditinstitute bietet einen möglichen Ansatzpunkt zur geldpolitischen Kontrolle des gesamten inländischen Finanzsystems.

Für die Geldpolitik in Form einer Geldmengensteuerung sind die genannten institutionellen Veränderungen im Bankensystem von besonderer Bedeutung. Dies hat u.a. seine Ursachen darin, daß bei der Auswahl einer geeigneten Definition für ein Geldmengenaggregat die Struktur des Bankensektors, die darin eingeht, berücksichtigt werden muß. So führten diese Strukturverschiebungen im französischen Geschäftsbankensektor zur mehrfachen Neudefinition von monetären Aggregaten.

In Deutschland haben derartige strukturelle Veränderungen im Bankensektor kaum stattgefunden. Die staatliche Reglementierung des Bankensektors war und ist vergleichsweise gering. Die Bankzinsen wurden bereits im Jahre 1967 völlig freigegeben, so daß keine staatlichen Konditionsreglementierungen vorgenommen werden. Noch

---

1) Zu nennen sind in diesem Zusammenhang die C.O.D.E.V.I. (Comptes d'épargne pour le développement industriel) und die Livrets d'épargne populaire (LEP), beide steuerfrei. Sie können bei jeder Bank, Sparkasse oder Post eröffnet werden. ebenda, S. 20.

2) Zu den Konsequenzen der Heterogenität des französischen Bankensystems für die Geldpolitik siehe Joffre/Strauss-Kahn (1980), S. 43-57.

3) vgl. Notes Bleues, N° 521 (1991), S. 18f.

bestehende Steuerprivilegien bestimmter Zweige des Bankensektors sowie die staatlichen Sparprämien wurden nach und nach abgebaut. Die allgemeine Angleichung der Leistungsprogramme der verschiedenen Bankengruppen hat zu einem starken Wettbewerb geführt.[1] Besondere Eigenarten des Bankensystems, wie sie in Frankreich lange Zeit vorzufinden waren und die von der Notenbank im Rahmen der Geldpolitik besonders berücksichtigt werden mußten, gibt es in Deutschland kaum. Das Gegenteil ist der Fall.

> "Das deutsche Universalbanksystem ermöglicht nicht nur eine günstige gesamtwirtschaftliche Versorgung mit Bankdienstleistungen, sondern bewirkt zudem eine rasche Transmission monetärer Impulse im gesamten finanziellen Sektor."[2]

Die herausragende Bedeutung der Banken im deutschen Finanzsystem zeigt sich darin, daß Ende 1991 gut zwei Fünftel des gesamten Geldvermögens (ohne Bankschuldverschreibungen) der inländischen nicht-finanziellen Sektoren bei Banken gehalten wurden, während Bankkredite drei Fünftel der Verbindlichkeiten dieser Sektoren ausmachten. Desweiteren stellen die Finanzaktiva der Banken mehr als vier Fünftel des Geldvermögens des finanziellen Sektors. Dies macht deutlich, daß das deutsche Finanzsystem in Aufbau und Funktion in weiten Teilen mit dem Bankensystem identisch ist.[3] Diese besondere Eigenart des finanziellen Sektors hat zur Folge, daß die geldpolitische Einflußnahme der Bundesbank auf die Geschäftstätigkeit der Banken einen "universalen" Ansatzpunkt zur Kontrolle des gesamten inländischen Finanzsystems bietet.[4] Die große Bedeutung des Bankensystems bestätigt auch die folgende Analyse der Finanzmärkte in Deutschland und Frankreich.

---

1) vgl. Büschgen (1991), S. 239.

2) Deutsche Bundesbank (1993), Sonderdrucke Nr. 7, S. 37.

3) ebenda, S. 45f.

4) vgl. Dudler (1984), S. 87.

3. Die Finanzmärkte in Deutschland und Frankreich

Während in Deutschland die Struktur des Finanzmarktes ein marktwirtschaftlich orientiertes und am Geldmarkt ansetzendes monetäres Steuerungsverfahren begünstigt hat, machten die besonderen Eingenarten des französischen Finanzmarktes ein vergleichbares Kontrollverfahren lange Zeit unmöglich.[1] Die Geld- und Kapitalmärkte waren übergangslos voneinander getrennt und mehrfach segmentiert, mit der Folge mangelnder Laufzeit- und Zinsflexibilität zwischen den Märkten. Hinzu kam die Abschottung nach Außen durch Kapitalverkehrskontrollen. Ein wesentlicher Reformschritt war daher die Homogenisierung von Geld- und Kapitalmarkt, d. h. die Schaffung eines einheitlichen, offenen Marktes, der alle Laufzeiten vom Tagesgeld bis zu langen Laufzeiten umfaßt, der den Kassa- und Terminmarkt enthält und die Möglichkeit zum Optionsgeschäft eröffnet. Diese "l'unification du marché des capitaux" hat dazu geführt, daß die "fondements de la régulation monétaire sont donc profondement changés".[2] Geldpolitisch hatten diese Reformen zum Ziel, die Voraussetzungen für die Steuerung der Geldmenge via Zinspolitik zu schaffen.[3]

3.1 Der Geldmarkt

Für die Deutsche Bundesbank und die Banque de France ist der Geldmarkt zentraler Ansatzpunkt des geldpolitischen Handelns. Die geldpolitischen Instrumente zielen auf die "Einhaltung von solchen Geldmarktbedingungen ab, die sich in der Verfolgung des Geldmengenziels als geldpolitisch wünschenswert ergeben."[4] Nach einigen allgemeinen Anmerkungen zum Geldmarkt soll dieser im folgenden für beide Ländern näher analysiert werden, wobei auf seine Bedeutung im geldpolitischen Steuerungsprozeß an anderer Stelle näher eingegangen wird.

Der Geldmarkt ist in Deutschland und Frankreich der Markt, an dem die Kreditinstitute Überschüsse und Fehlbeträge an liquiden Mitteln ausgleichen, die sich aus ihrer Geschäftstätigkeit und aufgrund ihrer Mindestreservepflicht ergeben. Die gesamtwirtschaftliche Bedeutung des Geldmarktes ist somit in der effizienten Ver-

---

1) vgl. hierzu im einzelnen das Weißbuch des Finanzmisteriums: "Livre blanc sur la réforme du financement de l'économie" (1986), S.15ff.

2) Biacabe (1986), S. 583.

3) Ein weiteres Ziel der Reformen von 1985/86 war die Modernisierung der staatlichen Schuldenpolitik. Die Defizitfinanzierung des Staates sollte auf eine breitere Grundlage gestellt werden. Desweiteren sollte die internationale Konkurrenzfähigkeit des französischen Finanzmarktes gestärkt werden. vgl. Métais/Szymczak (1986), S. 30ff.

4) Nemitz (1980), S. 324.

teilung des vorhandenen Zentralbankgeldes innerhalb des Bankensystems zu sehen. Die einzelne Bank kann dabei ihre freiwillig gehaltenen Reserven minimieren, da sie darauf vertrauen kann, eine transitorische Liquiditätslücke durch Interbankenkredite schließen zu können.[1] Die begrenzte Geldversorgung im gesamten Sektor bleibt bei der Kreditvergabe im Kalkül einer einzelnen Bank unberücksichtigt. Das einzelne Institut fühlt sich liquider, als es in realiter ist.[2] Bei der Aggregation zum Kreditsektor saldieren sich aber die Interbankenforderungen- und Verbindlichkeiten. Neues Zentralbankgeld kann dem System nur von anderen Sektoren zugeführt werden. Neben Bargeldeinzahlungen von Nichtbanken sind dies vor allem Liquiditätshilfen der Notenbank. Hier liegt für die Bundesbank und die Banque de France die Nahtstelle zum Bankensystem, über die die Zentralbankgeldversorgung erfolgt.

Am deutschen Geldmarkt lassen sich zwei Teilmärkte deutlich unterscheiden.[3] Der Interbankenmarkt hat die Aufgabe, vorhandene Zentralbankgeldbestände im Bankensystem umzuverteilen und somit einen Liquiditätsausgleich zwischen den Kreditinstituten zu bewirken.[4] Die gesamte zur Verfügung stehende Zentralbankgeldmenge wird dadurch nicht tangiert. Geldmarkgeschäfte zwischen den Banken beziehen sich auf Zeiträume von einem Tag bis zu meheren Monaten. Man unterscheidet hierbei zwischen dem Markt für Tagesgeld, Monatsgeld, Dreimonatsgeld und den Märkten für noch längere Laufzeiten. Eine überragende Rolle im Geldhandel unter Kreditinstituten spielt der Tagesgeldmarkt. Dieser wird von den einzelnen Kreditinstituten insbesondere zur Regulierung der individuellen Mindestreservepositionen im Monatsverlauf genutzt. Er ist der Markt der Bundesbank. Über ihn als ersten unmittelbaren Kontaktpunkt erreicht die Bundesbank die einzelnen Kreditinstitute und verdeutlicht ihnen ihre Liquiditätssituation.[5]

Der Geldmarkt im weiteren Sinne umfaßt neben dem "Banken-Geldmarkt" auch den Handel in Geldmarktpapieren, d.h. Schatzwechseln, unverzinslichen Schatzanweisungen (sog. U-Schätze) und Privatdiskonten (bis Ende 1991) sowie kurzfristige Offenmarktgeschäfte mit Rückkaufsvereinbarung (Wechsel- bzw. Wertpapierpensions-

---

1) vgl. Patat (1987), S. 170.

2) vgl. Bockelmann (1974), S. 146ff.

3) Zur Definition des Geldmarktes vgl. Mainert (1988), S. 937ff.

4) Es nehmen auch Nichtbanken in gewissem Umfang am Geldmarkt teil. Allerdings ist ihr Anteil nicht groß, so daß sich hier im wesentlichen der horizontale Liquiditätsausgleich innerhalb des Bankensystems vollzieht. vgl. Deutsche Bundesbank (1989), Sonderdrucke Nr. 7, S. 27.

5) vgl. Thomas (1988), S. 125f.

geschäfte).[1] Diese Transaktionen finden im wesentlichen zwischen der Bundesbank und den Kreditinstituten statt. Ein Handel ohne Beteiligung der Bundesbank, d.h. zwischen Banken sowie Banken und Nichtbanken findet dagegen kaum statt.[2]

Geldmarktpapiere entstehen zum einen aus der kurzfristigen Kreditaufnahme der öffentlichen Haushalte. Die so entstandenen Schatzwechsel und U-Schätze werden Finanzierungspapiere genannt. Zu unterscheiden ist zwischen den in die Geldmarktregulierung einbezogenen Papieren, d.h. "solche liquide Aktiva, die den Banken einen sorfortigen und unbedingten Anspruch auf Zentralbankgeld geben[3]" und sogenannten N-Titeln, die nicht vor Fälligkeit von der Bundesbank angekauft werden. Um den Kreditinstituten kein "quasi-automatischen" Zugriff auf Zentralbankgeld zu ermöglichen, hat die Bundesbank seit geraumer Zeit nur Papiere ohne Rückkaufzusage abgegeben. Neben der aus der kurzfristigen Kreditaufnahme öffentlicher Haushalte resultierenden Schaffung von Geldmarktpapieren entstehen solche Papiere auch auf Initiative der Bundesbank. Man spricht in diesem Zusammenhang von Mobilisierungs- bzw. Liquiditätspapieren; sie dienen geld- und kreditpolitischen Zielen. Die Begebung erfolgt seit langem nur noch in Einzelfällen zur gezielten Liquiditätsabschöpfung am Geldmarkt.[4]

Auch am französischen Geldmarkt lassen sich zwei Teilmärkte deutlich unterscheiden; allerdings entsprechen sie nicht der für Deutschland aufgezeigten institutionellen Abgrenzung. Neben dem klassischen Interbankenmarkt (le marché interbancaire) wurde nach amerikanischem Vorbild ein Markt für kurzfristige Titel geschaffen, der auch privaten Anlegern und Unternehmen zugänglich ist (le marché de titres négociables ouvert à tous les agents économiques).[5]

Der Interbankenmarkt umfaßt den Handel mit Zentralbankgeld unter Kreditinstituten durch Geldhandelskredite (prets ou emprunts "en blanc") und An- und Verkauf geldmarktfähiger Papiere (d'achats ou ventes fermes d'effets und de pensions) sowie Transaktionen mittels Geldmarktpapieren zwischen der Banque de France und den

---

1) Den Geldmarkttransaktionen nicht zugerechnet werden die Wechseldiskont- und Lombardkredite der Bundesbank an die Kreditinstitute. vgl. Deppe (1980), S. 293.

2) Zu den neueren Entwicklungen auf dem Geldmarkt zählen die DM-Commercial-Paper sowie die Certificates of Deposit (Einlagenzertifikate). vgl. hierzu Deutsche Bundesbank (1993), Sonderdrucke Nr. 7, S. 29 und S. 36.

3) vgl. Deutsche Bundesbank (1974), Monatsbericht Nr. 7, S. 20.

4) Kurzfristige Anlagemöglichkeiten bietet die Bundesbank seit 1985 durch Abgabe von Schatzwechseln mit drei Tagen Laufzeit. Mit ihrer Hilfe soll durch Stillegung von Zentralbankgeld einem unerwünschten Absinken des Geldmarktsatzes entgegengewirkt werden.

5) vgl. Banque de France, Note d'information n° 73 (1987), S. 2.

Kreditinstituten. Weitere wichtige Marktteilnehmer sind das Schatzamt (Trésor public), die Postsparkasse (les services financiers de la Poste) und die Caisse des Dépôts et Consignations. Nichtbanken sind seit 1987 auf diesem Markt nicht mehr zugelassen.[1]

Darüberhinaus sind verschiedene Finanzintermediäre auf diesem Markt tätig. Es handelt sich hierbei um die agents des marchés interbancaires (AMI), die maisons de réescompte (Rediskonthäuser) und die operarteurs principaux du marché (OPM), namentlich die Caisse des Dépôts et Consignations. Zu den Geldmarktpapieren zählen Schatzwechsel, (bons du Trésor), Handelswechsel (effets privés), bestimmte Bankschuldverschreibungen (billets à ordre négociables (B.O.N.) und Hypothekenschuldverschreibungen (billets hypothécaire).[2] Diese Papiere sind weitgehend für den Interbankenmarkt bestimmt. Daneben wurde ein Markt für kurzfristige Titel eingerichtet (siehe Schaubild 1). Nach amerikanischem Vorbild wurden als Geldmarktpapiere der Banken Certificats de Dépôts (Einlagenzertifikate) und zur Emission durch Nichtbanken Billets de Trésorerie (BT) sowie die Staatspapiere Bons du Trésor Négociables (Schatsanweisungen) geschaffen.

---

1) Bis zur Reform des Geld- und Kapitalmarktes in den Jahren 1985/86 waren auch die sogenannten "entreprises non bancaires admises au marché monétaire" (ENBAMM) am Geldmarkt vertreten. Es handelt sich hierbei um Versicherungsgesellschaften, Kapitalgesellschaften z.B. SICAV (Société d'Envestissement à Capital Variable), staatliche Unternehmen z.B. la SNCF sowie um Sozial- und Rentenversicherungsträger. Sie konnten auf diese Weise das Verzinsungsverbot für kurzfristige Termineinlagen (dépôts à vue) umgehen. Die "ENBAMN" treten nun als Nachfrager auf dem neu geschaffenen Markt für kurzfristige Titel auf. vgl. Truquet (1986), S. 176.

2) vgl. Ferrandier/Koen (1988), S. 90.

Schaubild 1: Geldmarktpapiere in Frankreich

	Certificats de dépôt CD	Billets de trésorerie BT	Bons du Trésor négociables BTR	Bons des institutions et sociétés financières - B.I.S.F.		
				Bons émis par institutions financières spécialisées	Bons émis par sociétés financières	Bons émis par établissements art. 99
date de création	mars 1985	décembre 1985	décembre 1985	décembre 1985	mai 1986	mars 1987
Emetteurs	Etablissements de crédit qui : - peuvent recevoir des fonds du public à moins de 2 ans, c'est-à-dire banque A.F.B., banques mutualistes, caisses d'épargne et crédits municipaux, C.D.C. ; - doivent constituer des réserves sur les exigibilités	Entreprises, hors établissement de crédit, ayant plus de 2 ans d'existence ; - Sociétés par actions pouvant faire appel public à l'épargne ; - Entreprise du secteur public, sociétés coopératives agricoles et leurs unions, dont les capitaux propres sont supérieurs à 1,5 MF ; - GIE et SNC composés uniquement d'émetteurs potentiels	Trésor	- Institutions financières spécialisées (CEPME, Comptoir des Entrepreneurs, Crédit National, CFF, SDR, CCCE...). - pour les bons à moins de 2 ans, IFS constituant des réserves obligatoires (CFF, Crédit national, SDR, CEPME, CDE)	- Sociétés financières soumises aux réserves obligatoires. - Capital minimum : 15 millions. - Sociétés de caution mutuelle exclues	- Etablissements visés à l'article 99 de la loi du 24/01/84 (maisons de titres). - Capital minimum : 15 millions.
Durée minimum	6 mois puis 3 mois (1/06/86) 10 jours (1/03/87)	10 jours	en pratique 4 semaines	2 ans puis 10 jours (1/03/87)	2 ans puis 10 jours (1/03/87)	10 jours
Durée maximum	2 ans puis 7 ans (27/02/86)	180 jours puis 2 ans (1/06/86) 7 ans (1/03/87)	en pratique 5 ans	7 ans	7 ans	7 ans
Montant unitaire minimum	5 MF 1 MF (23.7.88) Pas de prime de remboursement	5 MF 1 MF (23.7.88) Ni prime de remboursement, ni prime d'émission pour les bons à moins de 2 ans.	5 MF 1 MF (23.7.88)	5 MF 1 MF (23.7.88)	5 MF 1 MF (23.7.88)	5 M 1 MF (23.7.88)
Agrégats monétaires (si détenus par ANF + OPCVM)	M3-M2	L-M3	L-M3	M3-M2	M3-M2	M3-M
Réserves obligatoires	OUI - sur l'encours brut des certificats à moins de 2 ans	NON	NON	OUI - sur l'encours brut des bons à moins de 2 ans	OUI - sur l'encours brut des bons à moins de 2 ans	OUI - sur l'encours brut des bons à moins de 2 ans

CRB : Comité de la réglementation bancaire, les dates entre parenthèses correspondent à des réglements abrogés.
MF : millions de francs. GIE : Groupement d'intérêt économique. SNC : Sociétés en nom collectif. ANF : Agents non financiers.

Quelle: Banque de France, Note d'information n° 73, novembre 1987, S. 6.

Hinzu kamen die Bons der Spezialinstitute (institutions et sociétés financières)[1] Die genannten Geldmarktpapiere (titres du marché monétaire) haben schnell ein beachtliches Volumen erreicht. Allerdings existiert nur für die Staatspapiere ein nennenswerter Sekundärmarkt. Die übrigen Papiere werden überwiegend direkt in den Geldmarktfonds der Banken und bei den Investmentgesellschaften plaziert und dort bis Endfälligkeit gehalten. Bei der Plazierung der Bons du Trésor wirken speziell hierzu berufene Institute ("spécialiste en valeur du Trésor") mit, die Market Makler-Funktionen haben. Die folgende Abbildung gibt einen quantitativen Überblick über den Markt für kurzfristige Titel:

Tabelle 1: Geldmarktpapiere

Titres du marché monétaire

(en milliards de francs, décembre 1992)

Certificats de dépôts	1041,0
Bons des sociétés financières	68,0
Bons des institutions financières spécialisées	98,6
Titres du marché monétaire émis par des établissements de crédit	**1207,6**
Bons du Trésor en compte courant	714,7
Billets de trésorerie	172,8
Totale: Titres du marché monétaire	**2095,1**

Quelle: Banque de France, La Monnaie en 1992, S. 46.

Inwieweit diese Finanzinnovationen eine Neuorientierung der Geldmengensteuerung in Frankreich notwendig machten, wird an anderer Stelle genauer diskutiert. Zweifellos haben diese finanziellen Neuerungen dazu geführt, daß eine adäquate Abgrenzung des Geldmengenaggregats wesentlich erschwert wurde, ohne daß sich damit allerdings die Forderung nach Abschaffung eines Geldmengenziels ohne weiteres begründen ließe. Die "autorités monétaires" sahen demzufolge auch keinen Anlaß, die Strategie der Geldmengensteuerung aufzugeben. Allerdings war eine Neudefinition der relevanten monetären Aggregate notwendig.[2]

1) vgl. Banque de France, Note d'information n° 78 (1988), S. 1ff.

2) vgl. Boissieu (1987a), S. 156ff.

Ein weiterer geldpolitisch relevanter Aspekt dieser "innovations financières" ist darin zu sehen, daß die Kreditinstitute nun die Möglichkeit haben, ihre Liquiditätspositionen an breit fundierten Sekundärmärkten für Geldmarkpapiere zu regulieren. Die Abhängigkeit des Bankensystems von der Banque de France im Geld- und Kreditschöpfungsprozeß geht dadurch teilweise verloren. Andererseits nimmt die Möglichkeit zu, geldpolitische Zielsetzungen mittels "geräuschloser" Offenmarkttransaktionen zu verfolgen. Letzteres war ein Grund für die Schaffung des "neuen" Geldmarktes, zugänglich für alle Wirtschaftssubjekte.[1)]

3.2 Der Kapitalmarkt

Sowohl in Deutschland als auch in Frankreich ist der Kapitalmarkt im wesentlichen der Markt für langfristige festverzinsliche Wertpapiere[2)], wobei man nach ihren Emittenten zwischen Bankschuldverschreibungen, Industrieobligationen und staatlichen Anleihen unterscheiden kann. In beiden Ländern hat die zunehmende Staatsverschuldung wesentlich zum schnellen Anwachsen des Rentenmarktes beigetragen. Verschiedene Reformen unter der Führung des Finanzministeriums und des Trésor haben die "l'explosion de ce marché" noch unterstützt.[3)]

Der Rentenmarkt in Frankreich (Laufzeit ab 7 Jahren) wurde in der Vergangenheit von den großen öffentlichen Unternehmen sowie den halbstaatlichen Spezialinstituten (Credit Foncier, Credit National etc.) beherrscht, die ihn aufgrund ihrer bevorzugten Stellung derart stark beanspruchten, daß die privaten Unternehmen kaum zum Zuge kamen[4)]. Der Anteil der Staatsschuldtitel war im Vergleich hierzu mit 5 bis 10% relativ bescheiden. Dies änderte sich Anfang der achtziger Jahre, als infolge steigender Defizite in den öffentlichen Haushalten deren Finanzierungsbedarf stark zunahm. Dieser wurde nicht wie in der Vergangenheit mittels Zentralbankgeldschöpfung befriedigt, sondern durch die Emission staatlicher Anleihen. Inflationäre Wirkungen der Staatsverschuldung sollten durch Rückgriff auf private Ersparnisse verhindert werden.[5)]

---

1) vgl. Métais/Szymczak (1986), S. 29ff.

2) Zu den langfristigen Finanzierungsmittel zählen auch Beteiligungen, vor allem in Form von Aktien. Da weder die Bundesbank noch die Banque de France unmittelbaren Einfluß auf diesen Teilmarkt haben, wird er im weiteren nicht berücksichtigt.

3) vgl. hierzu Descreux (1988), S. 40.

4) Die Tatsache, daß die privaten Unternehmen ihren Finanzierungsbedarf kaum am Kapitalmarkt befriedigen konnten und somit auf Bankkredite angewiesen waren, erklärt zum Teil das im Vergleich zu Deutschland hohe Volumen des französischen Kreditmarktes.

5) vgl. Métais/Szymczak (1986), S. 41ff.

Es gibt im wesentlichen zwei Arten von Staatspapieren: die Obligations Assimilables du Trésor (OAT), die vor allem der langfristigen Mittelaufnahme dienen (5 bis 25 Jahre). Sie werden nach dem Assimilationsverfahren emittiert, d.h. die jeweilige Serie wird mit gleichem Kupon mehrfach aufgestockt, die Zinsfeinadjustierung erfolgt über den Emissionskurs. Dadurch wird die Liquidität der Emissionen im Sekundärmarkt deutlich erhöht.[1)] Daneben gibt es die bereits angesprochenen "Bons du Trésor Négociables" (Schatzanweisungen). Sie werden auch für mittelfristige Laufzeiten emittiert, sei es als unverzinsliche (BTF), sei es als festverzinsliche (BTAN) Papiere. Die Plazierung erfolgt im Tenderverfahren, das die bisher übliche Markteinführung durch Emissionskonsortien ersetzt hat. Die Plazierung übernehmen die bereits erwähnten "Spécialistes des Valeurs du Trésor" (SVT).

Ein weiterer wichtiger Akteur auf dem Rentennamrkt sind die Kreditinstitute. Sie spielen sowohl als Emittenten als auch auf der Anlegerseite eine wichtige Rolle. Ferner treten sie als Mittler von Wertpapiertransaktionen zwischen Nichtbanken auf. Der Anteil der Bankschuldverschreibungen am Rentenmarkt hat sich in der Vergangenheit deutlich erhöht. Dies erklärt sich in erster Linie dadurch, daß die mittels Bankschuldverschreibungen finanzierten Kredite nicht der Kreditplafondierung unterlagen.[2)] Der Anteil der privaten Unternehmen am Rentenmarkt ist relativ bescheiden. Allein die sehr großen unter ihnen emittieren ihre Papiere direkt am Rentenmarkt. Der überwiegende Teil der privaten Unternehmen finanziert sich über die neu geschaffenen Billets de Trésorerie (BT) auf dem Geldmarkt.[3)]

Die bedeudensten Anleger auf dem Rentenmarkt sind die Versicherungsgesellschaften, die Kreditinstitute und die OPCVM (organismes de placement collectif en valeurs mobilières). Unter den Kreditinstituten ist die Caisse des dépôts et consignations der mit Abstand größte Anleger. Insgesamt gesehen spielen die Banken als Anleger auf dem Rentenmarkt im Vergleich zu Deutschland noch keine allzugroße Rolle.[4)]

---

1) vgl. Descreux (1988), S.40.

2) vgl. Ferrandier/Koen (1988), S. 146.

3) Sie sind zur Deckung ihres kruz- und mittelfristigen Finanzierungsbedarfs nicht länger auf die teureren Bankkredite angewiesen. Man spricht in diesem Zusammenhang von der "Désintermédiation" d.h. der Tatsache, daß sich die Unternehmen nicht wie bisher üblich indirekt über die Kreditinstitute finanzieren, sondern direkt durch Ausgabe von Wertpapieren auf dem Geld- und Kapitalmarkt.

4) vgl. Ferrandier/Koen (1988), S. 149.

Wesentlich bedeutsamer als Anleger sind die OPCVM.[1] Da diese Fonds in erheblichem Maße in langfristige Schuldverschreibungen investieren, wurde der Rentenmarkt zusätzlich stimmuliert. Hintergrund der großen Bedeutung der französischen Fonds ist zum einen die staatliche Förderung des Fondssparens durch die Sonderbehandlung von Anlage und Ertrag.[2] Zum anderen haben die bereits angesprochenen Reglementierungen auf dem Bankenmarkt (Verzinsungsverbot bzw. Zinsobergrenzen auf Termineinlagen) bewirkt, daß die kurzfristigen Gelder in alternative Anlageformen mit marktgerechter Verzinsung drängten. Auch deshalb haben die OPCVM eine rasante Entwicklung genommen.

Auf dem Rentenmarkt in Deutschland werden u.a. festverzinsliche staatliche Papiere des Bundes (Bundesschatzbriefe, Finanzierungsschätze, Bundesobligationen) und der Länder, sowie Komunalobligationen gehandelt, mit deren Emission sich die öffentlichen Stellen finanzieren. Während Kommunalobligationen und Pfandbriefe an bestimmte Aktivgeschäfte gebunden sind, trifft dies nicht für die "sonstigen" Bankschuldverschreibungen zu. Die Wertpapieremissionen der Nichtbanken spielen keine große Rolle auf dem Rentenmarkt.

Die Kreditinstitute, denen der Rentenmarkt als Refinanzierungs- und Anlageinstrument dient, sind nicht nur die volumenmäßig bedeutendsten Emittenten, sie sind auch auf der Anlegerseite von großer Bedeutung. Ende 1991 machten die Bankschuldverschreibungen gut drei Fünftel der inländischen festverzinslichen Wertpapiere aus. Andererseits hielten die Kreditinstitute zum gleichen Zeitpunkt etwa zwei Fünftel der inländischen Rentenpapiere.[3] Dieses große Engagement der Banken als Nachfrager am Rentenmarkt bedingt eine enge Verbundenheit der Wertpapiermärkte mit den übrigen Kreditmärkten. Dies erleichtert die Aufgabe der Bundesbank, die Geld- und Kreditnachfrage der Wirtschaft über den Geldmarkt zu steuern. Mit ihren zins- und

---

1) Hierzu zählen die verschiedenen Sociétés d'Investissement à Capital Variable (SICAV) und die Fonds Communs de Placement (FCP). Die SICAV sind offene Investmentfonds des Gesellschaftertyps, d.h. Aktiengesellschaften mit eigener Rechtspersönlichkeit und veränderlichem Kapital, wodurch der jederzeitige Kauf und Verkauf von Anteilen gewährleistet ist. Die Anteilnehmer sind Aktionäre der Gesellschaft. Die Fonds Communs de Placement ähneln der deutschen Fondskonstruktion. Das Vermögen der Verwaltungsgesellschaft ist strikt vom Sondervermögen getrennt. Diese Fonds waren ursprünglich nur zu Zwecken der betrieblichen Vermögensbildung zugelassen. Seit 1979 sind sie den privaten Anlegern als Wertpapieranlage zugänglich. vgl. im einzelnen Les Cahiers Francais, n° 237, "La bourse", juil.-sept. 1988, S. 9ff.

2) Die staatliche Förderung besteht im wesentlichen aus steuerlichen Anreizen (incitations fiscales). Diese betreffen den Erwerb von Effekten, ihre Verzinsung und Kursgewinne. Die steuerliche Förderung differenziert zudem zwischen Aktien, Obligationen und Geldmarktpapieren. vgl. Faugère/-Voisin (1989), S. 151.

3) vgl. Deutsche Bundesbank (1993), Sonderdrucke Nr. 7, S. 40f.

liquiditätspolitischen Maßnahmen beeinflußt die Bundesbank nicht nur das Angebots- und Zinsfixierungsverhalten der Banken an den Kredit- und Einlagemärkten. Die starke Stellung der Banken am Wertpapiermarkt schafft ihr auch die Möglichkeit, durch Interventionen am Geldmarkt die Zins- und Kursentwicklung am Kapitalmarkt zu beeinflussen.[1]

Zusammenfassend läßt sich festhalten: Im Vergleich zu Deutschland war der monetäre Sektor in Frankreich tiefgreifenden Änderungen unterworfen. Diese Neuerungen haben die Struktur des finanziellen Sektors in geldpolitisch relevanter Weise verändert[2]. Die bisher in Frankreich bestehenden monetären Kontrollsysteme administrativer Art konnten erst aufgrund dieser durchgreifenden Maßnahmen zur Liberalisierung des französischen Finanzsystems durch indirekte marktwirtschaftliche Lenkungsmethoden der Geld- und Kreditpolitik ersetzt werden.[3] Die nun folgende Analyse der geldpolitschen Konzeption der Banque de France und der Deutschen Bundesbank muß diesen typischen Strukturmerkmalen des finanziellen Sektors in Frankreich und Deutschland Rechnung tragen.

1) vgl. Dudler (1984), S. 87.

2) vgl. Artus (1987a), S. 166.

3) vgl. hierzu auch Métais/Szymczak (1986), S. 107ff.

III. Die geldpolitische Konzeption der Banque de France und der Deutschen Bundesbank

1. Die Geldmenge als monetäres Zwischenziel

Zentraler Gegenstand der vorliegenden Arbeit ist die Ermittlung und der Vergleich der geldtheoretischen und -politischen Konzeptionen der Banque de France und der Deutschen Bundesbank. Eine geldpolitische Konzeption ist hierbei eine in sich schlüssige gedankliche Verbindung zwischen den von den geldpolitischen Entscheidungsträgern beherrschten Instrumenten und Zwischenzielvariablen einerseits, sowie zwischen diesen und dem Endziel andererseits.[1] Es handelt sich mit anderen Worten um die Beeinflussung monetärer Zwischenziele durch geldpolitische Instrumente und die Transmission von den Zwischenzielvariablen auf die makroökonomischen Aggregatgrößen. Dieser Zusammenhang kann als eine Art Regelkreis beschrieben werden: Die Notenbank versucht mit Hilfe ihrer Instrumente die Zwischenzielgröße zu beeinflussen, von deren Veränderung sie sich eine Wirkung auf die gesamtwirtschaftlichen Zielgrößen erhofft. Den Einsatz ihrer geldpolitischen Instrumente leitet sie aus der Formulierung eines Zielwertes für die Zwischenzielvariable ab, deren Zielquantifizierung sie wiederum aus den angestrebten Endzielgrößen herleitet.[2]

Die folgenden Ausführungen sollen dazu dienen, diese wesentlichen Elemente der geldpolitischen Konzeption der Bundesbank und der Banque de France so authentisch wie möglich darzustellen um damit die Grundlage für einen Vergleich der nationalen Steuerungspraktiken beider Länder zu erstellen. Ermittlung und Vergleich tatsächlich angewandter Konzeptionen können nicht im theoriefreien Raum erfolgen. Deshalb sollen zunächst einige theoretische Grundsatzfragen der Geldmengenpolitik erörtert werden, da sie für das Verständnis der anschließenden Analyse der Geldmengenkonzepte in Deutschland und Frankreich von Bedeutung sind.[3]

---

1) vgl. Kath (1974), S. 342f.

2) vgl. Förster (1980), S. 31.

3) Mit dem Übergang zur Geldmengensteuerung haben sich beide Notenbanken dafür entschieden, im Gegensatz zu früheren Praktiken monetäre Mengenindikatoren und nicht Marktzinssätze als Zwischenzielgrößen zu verwenden. Es stehen folglich keine anderen monetären Größen zur Debatte, also auch nicht die Frage "Zins oder Geldmenge." vgl. hierzu Rohde (1985); Artus (1987a), S. 190f.

1.1 Theoretische Grundlagen der Geldmengenpolitik
1.1.1 Zwischenzielstrategie

Im Mittelpunkt der Geldpolitik steht das Bemühen, ein Verfahren zu finden, welches eine möglichst zielgerichtete Dosierung des Instrumenteneinsatzes ermöglicht. Leider herrscht über die qualitative und quantitative Übertragung zins- und liquiditätspolitischer Maßnahmen auf gesamtwirtschaftliche Größen wie Wachstum, Beschäftigung und Preisniveau weitgehend Unsicherheit. Diese resultiert aus der mangelhaften Kenntnis der Wirkungsweise der Transmissionsmechanismen sowie der Tatsache, daß die tatsächlichen Ergebnisse durch das Zusammenwirken einer Vielzahl der am Wirtschaftsprozeß beteiligten Akteure zustande kommen.

Eine Möglichkeit, bestehende Unsicherheiten beim Einsatz geldpolitischer Maßnahmen zu vermeiden oder zumindest teilweise reduzieren zu können, besteht darin, Indikatoren und/oder Zwischenziele in den geldpolitischen Entscheidungsprozeß einzuführen.[1)] Dieses sogenannte "Zwei-Stufen-Verfahren" hat einen hohen Stellenwert in der geldtheoretischen und - politischen Diskussion eingenommen, wobei die definitorischen und theoretischen Grundlagen nicht immer eindeutig sind. Häufig verbergen sich hinter gleichlautender Terminologie gegensätzliche Auffassungen. Da die Entscheidung für oder gegen eine Zwischenziel- und Indikatorgröße als zentraler Bestandteil und Charakteristikum einer geldpolitischen Konzeption angesehen werden kann, ist eine intensivere begriffliche und inhaltliche Erläuterung angebracht.

1.1.2 Die Geldmenge und die Geldbasis als Indikator-Zwischenziel-Konzept

Die im Rahmen eines zweistufigen Steuerungsverfahrens wohl wichtigste Aufgabe besteht darin, einen oder mehrere geeignete Zwischenzielgrößen zu finden, auf deren unmittelbare Veränderung die geld- und kreditpolitischen Maßnahmen gerichtet sind. Eine adäquate Zielgröße für die Geldpolitik sollte so gewählt werden, daß sie folgenden Anforderungen genügt:[2)] Sie muß:

- schnell, zuverlässig und möglichst einfach statistisch meßbar sein, damit die geldpolitisch Verantwortlichen angemessen und rechtzeitig reagieren können,

---

1) z.B. Neumann (1974), S. 360f; Francke (1975), S. 11-24; Pariente/Gaudron (1990), S. 193f.; Zur Kritik der "two-stage-procedure" siehe Friedmann, B.M. (1975), S. 443-473.

2) vgl. hierzu Neumann (1974), S. 360; Pollin (1988), S. 30f; Francke (1975), S. 20.

- eine enge, stabile Beziehung zu den letzten Zielen der Geldpolitik aufweisen, d.h. das Zwischenziel soll stets in vorhersehbarer Weise auf die Endzielgrößen einwirken können,

- mit geldpolitischen Instrumenten schnell und zuverläßig beeinflußt werden können,

- auch auf längere Sicht sinnvoll definierbar bleiben; d.h., sie muß nach bestimmten Kriterien auf Dauer exakt von anderen Größen problemgerecht abgegrenzt werden können.

Desweiteren braucht eine Politik, die sich an einem Zwischenziel orientiert, einen Maßstab, der jeweils unmittelbar Auskunft über die Effekte der Geldpolitik gibt und sich somit als Indikator eignet. Die auch als "operating target" bezeichnete Größe soll in enger Beziehung zum Endziel stehen und muß statistisch gut erfaßbar sein. Demzufolge ist:

> "Ein monetärer Indikator (ist) eine ökonomische Variable, die Informationen darüber liefert, ob vom monetären Sektor ein starker, ein geringer oder kein Einfluß auf die zukünftige Entwicklung von Preisniveau, Realeinkommen und Beschäftigung ausgeht. Der Indikator zeigt also in der jetzigen Periode an, wie sich die makroökonomischen Zielvariablen in den künftigen Perioden voraussichtlich ändern werden."[1)]

In der geldtheoretischen und -politischen Literatur findet man oft die Interpretation des Zwischenziels als Steuerungsgröße und die des Indikators als Informationsgröße der Geldpolitik. Die Zwischenzielgröße wird als eine endogene Größe angesehen, da sie durch die Nähe zum Endziel auch anderen monetären und realen Störfaktoren ausgesetzt ist. Um feststellen zu können, welche Impulse von den geldpolitischen Maßnahmen isoliert ausgehen, sei deshalb eine vorgelagerte Informationsgröße erforderlich, die im Gegensatz zum Zwischenziel weitgehend nur von geldpolitischen Impulsen beeinflußt würde.[2)]

Demgegenüber wird auch die Meinung vertreten, es müsse sich bei dem Zwischenzielkandidaten um eine exogene Größe handeln, und zwar in dem Sinne, daß das Zwischenziel, auf das die Notenbank ihre geldpolitischen Maßnahmen richtet, auch ausschließlich durch dieselbe determiniert sei. Für die am Wirtschaftsprozeß beteiligten Banken und Nichtbanken bedeutet dies eine Veränderung der monetären Rahmen-

---

1) Willms (1972), S. 189.

2) vgl. Ruckriegel (1989), S. 22f.

bedingungen, auf die sie selbst keinen Einfluß haben. Dementsprechend signalisieren Veränderungen des Zwischenziels lediglich notenbankpolitische Maßnahmen, auf keinen Fall werden Informationen über Anpassungs- bzw. Reaktionsverläufe im wirtschaftlichen Ablauf geliefert.[1)] Wie dem auch sei, es dürfte unmittelbar einleuchtend sein, daß eine Größe um so besser als Zwischenziel geeignet ist, je stärker ihre Entwicklung von Handlungen der Notenbank dominiert wird bzw. je enger ihr Wirkungszusammenhang zu dem angestrebten Endziel ist.

Für die Monetaristen - sie waren die ersten, die sich mit der Zwischenzielproblematik eingehender beschäftigt haben[2)]- ist die Geldmenge die einzige Größe, die den o.g. Ansprüchen genügt. Gemäß ihrem Verständnis bildet sie den geeigneten Maßstab zur Beurteilung der Geldpolitik und übt gleichzeitig einen überragenden Einfluß auf die eigentlichen Zielgrößen Einkommen, Beschäftigung und Preisniveau aus. Somit ist nach monetaristischer Lesart die Geldmenge die entscheidende Determinante der ökonomischen Aktivität.[3)]

Hier stellt sich nun die Frage, wie eine Notenbank in die Lage versetzt wird, die Geldmenge nach ihren Vorstellungen zu steuern. Zur Beantwortung dieser Frage wird in der Regel die nicht-lineare Geldangebotshypothese von Brunner und Meltzer und das daraus abgeleitete Geldbasiskonzept herangezogen, denn ohne eine Strukturhypothese kann das Target/Indikator-Problem nicht gelöst werden. Die monetaristische Strategie in der Version von Brunner und Meltzer geht von der prinzipiellen Möglichkeit der Steuerung der Geldmenge über eine durch die Zentralbank direkt beeinflußbare Größe - die sog. Geldbasis - aus. Die Geldbasis umfaßt in einer einfachen Abgrenzung die Summe aller aktuellen Zentralbankgeldbestände im Bereich der Banken und der privaten Nichtbanken.[4)] Sie schließt somit die bei der Notenbank gehaltenen Mindest- und Überschußreserven mit ein.

---

1) vgl. Booms (1980), S. 18ff.

2) vgl. Ehrlicher (1981), S. 442.

3) Die hier angesprochene Frage der "Kausalität" des Geldes ist bis heute umstritten. "Die Geldmengenveränderungen sind Folge und nicht Ursache. Realwirtschaftliche Faktoren führen zu endogen bestimmten Geldmengenanpassungen." Oberhauser (1977), S. 209.

4) vgl. z.B. Siebke/Wilms (1974), S. 117.

Im Rahmen der Geldangebotstheorie sind unterschiedliche Abgrenzungen der Geldbasis entwickelt worden.[1] Als gemeinsames Ziel kann jedoch bei allen Unterschieden dieser Definitionen auf einen gleichen Grundgedanken verwiesen werden. Einerseits wollen alle diese Definitionen die von den monetären Autoritäten ausgelösten Impulse (Schaffung bzw. Vernichtung von Zentralbankgeld) erfassen, andererseits sollen Portfolioentscheidungen der Banken und Nichtbanken den Umfang der Geldbasis nicht beeinflussen, sondern sich lediglich auf ihre Verwendung - d.h. auf das Verhältnis der verschiedenen Komponenten der Geldbasis untereinander - auswirken. Diese Geldbasisabgrenzungen beschreiben die mögliche, nicht aber die tatsächliche monetäre Expansion. Die Geldbasis hat zugleich die Funktion einer Steuerungsgröße und eines Indikators.[2] Die Geldmenge wird nach diesem Konzept durch das Produkt der Geldbasis mit einem als Verhaltensparameter aufzufassenden Geldmultiplikator bestimmt. Sie wird somit in zwei Komponenten aufgeteilt, wobei die eine - die Geldbasis - das Verhalten der monetären Instanzen und die andere - der Multiplikator - das Verhalten der Banken und privaten Nichtbanken aufzeigt. Letztendlich aber ist das Verhalten der Banken - und Nichtbanken in diesem Konzept vernachlässigbar, da aufgrund empirischer Untersuchungen ein langfristiger enger Zusammenhang zwischen Geldbasis und Geldmenge unterstellt wird und der Multiplikator somit langfristig weitgehend konstant ist. Die Geldmenge wäre somit lediglich ein größeres Abbild der Geldbasis.[3]

Wenn gilt, daß Änderungen der monetären Basis Änderungen der Geldmenge dominieren und Änderungen der Geldmenge wiederum das Nominaleinkommen entscheidend bestimmen, dann hat es die Notenbank selbst in der Hand, für Preisniveaustabilität zu sorgen. Dieses sei auch ihre einzige Aufgabe, da von einer prinzipiellen Stabiltität des privaten Sektors ausgegangen wird; die Instabilitäten des ökonomischen Prozesses werden auf das Verhalten des Staates zurückgeführt. Diskretionäre antizyklisch gemeinte Geldpolitik habe oft de facto prozyklisch gewirkt. Korregierende wirtschaftspolitische Eingriffe sollen daher vermieden werden, da sie den "Selbstheilungsprozeß" eher behindern als unterstützen. Die Geldpolitik hat demzufolge dafür zu sorgen, daß die Geldmenge im Zeitablauf mit einer konstanten Rate fortschreitet,

---

1) So wird in den üblichen Geldbasiskonzepten eine um die Effekte von Mindestreservesatzänderungen korrigierte Geldbasis (sog. "erweiterte Geldbasis") verwendet, um die expansive oder kontraktive Wirkung mindestreservepflichtiger Maßnahmen explizit zum Ausdruck zu bringen. Zu den verschiedenen Geldbasiskonzepten siehe auch Rohde (1985), S. 21ff.

2) vgl. Caesar (1976/77), S. 234.

3) vgl. Siebke (1982), S. 152.

die grundsätzlich der Wachstumsrate des Produktionspotentials entspricht.[1] Auf der Grundlage dieser Wachstumsrate hat sie ein Geldmengenziel zu formulieren, an dessen Einhaltung sie sich bindet (Regelbindung). Da auch die Zinsbildung den Marktkräften überlassen bleiben sollte, sind zinspolitische Eingriffe nicht erforderlich; die Steuerungsgröße ist in diesem Konzept nur die Geldmenge.[2]

Dieser Ansatz ist Einwänden ausgesetzt und wird demzufolge in der Literatur kontrovers diskutiert. Wie es um die Validität des Geldbasiskonzeptes steht, kann hier nicht im einzelnen erörtert werden.[3] Fraglich ist, ob die Geldmenge tatsächlich einen dominierenden Einfluß auf den Wirtschaftsprozeß ausübt[4] und ob der Zusammenhang zwischen Geldbasis und Geldmenge tatsächlich so eng ist, wie es von den Monetaristen behauptet wird. Gegen beide Hypothesen lassen sich eine Reihe von Bedenken anführen. So muß bezweifelt werden, ob dieser Ansatz vor dem Hintergrund der institutionellen und strukturellen Gegebenheiten in Deutschland und Frankreich die Realität richtig beschreibt.

Wenn sich nämlich die Geschäftsbanken aufgrund dieser Gegebenheiten gegen den Willen der Notenbank Zentralbankgeld beschaffen können und dies von derselben nicht kompensiert werden kann, so unterliegt die monetäre Basis nicht mehr allein der zentralbankpolitischen Kontrolle und kann somit nicht hinreichend exakt kontrolliert werden. Die Geldbasis ist dann keine exogene Größe. Man versucht deshalb durch Bereinigung der monetären Basis um die endogenen Einflußgrößen, den institutionellen Gegebenheiten Rechnung zu tragen. Allerdings geht eine zunehmende Exogenisierung der Basisgröße mit einer zunehmenden Endogenisierung der Multiplikatorgröße einher.[5] Damit aber ist die Stabilität bzw. Prognostizierbarkeit des Geldmultiplikators und damit die gesamte Geldbasiskonzeption in Frage gestellt. Notenbankpolitisch induzierte Änderungen der Geldbasis könnten sich nämlich durch gegenläufige Bewegungen des - von Banken und Publikum - abhängigen Geldmultiplikators in einer "falschen" Reaktion der Geldmenge niederschlagen. Starke und schwer prognostizierbare Schwankungen des Multiplikators bedeuten eine erhebliche Unsicherheit, da man im voraus nie genau weiß, wie stark sich Variatonen der Geldbasis auf die

1) vgl. Friedmann (1973), S. 67. Eine andere Gruppe von Monetaristen, darunter Brunner und Meltzer, sprechen sich demgegenüber für einen diskretionären Einsatz der Geldpolitik zur Konjunkturstabilisierung aus. vgl. Rohde (1985), S. 17ff.

2) Aufgrund des direkten Zusammenhangs zwischen Geldbasis und Geldmenge kann die Geldmenge ebenso als Steuerungsgröße bezeichnet werden.

3) Zur Kritik am Konzept der Geldbasissteuerung siehe Pohl, Rüdiger (1973), S. 94ff.; Neubauer (1978), S. 154 ff.; Bockelmann (1978), S. 39-48.

4) Kritisch hierzu Neubauer (1978), S. 162f.; Pollin (1987), S. 122ff.

5) vgl. Rohde (1985), S. 32.

Geldmenge auswirken. Eine bestimmte Veränderung der Geldmenge mittels der Steuerung der monetären Basis kann eben nur dann gelingen, wenn die Veränderungen der beiden Größen in einem hinreichend konstanten bzw. steuerbaren, wenigstens aber voraussehbaren Verhältnis zueinander stehen.[1)]

Dieses Dilemma ließe sich nur dadurch beseitigen, daß man den Banken die Möglichkeit nimmt, sich auf eigene Initiative und somit u.U. gegen den Willen der Notenbank Zentralbankgeld zu verschaffen. Von einer derartigen Ausgestaltung des monetären Sektors in Deutschland und Frankreich kann jedoch auch nach dem Übergang zur Geldmengensteuerung nicht die Rede sein.

1.1.3 Die Eignung von Geldmengengrößen als Zwischenziel

Wie in dem vorangegangenen Abschnitt gezeigt werden konnte, kommt der Geldmenge im Rahmen einer Mengensteuerung eine dominierende Rolle zu. Auf die Auswahl bzw. adäquate Abgrenzung eines relevanten Geldmengenaggregats soll nun näher eingegangen werden.

Welche Geldmengendefinition für die Geldpolitik am "brauchbarsten" ist, kann a priori nicht gesagt werden. Die verschiedenen in Frage kommenden Aggregate sind "theoretische Hilfsgrößen," die realiter nicht existieren. Sie sollen dazu dienen, die komplexe ökonomische Realität analytisch zu erklären. Der Geldmengenbegriff ist demzufolge problemorientiert, d.h. mit Blick auf die zentrale Bedeutung der gesuchten Größe in der Zwischenzielstrategie auszuwählen.[2)] Dazu ist es notwendig, daß der mit dieser Strategie implizit behauptete Wirkungszusammenhang tatsächlich besteht und auch für das ins Auge gefaßte Aggregat gilt und daß sich eine Trennungslinie zwischen Geld und anderen Finanzaktiva ziehen läßt. Abgrenzungskriterium zur Herleitung einer Geldmengendefinition sind die als charakteristisch angesehenen Geldfunktionen. Als deren konstitutive Funktionen werden in der Literatur die Tausch- oder Zahlungsmittelfunktion, die vorübergehende Kaufkraft- und die dauerhafte Wertaufbewahrungsfunktion genannt.[3)] Je nachdem, welche Geldfunktion als Abgrenzungskriterium zugrunde gelegt wird, gelangt man zu unterschiedlichen Geldmengenaggregaten.[4)]

---

1) vgl. Pohl, Reinhard (1978), S. 16ff.

2) vgl. Claassen (1974), S. 273.

3) In der heutigen Zeit dient Geld nicht mehr zur Wertaufbewahrung oder Anlage von Vermögen, da stets genügend alternative Geldanlageformen zur Verfügung stehen. vgl. Oberhauser (1977), S. 220ff.

4) vgl. Claassen (1974), S. 275.

Diese funktionalen Ansätze lassen den Eindruck entstehen, daß mit einer theoretisch eindeutigen Trennung der Geldhaltungsmotive (Transaktionsmotiv- oder Vermögensmotiv) auch das Problem der Geldmengenabgrenzung eindeutig gelöst sei. Voraussetzung hierfür wäre, daß sich aus dem breiten Spektrum der Finanzaktiva der Nichtbanken diejenigen herausfiltern ließen, die für die Beschreibung der wirtschaftlichen Aktivität a priori eine dominierende Bedeutung haben.

Nach monetaristischer Vorstellung sind dies diejenigen Finanzaktiva, die unmittelbar für Zahlungszwecke eingesetzt werden können, sowie auch solche Aktiva, die sich ohne große Transaktions- und Informationskosten für Zahlungen mobilisieren lassen.[1] Sie präferieren folglich entweder die Geldmenge M1 oder M2 als relevantes Geldmengenaggregat und damit auch als Zielgröße der Geldpolitik. Eine Reihe von Untersuchungen scheint für die empirische Evidenz der hier vorgeschlagenen Aggregate zu sprechen. Der Versuch, eine relevante Geldmenge theoretisch abzugrenzen, führt in diesem Fall jedoch dazu, daß nur Teile der Liquidität erfaßt werden.

Demgegenüber spielt die gesamtwirtschaftliche Liquidität nach liquiditätstheoretischer Auffassung die entscheidende Rolle bei der Beeinflussung der wirtschaftlichen Aktivität. Liquidität im Sinne der Liquiditätstheorie des Geldes meint "... die aktuelle und (tatsächliche oder angenommene) potentielle Verfügungsmacht über Zahlungsmittel im Bedarfsfall."[2] Folglich werden breitere Aggregate bevorzugt, ohne allerdings auf deren beherrschenden Einfluß auf die nominelle Sozialproduktentwicklung vertrauen zu wollen, denn auch für die Liquidität gilt der Tatbestand "umgekehrter Kausalität".[3]

Nach keynesianischem Verständnis gibt es "keine klare Trennungslinie zwischen 'Geld' und 'Nichtgeld' und kein klares Prinzip, das uns führen könnte, um die ideale Definition des Geldes zu finden."[4] Dieser Schlußfolgerung ist sicherlich zuzustimmen und gilt besonders in einer Zeit, in der die "... Übergänge zwischen Geld, Beinahe-Geld und Nicht-Geld immer diffuser (werden)."[5] Als besondere Störquellen für die Effizienz einer Geldmengensteuerung haben sich finanzielle Neuerungen herausgestellt, die nicht nur in mehrmaligen Wechseln bzw. Neuabgrenzungen der

---

1) vgl. Brunner (1984), S. 38f.

2) Oberhauser (1977), S. 209.

3) Nach Oberhauser ist es indessen angebracht, zwischen Geld und Liquidität klar zu trennen, "da Geld vor allem deswegen interessiert, weil es im Wirtschaftsablauf nachfragewirksam eingesetzt werden kann...". Infolgedessen präferiert er einen engen Geldbegriff. ebenda, S. 209.

4) Kaldor/Trevithick (1981), S. 418.

5) Pohl (1976), S. 33.

Geldmengenaggregate zum Ausdruck kommen, "sondern auch in einem generellen Bedeutungsverlust dieser Größen für die Geldpolitik."[1] In der Tat können solche Finanzinnovationen zu einer spürbaren Beeinträchtigung der Geldpolitik führen. So schreibt auch Akhtar:

> "The recent finacial changes are making it more difficult to measure or define a given monetary aggregate and also to draw the demarcation line between various aggregates".[2]

Die vorangegangenen Ausführungen zu den theoretischen Aspekten der Geldmengensteuerung sollten lediglich dazu dienen, einen kurzen Überblick über die hiermit verbundenen Fragen und Probleme zu geben. Die dabei aufgezeigten Schwachstellen geben einen Hinweis darauf, warum sich beide Notenbanken nicht dieser Sichtweise angeschlossen haben. Die weiteren Ausführungen werden u.a. zeigen, daß das einfache analytische Konzept der Verbindung zwischen Geldbasis und Geldmenge weder in Deutschland noch in Frankreich mit den Fakten vereinbar ist.

2. Das Geldmengenkonzept der Deutschen Bundesbank

2.1 Der Wandel in der Konzeption

Obwohl die Deutsche Bundesbank eher zurückhaltend ist, neuere Erkenntnisse der Geldtheorie in praktische Geldpolitik umzusetzen, scheute sie sich nicht, ihre Konzeption im Verlauf der Zeit zu ändern. Im Jahre 1974 begann in Deutschland die "Neue Ära" der Geldmengenpolitik mit der Bekanntgabe von jährlichen monetären Wachstumszielen. Hiermit verlagerte die Zentralbank den Schwerpunkt in ihrem geldpolitischen Konzept auf eine neue strategische Variable, die Zentralbankgeldmenge. Vorrangiges Ziel war die Bekämpfung der Inflation und eine entsprechende Beeinflussung der Erwartungen der Wirtschaftssubjekte. Sie führt dazu aus, daß "wie in vielen anderen größeren Industrieländern ... praktische geldpolitische Erfordernisse und Erfahrungen den letzten Anstoß dazu (gaben), das Konzept der Geldmengensteuerung einzuführen,"[3]um somit "allen Verantwortlichen durch ein quantifiziertes Geldmengenziel den monetären Rahmen für das nominale gesamtwirtschaftliche Ausgabenwachstum ausdrücklich vorzugeben".[4]

---

1) Ruckriegel (1989), S. 1.

2) Akhtar (1983), S. 28.

3) Deutsche Bundesbank (1989), Sonderdrucke Nr. 7, S. 98.

4) ebenda. S. 98.

Was hat die Deutsche Bundesbank dazu bewogen, ihre bisherige Konzeption der Steuerung der freien Liquiditätsreserven aufzugeben? Sowohl in den offiziellen Verlautbarungen der Bundesbank als auch in der wissenschaftlichen Literatur finden sich insbesondere drei Gründe: Ein prinzipiell verändertes Verhalten der Banken, die Freigabe der Wechselkurse und die Rezeption monetaristischer Vorstellungen.

2.1.1 Das Problem der freien Liquiditätsreserven

Bis Anfang der siebziger Jahre orientierte sich die Deutsche Bundesbank bei ihren geld- und kreditpolitischen Entscheidungen in der Hauptsache an den freien Liquiditätsreserven der Banken. Hierzu zählten im wesentlichen Geldmarktpapiere, deren Ankauf sie zugesagt hatte, ferner die unausgenutzten Rediskontkontingente und die Lombardkredite und - bis zur Aufgabe des Systems fester Wechselkurse - kurzfristige liquide Auslandsforderungen.[1] Diese liquiden Aktiva konnten jederzeit von den Kreditinstituten in Zentralbankgeld umgewandelt werden. Sie stellten ein quasi-automatisches Rückgriffsrecht auf Zentralbankgeld dar. Die freien Liquiditätsreserven konnten so lange als operationales Ziel der Geldpolitik dienen, als die Bundesbank annehmen konnte, daß die Kreditinstitute auf Schwankungen der Liquiditätsquote mit einer Veränderung ihrer Ausleihpolitik reagierten. Die Voraussetzungen für eine solche Vorgehensweise waren immer weniger gegeben.[2]

> "Die Bundesbank hatte nämlich die Erfahrung gemacht, daß die Banken seit Anfang der 70er Jahre, im Gegensatz zu ihrem früheren Verhalten, immer weniger auf eine Einschränkung ihrer freien Liquiditätsreserven mit einer Änderung ihrer Ausleihpolitik reagierten. Insbesondere konnte sie sich nicht mehr darauf verlassen, daß es die Banken für unumgänglich hielten, einen bestimmten Mindestbetrag an freien Liquiditätsreserven nicht zu unterschreiten, wie dies früher zu beobachten gewesen war."[3]

Die Banken hielten nicht mehr einen bestimmten Sockel an freien Liquiditätsreserven zur Liquiditätsvorsorge. Diese nutzten sie vielmehr als Expansionsspielraum im Wettbewerb mit den anderen Banken. Die gegenläufige Entwicklung von Bankenliquidität und Kreditvergabe erklärte die Bundesbank "... durch einen allmählichen Wandel in den Urteilsmaßstäben der Kreditinstitute über das benötigte Maß an Liquidität..."[4] Sie sah hierin eine Änderung des Bankenverhaltens, das sich eben darin zeigte, daß

---

1) vgl. Bockelmann (1989), S. 192.

2) vgl. Schlesinger (1978), S. 73f.; Gleske (1988), S. 138 und 142.

3) Schlesinger (1976) S. 435 und 437.

4) Deutsche Bundesbank (1971), Geschäftsbericht, S. 57.

"... die freien Liquiditätsreserven von den Banken nicht mehr als notwendige Reserve, sondern als ungenutztes Expansionspotential betrachtet wurden, das eine weitere, u.U. sogar verstärkte Kreditausweitung erlaubte."[1] Ursache hiefür war nach Auffassung der Bundesbank die Zunahme der kurzfristigen Interbankaktiva als Liquiditätsabsicherung, wohingegen die freien Liquiditäsreserven ihre diesbezügliche Funktion verloren.[2] Dies hätte zur Konsequenz, daß die Banken dazu übergegangen seien, ihr Liquiditätsbedürfnis nicht wie bisher mit aktuellem und potentiellem Zentralbankgeld, sondern durch Kredite bei anderen Banken - sog. Nostroguthaben - zu befriedigen, obwohl ihnen klar sein mußte, daß jeder Sekundärgeldschöpfungsprozeß (und um einen solchen handelt es sich bei der Kreditvergabe der Banken, die sich auf Interbankabsicherung stützten) zwingend an die Zentralbankgeldversorung gekoppelt ist. Hier stellt sich die Frage, ob die Änderung des Bankenverhaltens - und damit die Infragestellung der Bundesbankkonzeption - auf einer Liquiditätsillusion beruhte oder ob alternative Rückgriffsmöglichkeiten auf Zentralbankgeld existierten. Schlesinger bemerkt hierzu:

> "With the increasing efficacy and further development of the national and international money markets the banks no longer relied so strongly on support at the Bundesbank, but tried to secure their solvency by means of a network of interbank money market relationship".[3]

Den Kreditinstituten war es aufgrund der Fortentwicklung der nationalen und internationalen monetären Märkte möglich, in den Besitz von Zentralbankgeld zu gelangen. Bei der bestehenden Interventionsverpflichtung der Bundesbank am Devisenmarkt waren die inländischen Kreditinstitute aufgrund von Kapitalimporten in der Tat zu Primärgeldproduzenten geworden. Das Halten hoher liquider Reserven war bei der relativ großen Ergiebigkeit der internationalen monatären Märkte nicht erforderlich. Die These eines geänderten Bankenverhaltens in Form der Unterstellung geänderter Liquiditätsgrundsätze der Kreditinstitute ist daher wenig überzeugend. Die Kreditinstitute erachteten einen Rückgriff auf Zentralbankgeld als nach wie vor notwendig für ihre Liquiditätssicherung, nur spiegelte sich dieses Verhalten nicht in einem entsprechenden Umfang der angestrebten freien Liquiditätsreserven wider.[4] Diese Auffassung wird auch von Booms vertreten, der hierzu darlegt:

---

1) Deutsche Bundesbank (1973), Geschäftsbericht, S. 3; vgl. dazu auch Bockelmann (1974) S. 148ff.

2) Zu den Gründen hierfür vgl. Bockelmann (1989), S. 195.

3) Schlesinger (1974), S. 4.

4) Dies deutet darauf hin, daß in der offiziellen Abgrenzung der freien Liquiditätsreserven durch die Bundesbank nicht alles potentiell verfügbare Zentralbankgeld enthalten war. vgl. hierzu Rohde (1985), S. 67; Oberhauser (1977), S. 212.

"Die starke Ausweitung der Aktiva-Geschäfte der Kreditinstitute beruhte keineswegs auf einer geringeren Liquiditätsabsicherung; die in dieser Hinsicht von der Notenbank häufig vorgebrachten Erklärungsversuche trafen die realen Verhältnisse nur unzureichend. Was sich geändert hatte, war nicht die Absicherung des Kreditgeschäfts als solches, sondern die Form, in der diese Absicherung durchgeführt wurde. Hier ist als entscheidender Faktor die Außenwirtschaftskomponente aufzuführen, die als Refinanzierungsmöglichkeit mit hoher Elastizitätseigenschaft bezeichnet werden kann;..."[1]

Die Bundesbank hat diese Verhaltensänderung bei den Banken durchaus wahrgenommen, wobei sie den angeblich geänderten Liquiditätsgrundsätzen der Kreditinstitute zu starkes Gewicht beigemessen hat. Sie kam hierbei zu dem Ergebnis, "... daß sich die Banken auch in der Periode stärker angespannter Bankenliquidität als Anbieter von Kredit niemals beengt fühlten, daß das Ausmaß der Kreditausweitung also im wesentlichen von der Kreditnachfrage bestimmt wurde."[2] Sie verlor durch das veränderte Verhalten der Kreditinstitute das Vertrauen in die freien Liquiditätsreserven als einer Steuerungsgröße, deren Veränderung allein die monetäre Expansion anzeigen und bestimmen konnte. Hiermit verlor diese Größe die wesentlichen Eigenschaften, die von einer Zielgröße in diesem Sinne zu fordern sind. Damit war aber das Konzept der Bankenliquiditätssteuerung mit dem Ziel der Kreditvolumensteuerung in den Augen der Bundesbank hinfällig geworden.[3] Eine geldpolitische Umorientierung lag daher nahe. Aber der richtige Zeitpunkt für die Änderung der Konzeption war erst gegeben, als die Interventionsverpflichtung der Bundesbank gegenüber dem Dollar entfiel.

2.1.2 Übergang zu weitgehend flexiblen Wechselkursen

Die Bundesbank hat immer betont, daß der Übergang zu einem System flexibler Wechselkurse im März 1973 für die geldpolitische Konzeption von zentraler Bedeutung war.

"Die Aufhebung der unbeschränkten Interventionspflicht an den Devisenmärkten im März 1973 bot eine entscheidende Voraussetzung für eine Konzeptionsänderung. Die zeitweilig außerordentlich hohen Ankäufe von Dollars im System von Bretton Woods hatten bis dahin eine effiziente, an den inneren Stabilitätszielen der Geldpolitik ausgerichtete Kontrolle der Geld- und Kreditversorgung nicht erlaubt."[4]

---

1) Booms (1980), S. 102.

2) Deutsche Bundesbank, Geschäftsbericht (1971), S. 60.

3) Kritisch hierzu: Rüdiger Pohl (1973), S. 94ff.

4) Schlesinger (1988a), S. 4.

Erst diese grundsätzliche Änderung der monetären Rahmenbedingungen ermöglichte eine wirkliche Kontrolle der Geldmenge durch die Bundesbank. Sie nützte den damit gewonnenen Handlungsspielraum dazu, "neue Wege der Geldpolitik" zu gehen. Die große Bedeutung der Außenwirtschaftskomponente für die Zentralbankgeldschöpfung wurde zu Beginn der 70er Jahre besonders deutlich. Die Zuflüsse an Devisen beliefen sich dabei umgerechnet 1971 auf ca. 17 Mrd. DM, 1972 ca. 16 Mrd. DM und 1973 ca. 26 Mrd. DM, wobei allein im Februar und März 1973 ca. 20 Mrd. DM der Bundesbank zuflossen.[1)] Versuche, die expansive Wirkung dieser Zuflüsse - vor allem durch Erhöhnung des Mindestreserve-Solls - zu kompensieren, waren ohne nennenswerten Erfolg;[2)] vielmehr "... zwangen die Interventionspflicht gegenüber dem Dollar immer wieder zur Schaffung von Zentralbankgeld, auch wenn dies den binnenwirtschaftlichen Forderungen widersprach".[3)] Freie Wechselkurse wurden als konzeptioneller Bestandteil einer autonomen Geldversorgung bzw. als conditio sine qua non einer effektiven Geldpolitik angesehen: "Die entscheidende Voraussetzung für eine wirksame Geldpolitik wurde dadurch geschaffen, daß die Bundesbank von der Interventionspflicht zugunsten des US-Dollars befreit wurde".[4)] Mit der Aufhebung der Interventionspflicht gegenüber der amerikanischen Währung war es den Banken nicht mehr möglich, durch einen Abbau von Auslandsanlagen oder durch die Ausnutzung von Verschuldungsmöglichkeiten im Ausland auf eigene Initiative Zentralbankgeld zu schaffen.

Die Bundesbank nutzte die zurückgewonnene Autonomie dazu, die freien Liquiditätsreserven "auf Null" zu bringen. Dies hatte nach Auffassung der Notenbank grundlegende konzeptionelle Bedeutung: "Mit der Beseitigung der freien Liquiditätsreserven wurde die Geldpolitik der Bundesbank auf eine neue Basis gestellt."[5)] Beide Ereignisse - flexible Wechselkurse und eine Liquiditätsquote der Banken von ungefähr null - waren für die Bundesbank notwendige Voraussetzungen einer autonomen und effekti-

---

1) vgl. Deutsche Bundesbank (1973), Geschäftsbericht S. 28ff.

2) Das lag u. a. auch daran, daß die Bundesbank nur die Liquidität bei den Banken abschöpfen konnte, wohingegen die Auslandsgelder der Nichtbanken für eine weitere Ausweitung des Geldvolumens zur Verfügung standen. Diese entstehen z.B. durch Überschüsse aus dem Leistungsverkehr, Veränderungen der trems of payment und/oder durch Zunahme von Krediten deutscher Unternehmer im Ausland. vgl. hierzu Schlesinger (1978), S. 72.

3) vgl. Deutsche Bundesbank (1972), Geschäftsbericht S. 26.

4) Deutsche Bundesbank (1973), Geschäftsbericht, S. 3. Die Interventionspflicht im Rahmen des Europäischen Wechselkursverbundes bestand weiterhin, so daß die geldpolitische Autonomie der Bundesbank in dieser Hinsicht nicht vollkommen war. vgl. Schlesinger (1976), S. 435.

5) ebenda, S. 4.

ven Geldpolitik. Sie können als die "Hauptsachen" für den Kurswechsel in der Geldpolitik der Bundesbank 1973/74 angesehen werden.[1]

2.1.3 Das Etikett des Monetarismus

Der Wandel in der geldpolitischen Konzeption der Bundesbank erklärt sich nicht nur aus den oben dargestellten institutionellen Änderungen, sondern auch dadurch, daß monetaristische Grundauffassungen in den Stäben der Bundesbank Fuß fassen konnten.[2] In der Tat wurden konkrete geldpolitische Konzepte und Handlungen schon immer von ökonomischen Schultheorien beeinflußt. Dies gilt auch für die Geldmengenpolitik, die ohne den Aufschwung des Monetarismus in dieser Form wohl kaum denkbar gewesen wäre. Damit haben zwar wirtschaftstheoretische Paradigmen einen Einfluß auf das geldpolitische Handeln, dieser geht jedoch nicht so weit, daß die Notenbanken sich voll und ganz einer theoretischen Denkrichtung verschreiben.[3] Die enge Verknüpfung zwischen geldtheoretischen Vorstellungen und geldpolitischen Handlungsempfehlungen werden nämlich lockerer, sobald sich eine Notenbank für ein geldpolitisches Konzept entscheiden muß.

Bei der Deutschen Bundesbank wird dies besonders augenfällig. Haben die deutschen Monetaristen die Steuerung der Zentralbankgeldmenge als den entscheidenden Durchbruch monetaristischen Gedankengutes im politischen Bereich bezeichnet,[4] machten Nichtmonetaristen darauf aufmerksam, daß sich im Grunde wenig geändert hat; die Bundesbank bediene sich nach wie vor des gleichen Instrumentariums, um in erster Linie die Bankenliquidität zu beeinflussen.[5] Eine "monetaristische Konterrevolution" hat in Deutschland nicht stattgefunden.[6] Wesentliche charakteristische Merkmale der Bundesbankkonzeption passen nicht zu den üblichen systemkonstitutiven Kategorien des Monetarismus.[7] Die Bundesbank verfolgt - das werden auch die folgenden

---

1) vgl. Bockelmann (1989), S. 195.

2) vgl. Schlesinger (1985), S. 127.

3) vgl. hierzu Kloten (1981), S. 39-54.

4) So z.B. Neumann (1975), S. 317.

5) So z.B. Neubauer (1978), S. 157; Oberhauser (1977), S. 226.

6) Gleichwohl lieferte der Monetarismus die "wissenschaftliche Legitimation" für die restriktive Geldpolitik; er war nützlich für die Darstellung der Bundesbank nach außen. Dies kommt auch in der Aussage von Emminger zum Ausdruck, der monetaristischen Vereinfachungen skeptisch gegenüberstand, hingegen "selbst die dogmatischen Monetaristen oft als wertvolle Unterstützung (empfand), besonders wenn es galt, die Geldpolitik der breiten Öffentlichkeit leichter verständlich zu machen." Emminger (1986), S. 439.

7) vgl. Ehrlicher (1984), S. 2ff.

Ausführungen zeigen - ein eher pragmatisches als ein konsequent theoriebezogenes Konzept, da sie abweichend vom Verstetigungsideal auf die konjunkturellen Bewegungen Rücksicht nimmt. Dies mag auch daran liegen, daß sich im "claire obscure" vielfach besser leben läßt als im Scheinwerferlicht bindender theoretischer Konzeptionen.[1)]

2.2 Die Geldmengensteuerung der Deutschen Bundesbank

2.2.1 Die Zwischenzielstrategie

Ausgehend vom Ziel Preisniveaustabilität stellt sich die Frage, woran sich die Bundesbank bei der praktischen Durchführung ihrer Geldpolitik orientiert. Dabei entschied sie sich durchaus nach monetaristischem Raisonnement für eine Zwischenzielstrategie im Unterschied zu einer Politik, die sich unmittelbar an den wirtschaftspolitischen Endzielen ausrichtet.[2)] Der Vorteil der Verwendung einer quantitativen monetären Orientierungsgröße anstelle einer direkten Ausrichtung der Geldpolitik an gesamtwirtschaftlichen Eckdaten liegt nach Auffassung der Bundesbank darin, daß der Transmissionsprozess zwischen den Instrumenten, die der Bundesbank unmittelbar zur Verfügung stehen, und den gesamtwirtschaftlichen Endzielen nicht einfach zu beobachten ist und womöglich viel Zeit in Anspruch nimmt. Eine Orientierung an der Wachstumsrate des BSP in jeweiligen Preisen ist aus diesem Grund ausgeschlossen.[3)]

Desweiteren können die Wirkungen ihrer Geldpolitik nicht konkret an der Zielerreichung der wirtschaftspolitischen Endziele - Wachstum, Beschäftigung, außenwirtschaftliches Gleichgewicht - abgelesen werden, da diese gesamtwirtschaftlichen Eckdaten nicht exogen (im Politiksinne) sind. Vielmehr sind sie "das Ergebnis des Zusammenwirkens aller am Wirtschaftsprozeß Beteiligten, hängen also vom Verhalten der Tarifparteien und der öffentlichen Haushaltspolitik ebenso ab wie vom Einfluß der Geldpolitik."[4)] Eine unmittelbare Orientierung und Ausrichtung der Geldpolitik an diesen Endzielen der Wirtschaftspolitik würde die Verantwortlichkeit der Wirtschaftspolitik nicht nur verwischen, sondern der Notenbank Aufgaben zuordnen, die sie gar nicht erfüllen kann. Die Bundesbank sah sich deshalb in besonders dringlicher Weise vor die Frage nach den geeigneten monetären Indikatoren und Zwischenzielgrößen

---

1) vgl. Kloten (1981), S. 48.

2) vgl. Schlesinger (1988a), S. 6.

3) vgl. Schlesinger (1988a), S. 6; vgl. hierzu auch die Vorschläge von v. Weizäcker (1987), S. 76-80.

4) Deutsche Bundesbank (1989), Sonderdruck Nr. 7, S. 83.

gestellt. Eine Lösung des Problems besteht hierbei darin, eine geeignete Zwischenzielvariable zu finden, die den weiter oben genannten Ansprüchen genügt.

2.2.2 Geldmengenaggregate als Zwischenziele

Bei der Suche nach der für diese Zwecke am besten geeigneten monetären Orientierungsgröße für die Geldpolitik geht die Bundesbank davon aus, daß sowohl die Zinssätze als auch die Kreditmarktbedingungen und Wechselkurse, die früher als Indikatoren und intermediäre Kontrollvariablen der Geldpolitik eine bedeutende Rolle spielten, mit erheblichen Nachteilen verbunden sind. Die genannten Größen sind in der Tat einer Vielzahl von Einflüssen ausgesetzt und können deshalb leicht falsche Signale über die Wirkungsrichtung der Geldpolitik liefern.[1)]

Kurzfristige (Geldmarkt-) Zinssätze sind deshalb ungeeignet, da sie am Anfang des geldpolitischen Übertragungsweges stehen und somit wegen der Komplexität des monetären Transmissionsprozesses keine eindeutigen Rückschlüsse über das zu erwartende Ausgabenverhalten der Wirtschaftssubjekte erlauben.[2)] Langfristige (Kredit- und Kapitalmarkt-) Zinssätze haben im Gegensatz dazu ein engen Bezug zu den Ausgabendispositionen. Sie sind sogar (mit-) auslösendes Moment für die Ausgabenentscheidungen.[3)] Nach Meinung der Bundesbank steht jedoch einer Verwendung langfristiger Zinssätze als monetäre Orientierungsgröße entgegen, daß der Zusammenhang zwischen langfristigen Marktzinssätzen und den Ausgabendispositionen der Wirtschaftssubjekte nicht eindeutig ist, da die Wirkung dieser (Nominal-) Zinssätze davon abhängt, "für welche Zeitdauer die Wirtschaft mit hohen oder niedrigen Zinsen rechnet und wie stark jeweils die allgemeinen Inflationserwartungen sind."[4)] Gegen die Verwendung der inländischen Kreditexpansion als Orientierungsgröße der Geldpolitik spricht, daß in Zeiten einer starken außenwirtschaftlichen Verflechtung (Kreditaufnahme inländischer Banken im Ausland, Monetisierung von Leistungsbilanzüberschüssen) von einer "Parallelität zur gesamtwirtschaftlichen Ausgabenentwicklung"[5)] nur noch bedingt die Rede sein kann.

---

1) vgl. Schlesinger (1988), S. 7.

2) vgl. Dudler (1984), S. 89.

3) vgl. Bockelmann (1984), S. 68.

4) Deutsche Bundesbank (1989), Sonderdruck Nr. 7, S. 85.

5) ebenda S. 85.

Nach Ansicht der Deutschen Bundesbank sind demgegenüber die Geldmengengrößen weit weniger von solchen Einschränkungen behaftet und darüber hinaus legt es, wie sie ausführt,

> "auch der enge empirische Zusammenhang, der auf längere Sicht zwischen Geldmengen- und Preisniveauentwicklung besteht, nahe, die für die Stabilitätspolitik der Bundesbank am besten geeignete Zwischenzielgröße aus dem Spektrum der zur Auswahl stehenden Geldvolumenskonzepte zu wählen".[1)]

Hier stellt sich nun die Frage nach einer adäquaten Geldmengendefinition bzw. es sind zunächst die verschiedenen Geldmengenaggregate auf ihre Eignung als monetäre Orientierungsgröße hin zu prüfen.

2.2.3 Die Wahl der Zentralbankgeldmenge als Zwischenzielgröße

Die Deutsche Bundesbank hat

> "internationalen Gepflogenheiten folgend verschiedene Geldmengenbegriffe[2)]in enger und weiter Definition voneinander abgegrenzt und als Besonderheit für die Bundesrepublik Deutschland das Konzept der Zentralbankgeldmenge entwickelt".[3)]

Dabei lag nach Auffassung von Schlesinger die konkrete Wahl des Zwischenziels in Form der Zentralbankgeldmenge "etwas abseits der traditionellen monetaristischen Vorstellungen".[4)] Entscheidend für die Wahl war nicht ein formales oder juristisches Kriterium, das über den "richtigen" Geldmengenbegriff entschied, sondern einzig die analytische und empirische Zweckmäßigkeit.[5)] Insgesamt verwendet die Bundesbank die folgenden Geldmengenindikatoren:

---

1) Deutsche Bundesbank (1989), Sonderdrucke Nr. 7, S. 86.

2) Im Original hervorgehoben.

3) Deutsche Bundesbank (1989), Sonderdrucke Nr. 7, S. 86.

4) Schlesinger (1988a), S. 7.

5) vgl. Schlesinger (1976), S. 446.

M1 = Bargeld- und Sichteinlagenbestände inländischer Nichtbanken bei inländischen Kreditinstituten

M2 = M1 zuzüglich Termingelder inländischer Nichtbanken unter 4 Jahren

M3 = M2 zuzüglich Spareinlagen inländischer Nichtbanken mit gesetzlicher Kündigungsfrist

Zentralbankgeld = Bargeld in Händen von Nichtbanken plus Mindestreserve-Soll für inländische Verbindlichkeiten der Banken (ohne Bankschuldverschreibungen) mit konstanten Reservesätzen berechnet.[1)]

Desweiteren beobachtet und veröffentlicht die Deutsche Bundesbank seit 1990 eine erweiterte Geldmenge M3, die neben M3 auch die Auslandseinlagen und die kurzfristigen Bankschuldverschreibungen (mit einer Laufzeit bis unter 2 Jahren) in Händen inländischer Nichtbanken mit erfaßt.[2)] Die Veränderung der einzelnen Aggregate im Zeitablauf zeigt das folgende Schaubild.

---

1) Bei den Geldmengenaggregaten (M1,M2,M3) werden neben DM - auch Fremdwährungseinlagen, die inländische Nichtbanken unterhalten, erfaßt. DM- Einlagen von Gebietsfremden bei deutschen Banken sind nicht miteinbezogen. vgl. Deutsche Bundesbank (1993), Sonderdrucke Nr. 7, S. 93ff.

2) ebenda, S. 102.

Schaubild 2: Geldbestände und Zentralbankgeldmenge

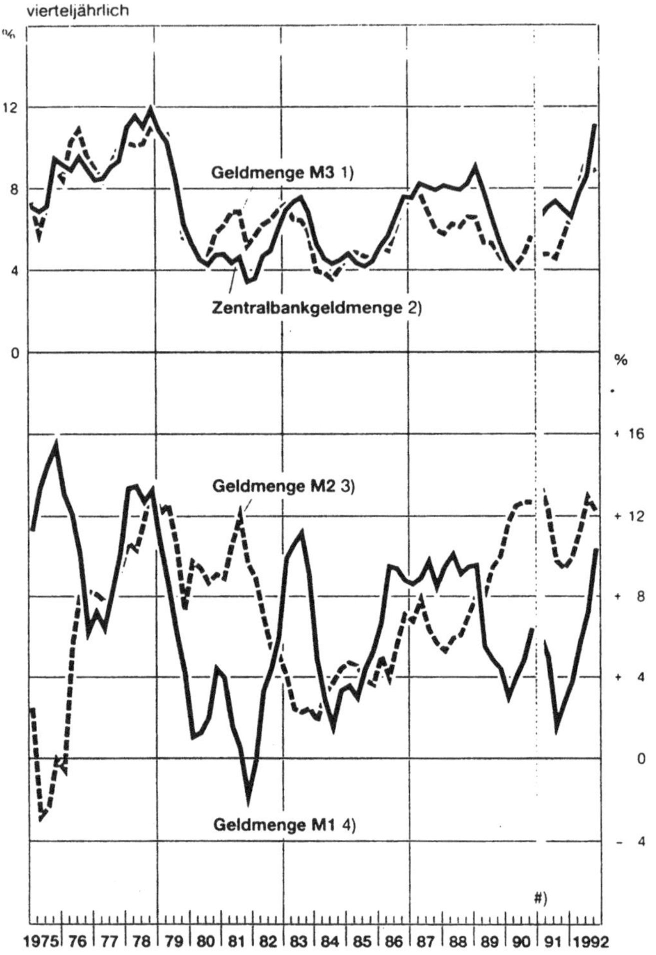

*) Veränderung gegen Vorjahr in %.- 1) M3 = Bargeld, Sichteinlagen, Termingelder unter 4 Jahren, Spareinlagen mit gesetzlicher Kündigungsfrist.- 2) Zentralbankgeldmenge = Bargeldumlauf plus Reserve-Soll auf Inlandseinlagen (mit konstanten Reservesätzen - Basis Januar 1974 - berechnet). Für das zweite Halbjahr 1990 nicht verfügbar.- 3) M2 = M3 ohne Spareinlagen mit gesetzlicher Kündigungsfrist.- 4) M1 = Bargeld und Sichteinlagen.- #) Ab 1991 gesamtes Währungsgebiet der D-Mark, vorher nur Westdeutschland.

BBk

Quelle: Deutsche Bundesbank (1993), Sonderdrucke Nr. 7, S. 97.

Die Geldmenge M1, die von den Monetaristen präferiert wird, scheint als monetäres Zwischenziel besonders gut geeignet zu sein. Sie entspricht wegen ihrer engen Definition recht genau dem theoretischen Konzept unverzinslichen, hoch liquiden Geldes, das von den Privaten primär wegen seiner Funktion als Zahlungs- und Tauschmittel nachgefragt wird. Allerdings unterliegen sowohl M1 als auch M2 in Deutschland ausgeprägten zinspolitischen Schwankungen. So ist die Geldmenge M1 hoch - und zwar negativ zinselastisch. Daher wird der Zusammenhang zwischen Geldmengenentwicklung und wirtschaftlichem Wachstum stark durch Geldzinsschwankungen überlagert, was die Gefahr in sich birgt, daß die Öffentlichkeit die geldpolitischen Maßnahmen, die sich in M1 widerspiegeln, falsch einschätzt.[1)]

Ähnlich, nur mit umgekehrtem Vorzeichen reagiert M2.[2)] Allein wegen dieser ausgeprägten zinsbedingten Schwankungen sind diese Geldmengenaggregate als -veröffentlichte - geldpolitische Orientierungsgrößen ungeeignet, da sie zu Mißverständnissen und Fehleinschätzungen in der Öffentlichkeit führen können.[3)] Die Bundesbank lehnt deshalb die beiden Aggregate als wenig geeignet ab.

Die Geldmenge M3 ist solchen Informationsverzerrungen weit weniger ausgesetzt, da sie durch Verlagerungen von Liquidität kaum tangiert wird. Eine gewisse - negative - Zinsempfindlichkeit weist allerdings auch dieses Geldmengenaggregat auf. Sie zeigt sich daran, daß bei einem starken Anstieg der langfristigen Marktzinssätze die Neubildung von Geldvermögen verstärkt in langfristigen, wenig liquiden Anlagen erfolgt, als auch daran, daß Umschichtungen bestehender Geldbestände in besser verzinste Geldkapitalanlagen vorgenommen werden. Der hieraus resultierende Dämpfungseffekt auf das Wachstum der gesamten Geldbestände dürfte vielfach annähernd richtig korrespondierende Wirkungen der Geldpolitik auf den Wirtschaftsprozeß anzeigen.[4)]

Als breit definiertes Geldmengenaggregat ist auch die von der Bundesbank als zentrale Orientierungsgröße verwendete Zentralbankgeldmenge anzusehen, die sich weitgehend parallel zu M3 entwickelt. Es handelt sich hierbei um ein gewichtetes Aggregat, wobei das Gewicht der verschiedenen Einlagenkomponenten mit sinkendem Liquiditätsgrad abnimmt.

---

1) Läßt die Bundesbank die kurzfristigen Geldmarkt- und Termineinlagensätze anziehen, wächst M1 deutlich langsamer, ohne daß sich die Liquidität in der Wirtschaft tatsächlich in hohem Maße verringert hätte. vgl. hierzu auch Dudler (1984), S. 99.

2) ebenda.

3) vgl. Schlesinger (1988a), S. 7.

4) vgl. Schlesinger (1988a), S. 8; Eine Gegenüberstellung neuerer Untersuchungsergebnisse findet sich bei Duwendag (1988), S. 21-36.

Nach Untersuchungen der Deutschen Bundesbank zeigte die Zentralbankgeldmenge bei herkömmlichen ökonometrisch-statistischen Prüfverfahren, in denen die Beziehung zwischen Geldmenge und nominalen Ausgabengrößen, Marktzinssätze usw. untersucht wird, im Vergleich zu anderen Geldmengenaggregaten gute Ergebnisse. Desweiteren besitzt die Zentralbankgeldmenge gegenüber M3 eine Reihe zusätzlicher Vorzüge,[1] die letzten Endes

> "für die heutige Praxis der Bundesbank ausschlaggebend (waren), ausschließlich die Zentralbankgeldmenge als Zwischenzielgröße und zentralen Geldmengenindikator zu betrachten".[2]

Die Bundesbank macht somit keinen Unterschied zwischen Indikator- und Zwischenzielvariable. Die Zentralbankgeldmenge hat beide Funktionen gleichzeitig zu erfüllen. Für die Wahl einer zentralen Orientierungsgröße für die geldpolitische Steuerung war schließlich folgendes entscheidend:

> "der gesuchte Indikator sollte einerseits klar als von der Geldpolitik beeinflußte Größe erkennbar sein und andererseits in einem engen Zusammenhang mit den eigentlichen Zielen der Wirtschaftspolitik stehen".[3]

2.2.4 Die Zentralbankgeldmenge und die monetäre Basis

Bevor auf die Indikator- und Zwischenzielfunktion der Zentralbankgeldmenge eingegangen wird, ist auf die Unterschiede des Geldmengenkonstruktes der Deutschen Bundesbank und der dem monetaristischen Konzept zugrunde liegenden monetären Basis hinzuweisen (vgl. Abschnitt 1.1.2). Die Deutsche Bundesbank macht in diesem Zusammenhang darauf aufmerksam, daß es sich in der öffentlichen Diskussion als nachteilig erwiesen hat, daß

> "die Zentralbankgeldmenge leicht mit der aus der 'Monetarismus-Debatte' bekannten, monetären Basis verwechselt werden kann".[4]

So sind die statistischen Unterschiede beider Größen zwar relativ gering - sie bestehen vor allem darin, daß die monetäre Basis auch das Mindestreserve-Soll aus Auslands-

---

1) vgl. hierzu Dudler (1984), S. 105.

2) Deutsche Bundesbank (1983), Sonderdrucke Nr. 7, S. 83.

3) ebenda, S. 77.

4) Deutsche Bundesbank (1983), Sonderdrucke Nr. 7, S. 85.

verbindlichkeiten sowie die Überschußreserven der Banken umfaßt[1] - aber aus Sicht der Deutschen Bundesbank bildet

> "die monetäre Basis ... nach dem Verständnis einer bestimmten akademischen Schulmeinung den ursprünglichen geldpolitischen Impuls ab; sie wird von dieser Lehrmeinung auch als eine von der Notenbank unmittelbar zu kontrollierende Steuergröße aufgefaßt. Die von der Bundesbank definierte Zentralbankgeldmenge stellt demgegenüber einen gewichteten Geldvolumensbegriff in weiter Definition dar; sie ist eine monetäre Zwischenzielgröße, die von der Bundesbank über die Steuerung der Geldmarktbedingungen beeinflußt werden kann."[2]

Neben der Indikatorfunktion ist die Zentralbankgeldmenge nach dem Verständnis der Bundesbank also auch gleichzeitig Zwischenzielgröße der Geldpolitik. Somit hat sich die Bundesbank auch in der Wahl ihres Zwischenziels vom theoretischen Konzept der Monetaristen abgesetzt,

> "in dem die (erweiterte) Geldbasis als Indikator und die Geldmenge M1 z.T. auch M2, als Zwischenzielvariable angesiedelt sind."[3]

Die Gründe dafür, daß sich die Bundesbank die monetaristische Vorstellung eines Geldbasis -Multiplikator - Konzepts und den damit verbundenen Vorschlag einer sehr engen und kurzfristigen Steuerung ihres Zwischenziels nicht zu eigen machte, liegt unter anderem in den institutionellen Gegebenheiten in Deutschland und in abweichenden theoretischen Vorstellungen begründet. So hält Bockelman das Geldbasiskonzept "für im Ansatz verfehlt".[4]

---

1) vgl. Deutsche Bundesbank (1983), Sonderdrucke Nr.7, S. 85f.

2) Deutsche Bundesbank (1983), Sonderdrucke Nr. 7, S. 86.

3) Duwendag (1976), S. 293.

4) Bockelman (1978), S. 45; vgl. hierzu auch Schlesinger (1988a), S. 12.

2.2.5 Die Indikatorfunktion der Zentralbankgeldmenge

Nach Auffassung der Bundesbank reflektiert die Zentralbankgeldmenge allein das Ergebnis der monetären Expansion, nicht dagegen etwa noch die Möglichkeit einer solchen Expansion.[1] Sie ist das Ergebnis eines vorausgegangenen Geldschöpfungsprozesses der Bundesbank in Verbindung mit den Banken und Nichtbanken und gibt die "definitive monetäre Expansion wieder."[2] So gesehen ist die Zentralbankgeldmenge also der Reflex der Geldbestände der Wirtschaft in der Bilanz der Notenbank. Der Indikator Zentralbankgeldmenge zeigt also nicht an,

> "ob monetäre Impulse von der Geldpolitik ausgelöst worden sind, sondern ob sie sich - zusammen mit anderen Einflüssen außerhalb der Geldpolitik - in Veränderungen der M1,2,3 - Aggregate niedergeschlagen haben. Das ist ein ex-post-Indikatorkonzept."[3]

Der entscheidende Unterschied zwischen der Zentralbankgeldmenge zu anderen Abgrenzungen, wie die "erweiterte Geldbasis" besteht darin, daß die Überschußreserven der Banken und die Bindung bzw. Freisetzung von Zentralbankgeld aufgrund von Mindestreservesatzvariationen in der ZBGM nicht enthalten sind. Demgegenüber sind diese Variablen, die ja erst die künftige Expansionmöglichkeiten der Banken determinieren, in der erweiterten monetären Basis explizit enthalten. Folglich ist also die Indikatorfunktion der monetaristischen Geldbasis eine prizipiell andere, denn:

> "Nicht das Ergebnis einer bereits eingetretenen Veränderung der M1,2,3 - Aggregate soll registriert werden, sondern primär, ob monetäre Impulse von der Geldpolitik ausgelöst[4] worden sind, die die künftige Entwicklung der Geldmenge M1,2,3 bestimmen. Das ist aber ein grundlegend anderes, nämlich angebotsorientiertes Indikatorkonzept (ex-ante-Orientierung)."[5]

Diese unterschiedliche Indikatorfunktion, die der Zentralbankgeldmenge einerseits und der erweiterten Geldbasis andererseits aufgrund unterschiedlicher Abgrenzungen zugedacht ist, hat zu den o.g. Irritationen geführt. Schlesinger führt hierzu aus:

---

1) Ausdruck hierfür sind die freien Liquiditätsreserven (bzw. der Liquiditätssaldo). vgl. Schlesinger (1976), S. 446.

2) vgl. Deutschen Bundesbank (1974), Monatsbericht Nr. 7, S. 19.

3) Duwendag (1978), S. 55.

4) Im Originaltext hervorgehoben.

5) Duwendag (1978), S. 55f.

"Viele Wissenschaftler verstehen die ZBGM dagegen als Geldbasis und benutzen sie als angebotsorientierten Indikator, als Indikator dafür, welche Impulse von der Geldpolitik ausgehen".[1)]

Dieser Interpretation folgte beispielsweise der Sachverständigenrat in seinem Jahresgutachten 1974/75, indem er schreibt:

"Die monetäre Politik wird angemessen beschrieben durch die Expansion der Menge an ZBG, die die Notenbank als Basis für die monetäre Expansion zur Verfügung stellt".[2)]

Im Gegensatz zu dieser monetaristisch geprägten "Lehrbuchdarstellung" einer direkten, angebotsseitigen Geldbasissteuerung kontrolliert die Bundesbank das Wachstum der Zentralbankgeldmenge nur indirekt.[3)] Hieraus wird aber deutlich, daß sich die Bundesbank mit ihrer Definition der Zentralbankgeldmenge nicht nur terminologisch von der weiter oben dargestellten monetaristischen Geldbasistheorie absetzen wollte, "sondern sich vermutlich auch eine - zumindest von der strengen monetaristischen Linie - abweichende geldpolitische Strategie offenhalten wollte."[4)]

Was die Eignung der Zentralbankgeldmenge als Zwischenzielgröße bzw. Transmissionsvariable[5)] angeht, so war die Bundesbank seinerzeit durchaus optimistisch, daß sich

"die Zentralbankgeldmenge vor allem deshalb als Orientierungsgröße bewährt hat, weil sie auf längere Sicht eine verhältnismäßig stabile Beziehung zum nominalen Bruttosozialprodukt aufweist".[6)]

---

1) Schlesinger (1976), S. 446.

2) Sachverständigenrat zur Begutachtung der gesamtwirtschaftlichen Entwicklung (1974), Jahresgutachten, Ziffer 173.

3) vgl. Bub (1986), S. 141f; Schlesinger (1988a), S. 12.

4) Caesar (1976/77), S. 234.

5) Transmissionsvariable im analytischen Konzept entsprechen inhaltlich den monetären Zwischenzielgrößen im strategischen Konzept der Geldpolitik. vgl. Duwendag (1975). S. 946ff.

6) Deutsche Bundesbank (1983), Sonderdrucke Nr. 7, S. 85.

Ferner haben ökonometrische Untersuchungen auch gezeigt, "daß Veränderungen der Geldmenge dem Ausgabenwachstum tendenziell vorangehen."[1)] Letzterem kommt in der geldpolitischen Konzeption der Bundesbank entscheidende Bedeutung zu.[2)] Dieser von der Bundesbank angenommene stabile Zusammenhang gilt auch für die Geldmenge M3, so daß der 1988 vorgenommene Wechsel in der Zielgröße keine grundsätzliche Neuorientierung in der Geldmengensteuerung bedeutet.

Obwohl die Notenbank die Zentralbankgeldmenge als Indikator- und Zwischenzielgröße präferiert, hat sie es sich nicht nehmen lassen, sich stets auch an einem breiten Spektrum monetärer und allgemeiner Wirtschaftsdaten zu orientieren.[3)] Desweiteren hält sie sich die grundsätzliche Möglichkeit offen, daß

> "geld- und kreditpolitische Entscheidungen im Einzelfall von Erwägungen beeinflußt sein können, die sich nicht unmittelbar aus den beobachteten Bewegungen der Zentralbankgeldmenge und den verkündeten Geldmengenzielen ableiten lassen".[4)]

2.2.6 Der Wechsel der geldpolitischen Zielvariablen

Mit der Bekanntgabe ihres Geldmengenziels für das Jahr 1988 wechselte die Deutsche Bundesbank ihre geldpolitische Zwischenzielgröße von der Zentralbankgeldmenge zur Geldmenge M3. Es stellt sich die Frage, welche Beweggründe die Bundesbank zu dieser Entscheidung veranlaßte. Sie betont, daß dieser Wechsel technischer Art ist und daß sich aufgrund der Tatsache, daß sich M3 und die Zentralbankgeldmenge in den letzten zehn bis fünfzehn Jahren weitgehend parallel zueinander entwickelt haben (vgl. Schaubild 1), die bisherigen Grundlagen der Geldmengensteuerung unberührt bleiben und die bisher gebräuchliche Technik der Zielableitung weitgehend beibehalten werden kann. Außerdem weisen beide Aggregate auch ähnlich günstige informations- und kontrolltechnische Eigenschaften auf. Die Bundesbank vertritt nach wie vor die Auffassung, daß "weit definierte Geldaggregate, die nach den Ergebnissen verschie-

---

1) Deutsche Bundesbank (1989), Sonderdrucke Nr. 7, S. 93.

2) "Eine vorausschauende geldmengenorientierte Politik sollte sich auf die Beobachtung stützen können, daß die Entwicklung der Geldmenge einen gewissen Vorlauf vor konjunkturellen Schwankungen der gesamtwirtschaftlichen Ausgaben und den längerfristigen Preisbewegungen aufweist. Nur unter dieser Voraussetzung kann sich die Geldpolitik darauf verlassen, daß sie mit der Steuerung der Geldmenge die künftigen gesamtwirtschaftlichen Ausgaben in die gewünschte Richtung lenkt". Deutsche Bundesbank (1985), Monatsbericht Nr.1, S. 14-28.

3) vgl. Deutsche Bundesbank (1989), Sonderdrucke Nr. 7, S. 97.

4) ebenda, S. 97.

dener Untersuchungen für die Bundesrepublik als monetäre Zwischenzielgröße besonders geeignet erscheinen",[1]beibehalten werden sollten.

Auffallend an der Konstruktion Zentralbankgeldmenge war die unterschiedliche Gewichtung der einzelnen Depositenarten (Sichteinlagen, Termineinlagen und Spareinlagen). Sie standen ungefähr in einem Verhältnis von 4:3:2. Hinter dieser Vorgehensweise stand die Überlegung, daß Einlageumschichtungen korrespondierende Veränderungen im Ausgabeverhalten der Nichtbanken widerspiegeln würden.

> "Die Gewichtung der einzelnen Einlagearten nach ihrem 'Geldgrad'entspricht der Einschätzung, daß sich die Wirkung von Einlagenumschichtungen auf das Ausgabenverhalten der Nichtbanken vermutlich in engen Grenzen hält".[2]

Somit kann aber die in der Literatur vorgebrachte These, ein besonderer Vorteil von M3 gegenüber der Zentralbankgeldmenge bestünde in der Robustheit des M3-Aggregates gegenüber Einlageumschichtungen, nicht unterstützt werden.[3] Gemäß der bisherigen Argumentation der Bundesbank wäre diese Robustheit eher ein Nachteil von M3 im Vergleich zur Zentralbankgeldmenge. Von jeher problematisch ist der große Unterschied im Gewichtungsfaktor des Bargelds zu den Sichteinlagen in der Zentralbankgeldmenge; denn Bargeld und Sichteinlagen dürften nahezu den gleichen Geldgrad aufweisen.

> "Von den Kassenhaltungsgewohnheiten der Nichtbanken ausgehend, würde man Bargeld und Sichteinlagen eher gleich hoch gewichten, da beide Geldkomponenten gegenüber den kürzerfristigen Termin- und Spareinlagen einen deutlich höheren Liquiditätsgrad aufweisen und auf Änderungen der kurzfristigen Zinssätze ähnlich ausgeprägt reagieren".[4]

Das große Gewicht des Bargeldumlaufs in Verbindung mit seinem starken Anwachsen in der Vergangenheit wird von der Bundesbank als ein wesentlicher Grund für den Wechsel zu M3 angeführt. Sie tat sich in der Interpretation der Gründe des starken Bargeldwachstums allerdings schwer und war nicht in der Lage diese schlüssig zu erklären.[5]

---

1) ebenda, S. 92.

2) Deutsche Bundesbank (1989), S. 91.

3) vgl. Duwendag (1988), S. 83.

4) Deutsche Bundesbank (1988), Monatsbericht Nr. 3, S 19.

5) Als mögliche Gründe werden eine erhöhte Bargeldnachfrage wegen zunehmender Schattenwirtschaft, geringere Opportunitätskosten der Bargeldhaltung bei Preisstabilität und niedrigem Zinsniveau sowie ein mögliches Horten von DM-Banknoten im Ausland aufgrund von Aufwertungserwartungen angeführt. vgl. Hiss/Schröder (1988), S. 154.

"Mit dem Anfang 1988 vorgenommenen Übergang zu M3 als geldpolitischer Zielgröße soll vor allem der Tatsache Rechnung getragen werden, daß die Zentralbankgeldmenge in der letzten Zeit dahin tendierte, die monetäre Entwicklung zu überzeichnen. Diese 'Mißweisung' rührte daher, daß einerseits der Bargeldumlauf als Folge der niedrigen Zinsen und der Aufwertungstendenz der D-Mark an den Devisenmärkten überproportional rasch expandierte und zum anderen die Bargeldkomponente in der Zentralbankgeldmenge ein zu hohes Gewicht (von gut 50%) hat (im Vergleich zu rd. 11% bei M3)."[1)]

Ein weiterer Grund für den vollzogenen Wechsel zu einer anderen Orientierungsgröße ergibt sich wohl auch aus der Tatsache, daß fortlaufende Zielverfehlungen die Glaubwürdigkeit der Geldmengenpolitik in Frage gestellt haben.[2)] Schließlich ist zu vermuten, daß sich der aus verschiedenen Geldmengendefinitionen ergebende unterschiedliche Handlungsspielraum eine Rolle bei der Auswahl von M3 gespielt hat. Die im Vergleich zu anderen Geldmengenaggregaten niedrigere Zinselastizität von M3 erlaubt der Notenbank, den durch die Geldmengenregel "diktierten" zinspolitischen Spielraum zu überschreiten.[3)]

2.3 Die Operationalisierung des Geldmengenziels

2.3.1 Zur Interpretation des Geldmengenziels

Was die Interpretation des Geldmengenziels angeht, so ist nach Überzeugung der Bundesbank mit der Vorankündigung eines Geldmengenziels beabsichtigt,

"allen Verantwortlichen durch ein quantifiziertes Geldmengenziel den monetären Rahmen für das nominale gesamtwirtschaftliche Ausgabenwachstum ausdrücklich vorzugeben",[4)]

in der Hoffnung, die Inflationserwartungen der Wirtschaftssubjekte zu beeinflussen. Theoretischer Hintergrund hierfür bildet die Theorie der "rationalen Erwartungen". Demgemäß berücksichtigen die Wirtschaftssubjekte bei ihrer Erwartungsbildung nicht nur vergangenheits-, sondern auch zukunftsbezogene Informationen. Die Bundesbank versucht, die Erwartungsbildung der Wirtschaftssubjekte zu erleichtern, indem sie die einzelnen Elemente, die bei der Festlegung der Zuwachsrate der Geldmenge Einfluß

---

1) Deutsche Bundesbank (1988), Monatsbericht Nr. 3, S. 19.

2) vgl. hierzu Duwendag (1988), S. 80.

3) vgl. Hasenbach-Jaenisch (1985), S. 16.

4) Deutsche Bundesbank (1989), Sonderdrucke Nr 7, S. 98.

haben, erklärt und ihren quantitativen Anteil explizit ausweist.[1] Das Ziel des Konzepts der monetären Zielvorgabe soll also sein, für mehr Transparenz in der Geldpolitik zu sorgen und den Willen und die Fähigkeit der Notenbank zur Durchsetzung ihrer Politik zu verdeutlichen, um auf diese Weise den am Wirtschaftsprozeß Beteiligten eine kalkulierbare Entscheidungsgrundlage zu liefern.[2]

2.3.2 Die Formulierung des Geldmengenziels

Nach Meinung der Bundesbank kann die Ankündigung jährlicher Geldmengenziele bis zu einem gewissen Grad dahingehend verstanden werden, daß die diskretionäre Geldpolitik zugunsten einer auf Verstetigung angelegten Regelbildung aufgegeben wurde.[3] Dies kommt neben der Ankündigung von jährlichen Geldmengenzielen auch durch die Form der Ableitung dieser Ziele zum Ausdruck.

Die Deutsche Bundesbank leitet das Geldmengenziel seit 1975 bis heute aus quantifizierten, normativen Vorstellungen über die angestrebte gesamtwirtschaftliche Entwicklung in dem jeweiligen Jahr ab.

> "Das Geldmengenziel beruhte dabei stets auf einer mit der Bundesregierung abgestimmten gesamtwirtschaftlichen Projektion, deren Eckdaten unter normativen Gesichtspunkten festgelegt wurden".[4]

Sie hat bei der Bekanntgabe des Geldmengenziels für 1976 die Faktoren, die ihr zur Zielquantifizierung dienen, erstmals genannt.[5]

---

1) Kritisch anzumerken ist in diesem Zusammenhang, daß in den letzten Jahren konkrete Aussagen über den Auslastungsgrad bzw. Umlaufgeschwindigkeit in den Veröffentlichungen i.d.R. fehlen.

2) Die leidvollen Erfahrungen des Jahres 1974 haben hierbei wohl eine wichtige Rolle gespielt. Damals setzten die Arbeitgeber den zweistelligen Lohnforderungen der Gewerkschaften zum Ausgleich der ölpreisbedingten Realeinkommenseinbußen kaum Widerstand entgegen, da sie auf eine expansive Geldpolitik spekulierten, die eine Preisüberwälzung ermöglicht hätte. Die Bundesbank war hierzu nicht bereit, so daß es zwangsweise zu Produktions- und Beschäftigungseinbrüchen kam. vgl. Kloten (1987), S. 1ff.

3) vgl. Schlesinger (1988), S. 8.

4) Deutsche Bundesbank (1989), Sonderdrucke Nr. 7, S. 99.

5) vgl. Deutsche Bundesbank (1975), in: A.a.P. Nr. 86, S. 1.

Im einzelnen berücksichtigt die Notenbank dabei folgende Größen:[1]

- das erwartete Wachstum des Produktionspotentials,
- die wünschenswerte Veränderung des gesamtwirtschaftlichen Auslastungsgrades,
- den "unvermeidlichen" Preisanstieg,[2]
- die erwartete Entwicklung der Umlaufgeschwindigkeit des Geldes, d.h. des Verhältnisses von Bruttosozialprodukt und Geldmenge.

a) Das erwartete Wachstum des Produktionspotentials

Hinter dieser Leitgröße für die Quantifizierung des Geldmengenziels steht vereinfacht die Überlegung, die Entwicklung der monetären Gesamtnachfrage in Einklang mit den Angebotsmöglichkeiten zu halten.[3] Die Bundesbank "wird damit im Regelfall ein reales Ausgabenwachstum alimentieren, das dazu ausreicht, die gesamtwirtschaftlichen Angebotsmöglichkeiten annähernd auszuschöpfen."[4]

b) Die wünschenswerte Veränderung des gesamtwirtschaftlichen Auslastungsgrades

Eine Bemessung der Zuwachsrate entsprechend dem Potentialwachtum kann nach Auffassung der Bundesbank nur dann (alleiniger) Maßstab sein, wenn in der Ausgangssituation Normalauslastung vorliegt. In diesem Fall entsprechen sich die angestrebte Wachstumsrate des realen Bruttosozialprodukts und die Wachstumsrate des Produktionspotentials. Für den Fall, daß die Wirtschaft in der Ausgangssituation im Zustand der Über- oder Unterbeschäftigung verharrt, erscheint nach Auffassung der Notenbank eine schwächere oder stärkere Ausweitung des "Geldmantels" angebracht, "um ein Einschwenken auf einen mittelfristigen Gleichgewichtswachstumspfad geldpo-

---

1) vgl. hierzu auch Schlesinger (1976), S. 441.

2) Dieser Begriff der unvermeidlichen Preissteigerungsrate geht zurück auf den Sachverständigenrat: Demzufolge sind die Preissteigerungen unvermeidlich, "die sich bei der Stabilisierung des inländischen Kostenniveaus nicht vermeiden lassen, ohne die Beschäftigung zusätzlich zu beeinträchtigen." (Sachverständigenrat zur Begutachtung der gesamtwirtschaftlichen Entwicklung (1975/76), Jahresgutachten, Ziffer 398). Die Bundesbank definiert den Begriff als den Anstieg, "der sich trotz weiterer stabilitätspolitischer Bemühungen nicht vermeiden lassen wird." Deutsche Bundesbank (1979), Monatsbericht Nr. 3, S. 6.

3) vgl. Deutsche Bundesbank (1989), Sonderdrucke Nr. 7, S. 99.; Zur Berechnung des Produktionspotentials siehe dies. Monatsbericht Nr.10 (1981), S. 32 und S. 37.

4) Dudler (1984), S. 108.

litisch zu erleichtern."[1] Interessant sind in diesem Zusammenhang auch einschlägige Äußerungen von führenden Vertretern der Bundesbank:

> "In der Diskussion über Geldmengenziele spielt die Frage eine Rolle, auf welchen wirtschaftlichen Tatbestand sich die Festsetzung einer monetären Wachstumsrate stützen soll. Unsere Antwort auf diese Frage ist pragmatisch, d.h. sie wird von der im Zeitpunkt der Formulierung gegebenen und für das bevorstehende Jahr zu erwartenden wirtschaftlichen Lage bestimmt sowie von den damit verbundenen allgemeinen wirtschaftspolitischen Zielen. Anders ausgedrückt, wir sehen - im Gegensatz zu manchen Puristen auf diesem Gebiet - keine Möglichkeit, von der jeweiligen zyklischen Position der Wirtschaft abzusehen und die Geldpolitik aus ihrer antizyklischen Aufgabe zu entlassen."[2]

c) Die erwartete Entwicklung der Umlaufgeschwindigkeit des Geldes

Hierzu führt die Bundesbank aus:

> "Der Wirtschaft innewohnende Selbstkorrektureigenschaften tragen dazu bei, daß im Aufschwung mit steigendem Auslastungsgrad des Produktionspotentials auch die 'Umlaufgeschwindigkeit' des Geldes steigt, während sie im Abschwung bei fallender Auslastung zurückgeht. Das Geldmengenwachstum sollte daher grundsätzlich weniger stark variieren als die tatsächliche Produktionsentwicklung, da sich rein konjunkturelle Schwankungen des Auslastungsgrades und der 'Umlaufgeschwindigkeit'in ihrer Wirkung auf die Geldnachfrage der Wirtschaft tendenziell kompensieren."[3]

Ein Ansteigen des Auslastungsgrades wird somit über eine Erhöhung der Umlaufgeschwindigkeit finanziert. Nach diesen Vorstellungen müßten sich rein konjunkturbedingte Änderungen des Auslastungsgrades und die Umlaufgeschwindigkeit des Geldes gerade kompensieren. Akzeptiert man diese Überlegungen, so stellt sich zugleich die Frage, wie es Situationen der Über- bzw. Unterauslastung geben kann, die - wie weiter oben dargestellt - einer besonderen Berücksichtigung bei der Ableitung der monetären Zuwachsrate bedürfen. Beide Argumente gehen nur dann zusammen, wenn man unterstellt, daß es Situationen gibt, in denen die "innewohnenden Selbstkorrektureigenschaften" zu schwach sind, um den gewünschten (Normal-)Auslastungsgrad aufrechtzuerhalten bzw. wieder herzustellen.[4]

---

1) Dudler (1984),S. 108.

2) Schlesinger (1976), S. 440f.; Zur grundsätzlichen Kritik an einer "strikt potentialorientierten Geldmengenpolitik" siehe Oberhauser (1987), S. 123-132.

3) Deutsche Bundesbank (1989), Sonderdrucke Nr. 7, S. 100f.

4) vgl. hierzu auch Dudler (1984), S. 110.

Neben den rein konjunkturellen Bewegungen der Umlaufgeschwindigkeit sind auch trendbedingte Veränderungen zu berücksichtigen. Mit dem Übergang zur neuen geldpolitischen Orientierungsgröße M3 Anfang 1988 nahm die Bundesbank eine entsprechende Korrektur bei ihrer Zwischenzielableitung vor. Wegen langfristiger Veränderungen der Relation zwischen nominellem Produktionspotential und Geldmenge M3 wird ein Zuschlag von 1/2 Prozentpunkt gemacht.[1)]

d) Der unvermeidliche Preisanstieg

Die Bundesbank hat - bis 1984 - damit der Tatsache Rechnung getragen,

> "daß sich Preissteigerungen, die in die Dispositionen der Wirtschaft bereits Eingang gefunden haben, nicht sofort, sondern nur schrittweise wieder abbauen lassen. Andererseits lag dieser tolerierte Preisanstieg stets unter der laufenden bzw. für das kommende Jahr prognostizierten Inflationsrate. Damit machte die Bundesbank deutlich, daß sie nicht durch ein übertrieben 'gradualistisches' Vorgehen in der Inflationsbekämpfung dazu beitragen wollte, daß sich die Inflationserwartungen verfestigen."[2)]

So wird einerseits auf adaptive Kalküle in der Erwartungsbildung der Wirtschaftssubjekte aufmerksam gemacht, andererseits vertraut die Bundesbank darauf, die Wirtschaftssubjekte würden zukunftsorientierte Informationen - nämlich den Willen der Notenbank zu geldwertstabilem Handeln - nicht völlig unberücksichtigt lassen.[3)]

Was die Fixierung dieser Zielkomponenten anbelangt, so fanden seit 1974 einige bemerkenswerte Änderungen im Vorgehen der Bundesbank statt. Während sie anfangs, insbesondere bei den Zielformulierungen 1976 und 1977, aber auch noch 1980 und 1981 alle vier der genannten Zielkomponenten quantifizierte, beschränkte sie sich seit dem Geldmengenziel für das Jahr 1982 auf die voraussichtliche Entwicklung des Produktionspotentials und den unvermeidlichen Preisanstieg.[4)]

---

1) vgl. Deutsche Bundesbank (1988), Monatsbericht Nr.2, S. 9f.

2) Deutsche Bundesbank (1989), Sonderdrucke Nr. 7, S. 100.

3) vgl. hierzu Dudler (1984), S. 109; Bub (1986), S. 137ff.

4) Bis 1983 wurden von der Deutschen Bundesbank noch Berechnungen zur voraussichtlichen Entwicklung der Umlaufgeschwindigkeit des Geldes und der Änderung des Auslastungsgrades erstellt.

2.3.3 Zielquantifizierung

Wesentliche Aspekte der seit dem Jahre 1975 betriebenen Geldmengenpolitik haben auch heute noch Gültigkeit. Gleichwohl haben neue Erfahrungen und Entwicklungen dazu geführt, daß die Bundesbank im Laufe der Zeit ihr Steuerungskonzept modifizierte. Insbesondere die konkrete Art der Zielquantifizierung wurde von Zeit zu Zeit verändert.[1] "Damit konnte dem Zuwachs an praktischen Erfahrungen, aber auch den wechselnden geldpolitischen Erfordernissen und Prioritäten Rechnung getragen werden."[2] Seit der Bekanntgabe des Geldmengenziels für 1979 verwendet die Bundesbank ein Verlaufsziel.[3] Desweiteren fixierte sie das Geldmengenziel für 1979 nicht mehr als Punktziel, sondern durch eine Bandbreite (z.B. 6% bis 9%). Das Wachstum der Geldmenge im Zielkorridor zeigt dabei das folgende Schaubild.

1) vgl. hierzu Schlesinger (1985), S. 131.

2) ebenda, S. 131f.

3) Bei diesem 'modifizierten' Verlaufsziel bezieht sich die Zielaussage jeweils auf den Anstieg der Geldmenge vom 4. Quartal des zu Ende gehenden Jahres bis zum 4. Quartal des neuen Jahres, wobei in erster Linie die Zufallsschwankungen in der Geldmengenentwicklung ausgeschaltet werden sollten. Zu dem mehrfachen Wechsel zwischen Verlaufs- und Durchschnittsziel vgl. auch Schlesinger (1985), S. 132.

Schaubild 3: Wachstum der Geldmenge M3

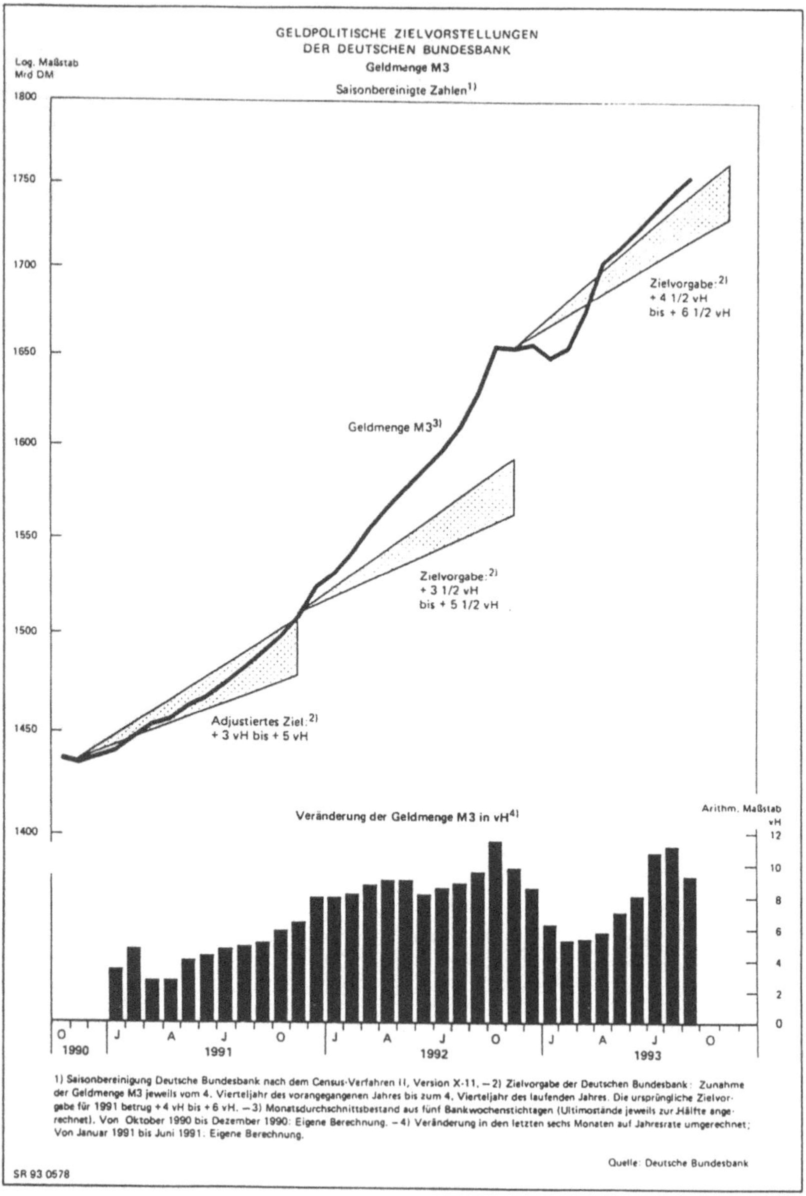

Quelle: SVR, Jahresgutachten 1993/94, S. 132

Der Übergang zu einem Bandbreitenkonzept sollte einerseits den technischen Prolemen der Messung und Steuerung der monetären Entwicklung Rechnung tragen.[1] Andererseits soll mit diesem Vorgehen zeitweise ein gewisser Manövrierraum offengehalten werden, um "auf unerwartete Entwicklungen bei der Konjunktur sowie bei den Preisen und Wechselkursen reagieren zu können"[2],ohne die Grundidee einer mittelfristigen Steuerung aufgeben zu müssen. Bei der Veröffentlichung des Zielkorridors nennt die Bundesbank die Bedingungen, unter denen sie bereit ist, mehr die untere oder obere Hälfte des Zielbandes anzusteuern. Sie erläutert ihre Vorgehensweise wie folgt:

> "Die Flexibilität, die die Bundesbank als Reaktion auf außergewöhnliche Störungen in ihrem kurzfristigen Vorgehen zeigt, ist im übrigen auch davon bestimmt, daß das Geldmengenziel letztlich nur ein 'Zwischenziel'darstellt, während das Endziel ihrer Politik in der Sicherung der Währung besteht. So sehr hierfür die längerfristige Begrenzung der Ausweitung der Geldmenge entscheidend ist, so wenig schließt dies unter sehr schwierigen Bedingungen aus, daß kurzfristige Maßnahmen notwendig werden können, die für sich betrachtet als ein vorübergehender Schritt weg vom mittelfristigen Expansionspfad empfunden werden mögen".[3]

Von der Bundesbank wurden relativ große Bandbreiten von 3 v.H. festgelegt, mit denen sie sich zahlreicher Kritik aussetzte. Manche Kritiker sahen hierin einen Rückfall in die antizyklische Geldpolitik.[4] Richtig ist, daß sich die Bundesbank durch ihre Zielvorgabe innerhalb eines Korridors einen diskretionären Handlungsspielraum geschaffen hat, der jedoch von jeher durchaus ihrer Intention entsprach. So hat sie

> "stets einen maßvollen antizyklischen Beitrag der Geldpolitik für richtig gehalten; es war nicht nur über Jahre hinweg im Zielkatalog enthalten, sondern er drückt sich auch darin aus, daß die Zielabweichungen von 1975 - 1978 toleriert worden sind, dies vielleicht nicht immer ohne Bedenken. Eine im strengen Sinne mittelfristige Verstetigungspolitik hätte das nicht erlaubt".[5]

Der "Zielkorridor"- Politik der Bundesbank wird ferner entgegengehalten, daß die Informationsfunktion der Zielvorgabe, nämlich den Inflationserwartungen Führung zu geben, verloren geht. Emminger wendet sich in diesem Zusammenhang gegen die,

---

1) vgl. Deutsche Bundesbank (1989), Sonderdrucke Nr. 7, S. 103.

2) Schlesinger (1985), S. 135.

3) Deutsche Bundesbank (1980), Geschäftsbericht, S. 33.

4) vgl. hierzu die Diskussion zwischen Duwendag (1980), S. 6 und Dudler (1980) S. 5-6.

5) Kloten (1981), S. 49.

seiner Meinung nach in der Wirtschaftspolitik übertrieben angewendete "Theorie der rationalen Erwartungen" und bemerkt hierzu, daß

> "die Erwartungen der Öffentlichkeit viel stärker durch praktische Erfahrungen als durch deklarierte Ziele und Seelenmassagen beeinflußt (werden). Die in langen Jahren erworbene Glaubwürdigkeit der Stabilisierungspolitik ist wichtiger, als der psychologische Effekt punktueller Geldmengenziele".[1]

In diese Richtung geht auch die Forderung Gleskes, die Glaubwürdigkeit der Geldpolitik nicht am Zwischenziel, sondern direkt an der Preisniveaustabilität zu messen.[2] Letztlich kommt es auf das Ergebnis der Politik an, gemessen an den Endzielen und nicht auf die Einhaltung von Zwischenzielen auf dem Weg dorthin.[3]

2.4 Das monetäre Steuerungskonzept der Deutschen Bundesbank

2.4.1 Die Steuerung der Geldmenge über den Geldmarkt

Der Übergang zur Ankündigung von Geldmengenzielen brachte zunächst keinen fundamentalen Wandel in der Steuerungspraxis der Notenbank. So ist sie weder zu einer reinen Zinssteuerung am Geldmarkt noch zu einer reinen Mengensteuerung übergegangen, um ihr Zwischenziel zu erreichen. Vor allem machte sie sich in diesem Zusammenhang nicht die monetaristische Vorstellung des Geldbasiskonzepts und den damit verbundenen Vorschlag einer sehr engen und kurzfristigen Steuerung der Zwischenzielvariable zu eigen.[4]

Die Monopolstellung der Bundesbank befähigt diese zwar dazu, allein das von Wirtschaft und Kreditinstituten nachgefragte Zentralbankgeld bereitzustellen, um die Ausweitung der Geldbestände der Wirtschaft zu kontrollieren, und gibt ihr demzufolge die Möglichkeit, die von ihr im voraus angekündigten Geldmengenziele zu erreichen. Man kann jedoch nicht davon ausgehen, daß die Notenbank ihr Monopol über die Schaffung von Zentralbankgeld unmittelbar dazu benutzen könnte, das Zentral-

---

1) Emminger (1982), S. 288.

2) vgl. Gleske (1986), S. 1ff.

3) "Mit dem Geldmengenziel wird der Eindruck erzeugt, die Bundesbank genüge ihrer Aufgabe, wenn sie die Zentralbankgeldmenge in einem angekündigten Wachstumstrichter hält. Dadurch entsteht ein falsches Glaubwürdigkeitsproblem, sobald dies nicht gelingt oder nicht sachgerecht ist. Glaubwürdig und verläßlich ist diejenige Geldpolitik, die für möglichst große Stabilität der Währung sorgt, und nicht die, die ein Geldmengenziel einhält." Hiss/Schröder (1988), S. 168.

4) vgl. Schlesinger (1988a), S. 12.

bankgeld auf ganz kurze Frist - etwa von Woche zu Woche, oder Monat zu Monat - genau auf dem vom Geldmengenziel anvisierten Zielpfad zu halten.[1)]

Die Ursachen dafür liegen in den Eigenarten des Mindestreserve- und Refinanzierungssystems in Deutschland und in dem typischen Verhalten der Kreditinstitute.[2)] So sieht sich die Bundesbank im Laufe eines Kalendermonats einer wenig elastischen Nachfrage der Kreditinstitute gegenüber, da das Mindestreserve - Soll schon zur Monatsmitte feststeht. Die Kreditinstitute sind unter diesen Umständen kaum gezwungen, nennenswerte Überschußguthaben zu halten, und auch der Bargeldbedarf des Publikums ist auf kurze Sicht relativ stabil. Unter diesen Gegebenheiten besitzen die Banken weder einzeln, noch in ihrer Gesamtheit den nötigen Handlungsspielraum, durch Anpassung in der Höhe oder Zusammensetzung ihrer Aktiv- und Passivgeschäfte ihre monatliche Reserveposition völlig eigenständig und ohne Unterstützung des "lender of last resort" zu regulieren.[3)] Der Bundesbank bleibt demzufolge, falls sie nicht eine Deroutierung der Geld- und Kapitalmärkte in Kauf nehmen möchte, kaum etwas anderes übrig, als den monatlichen Zentralbankgeldbedarf der Banken in letzter Instanz zu decken und damit der Geldschöpfung im Bankensystem im nachhinein durch die Bereitstellung von Zentralbankgeld zu alimentieren.[4)] Sie kann also weder die Ausweitung der Zentralbankgeldmenge nach Belieben unmittelbar beschränken, indem sie die Nachfrage der Banken nach Zentralbankgeld einfach unbefriedigt läßt, noch ist sie in der Lage, diese in expansiver Richtung beliebig zu steuern.

> "Vielmehr liegt es in der Natur des komplexen Geldschöpfungsprozesses, in dem Notenbank, Kreditinstitute und Nichtbanken zusammenwirken, daß die Bundesbank nur durch entsprechende Gestaltung der Zinskonditionen und sonstigen Bedingungen, zu denen sie laufend Zentralbankguthaben bereitstellt **mittelbar** darauf hinwirken kann, daß die Zentralbankgeldmenge sich in dem angestrebten Rahmen bewegt".[5)]

Es stellt sich somit die Frage, wie vor dem Hintergrund der geschilderten Eigenarten des monetären Expansionsprozesses die geldpolitische Kontrolle der Geldschöpfung und die Realisierung der verkündeten Geldmengenziele erreicht werden kann.

---

1) Deutsche Bundesbank (1982), Monatsbericht Nr.4, S. 24.

2) vgl. Deutsche Bundesbank (1989), Sonderdrucke Nr. 7, S. 107.

3) vgl. hierzu Schlesinger (1988a), S. 12.

4) Allerdings entscheidet die Bundesbank darüber, auf welchem Wege und zu welchen Kosten sie das ermöglicht. vgl. Schlesinger (1976), S. 449.

5) Deutsche Bundesbank (1987), Sonderdrucke Nr. 7, S. 103

Der hiermit angesprochene monetäre Transmissionsprozeß und die diesbezüglichen Vorstellungen der Bundesbank werden nun genauer analysiert.[1]

2.4.2 Die geldpolitische Steuerung am Geldmarkt

Ausgangspunkt für das geldpolitische Steuerungsverfahren ist der Geldmarkt, auf dem Zentralbankgeld gehandelt wird.

> "Gestützt auf ihre Schlüsselstellung bei der Zentralbankgeldversorgung gestaltet die Bundesbank mit Hilfe ihrer Instrumente unmittelbar die Zinskonditionen und Knappheitsverhältnisse am Geldmarkt im Sinne ihrer monetären Zielsetzungen".[2]

Die gezielte Beeinflussung der Geldmarktsätze steht hierbei im Vordergrund, wobei dem Zinssatz am Tagesgeldmarkt die entscheidende Bedeutung zukommt, da dieser Markt "vor allem der Regulierung der individuellen Mindestreservepositionen der einzelnen Banken innerhalb eines Kalendermonats"[3] dient und ihm folglich eine dominierende Rolle zukommt. Die Bundesbank setzt in erster Linie bei diesem Zinssatz an. "Das ist ihr Zins, sie kann diesen Zins praktisch auf jedes Niveau bringen, das sie wünscht."[4] Die Zinssätze für längere Fristen folgen im Monatsdurchschnitt sehr eng den Bewegungen des Tagesgeldzinssatzes. In ihnen schlagen sich die Erwartungen der Banken über die zukünftige Entwicklung des Tagesgeldzinssatzes zuzüglich einer Risikoprämie nieder.[5] Damit sind die Geldmarktsätze und vor allem der Tagesgeldsatz die eigentlichen Steuerungsvariablen in der Bundesbankkonzeption.

---

1) Hierbei ergibt sich aber folgendes Problem: Es gibt keine konkreten Äußerungen der Bundesbank hinsichtlich ihrer Transmissionsvorstellungen, sondern nur vage Andeutungen, die darauf hinweisen, daß sie eher einen Portfolioansatz zu Grunde legt. So kann man beispielsweise in ihren Ausführungen zu ihrem ökonometrischen Modell lesen (vgl. zu den folgenden Ausführungen: Deutsche Bundesbank (1975), Monatsberichte Nr. 5, S. 28-35)"Monetäre Impulse werden im Modell mithin über Zins- und Vermögenseffekte auf den Einkommenskreislauf und die realwirtschaftliche Entwicklung übertragen." Demzufolge wird den Geldmengenaggregaten - aus Sicht der Bundesbank - nicht die entscheidende Rolle im Transmissionsprozeß zugewiesen. Zu den transmissionstheoretischen Vorstellungen der Bundesbank vgl. auch Bockelmann (1981), S. 48; Dudler (1984), S. 87 und S. 122f; Jahnke (1983), S. 18; Schlesinger (1988), S. 13; Booms (1980), S. 153f.

2) Deutsche Bundesbank (1989), Sonderdrucke Nr. 7, S. 111.

3) ebenda, S. 28.

4) Bockelmann (1981), S. 48.

5) vgl. Dudler (1984), S. 90.

Der Lombardzinssatz spielte bis Anfang 1985 eine dominierende Rolle im praktizierten Steuerungskonzept der Bundesbank. Er hatte eine Art "Leitzinsfunktion" für den Tagesgeldsatz, da die Kreditinstitute überwiegend darauf angewiesen waren, den Spitzenbedarf an Zentralbankgeld im Lombardwege zu decken. Bei reichlicher Liquiditätsausstattung der Banken, als Lombardkredite kaum in Anspruch genommen wurden, bildete der Lombardsatz eine Zinsobergrenze, da in einer derartigen Situation keine Bank bereit war, mehr für eine Tagesgeldaufnahme als für eine Lombardverschuldung zu zahlen. War dagegen die Liquiditätslage der Banken stark angespannt bzw. der Lombardkredit bereits in größerem Umfang beansprucht oder auch quantitativ begrenzt, so konnte der Tagesgeldzinssatz den Lombardzinssatz übersteigen. In diesem Fall richtete sich der Zinssatz nach den Sätzen für reversible Ausgleichsoperationen (Devisenswap- und Devisenpensionsgeschäfte etc.), die die Notenbank in einem solchen Fall normalerweise anbot.[1]

Nach unten hin bildete der Diskontsatz eine Art Untergrenze für den Tagesgeldzinssatz, da für eine einzelne Bank die Rückführung der Rediskontverschuldung eine Alternative zur Anlage überschüssiger Gelder am Geldmarkt darstellt. Allerdings konnte der Tagesgeldzinssatz den Diskontsatz durchaus unterschreiten, da die Banken einmal in Anspruch genommene Diskontkredite nur nach Maßgabe der Wechselfälligkeit verringern konnten. Wenn solche Zinsentwicklungen am Geldmarkt als unerwünscht angesehen wurden, konnte die Bundesbank ihnen durch das Angebot kurzfristiger Geldmarktpapiere entgegenwirken.[2]

Im neuen Steuerungsverfahren hat der Lombardzinssatz seine dominierende Rolle für den Tagesgeldzinssatz verloren. Die Bundesbank bietet nun den Banken Wertpapierpensionsgeschäfte an, deren Sätze unterhalb des Lombardzinssatzes liegen. Um ein übermäßiges Abgleiten des Tagesgeldsatzes zu vermeiden, offeriert sie den Kreditinstituten kurzfristige Schatzwechsel mit einer Laufzeit von in der Regel drei Tagen, zu einem Zinssatz, der zwischen dem Pensionssatz und dem Diskontsatz liegt.[3] Somit ist es möglich, den Tagesgeldsatz innerhalb der vom Schatzwechsel-Abgabesatz (Untergrenze) und den Lombardsatz (Obergrenze) vorgegebenen Bandbreite auf kurze Sicht zu steuern.

---

1) vgl. Deutsche Bundesbank (1989), Sonderdrucke Nr. 7, S. 54.

2) vgl. Gleske (1988), S. 137.

3) vgl. Thomas (1988), S. 124.

Die Wertpapierpensionssätze sind somit bestimmend für die Geldmarktzinsen geworden, so daß nun Niveau und Struktur der Geldmarktsätze weitgehend von der Liquiditäts- und Satzgestaltung der Wertpapierpensionsgeschäfte bestimmt werden.[1)]

> "Obwohl Wertpapierpensionsgeschäfte im Gegensatz zum Lombardkredit der Bundesbank kein Substitut für Tagesgeld sind, hat der Pensionssatz gleichwohl im Ergebnis die dominierende Rolle für die Zinsbildung am Tagesgeldmarkt übernommen, die früher der Lombardsatz innegehabt hatte."[2)]

Diese Wertpapierpensionsgeschäfte haben normalerweise eine Laufzeit von einem bzw. zwei Monaten. Aufgrund der Tatsache jedoch, daß Neuabschlüsse in Abständen von ein bis zwei Wochen angeboten werden, repräsentieren sie ein - wenn auch nicht vollkommenes - Substitut für die Geldaufnahme am Tagesgeldmarkt, da das einzelne Kreditinstitut von Woche zu Woche entscheiden kann, ob es ein Wertpapierpensionsgeschäft abschließt oder den Bedarf an Zentralbankgeld am Tagesgeldmarkt befriedigt. Es wird somit in der Regel nicht bereit sein, am Tagesgeldmarkt mehr für Zentralbankgeld zu bezahlen als bei einem Abschluß von Wertpapierpensionsgeschäften, deren Umfang von Woche zu Woche neu bestimmt werden kann.

Dennoch ist nicht auszuschließen, daß gegen Monatsende Spitzenbelastungen auftreten, die den Tagesgeldsatz bis auf die Höhe des Lombardsatzes ansteigen lassen. In diesem Fall hat die Bundesbank die Möglichkeit, das Geldangebot mittels geeigneter Feinsteuerungsmaßnahmen auszuweiten. Diese haben allgemein den Charakter des letzten Ausgleichs, weil damit vorübergehende Überschüsse bzw. Fehlbeträge im Geldangebot ausgeglichen werden können. Gleichzeitig werden hierdurch größere Schwankungen des Tagesgeldsatzes am Markt verhindert. Bei diesen Geschäften zur Ausweitung des Geldangebots handelt es sich u.a. um Devisenswapgeschäfte und weitere reversible Ausgleichsoperationen.[3)] Schaubild 4 auf Seite 76 zeigt die von der Bundesbank am Geldmarkt eingesetzten Steuerungsgrößen.

---

1) Dessen ungeachtet haben Änderungen der Pensionssätze keine unmittelbare und sofortige Wirkung auf die Einlagen und Kreditzinsen; allgemeine Änderungen der Bankenzinsen werden nach wie vor in starkem Ausmaß von der Veränderung des Lombard- und Diskonstsatzes ausgelöst. vgl. Deutsche Bundesbank (1989), Sonderdrucke Nr.7, S. 77.

2) ebenda, S. 55; vgl. hierzu auch Gleske (1988), S. 140.

3) vgl. hierzu Teil IV. 3.1.2 der Arbeit.

Als wesentlicher Grund für die Änderung ihres Steuerungskonzeptes führt die Bundesbank an, daß sie dadurch den Tagesgeldzinssatz vom Lombardsatz lösen wollte. Wegen der starken Inanspruchnahme der Lombardverschuldung bis Anfang 1985 schlugen sich Auflockerungen und Anspannungen am Geldmarkt in erster Linie in unterschiedlich hohen Lombard-Inanspruchnahmen nieder.[1] Die Flexibilität des Tagesgeldzinssatzes und mithin eine flexible Geldmarktsteuerung war folglich stark eingeschränkt. Nach Auffasssung der Bundesbank verlangt aber eine zunehmende internationale Verflechtung ein stärkeres Maß an Flexibilität bei den Geldmarktzinssätzen, ohne daß dies zu Änderungen des Lombardsatzes führt, da dies unter Umständen als grundlegende Kursänderung der Geldpolitik falsch interpretiert werden könnte.[2]

1) vgl. Deutsche Bundesbank (1989), Sonderdrucke Nr. 7, S. 54.

2) Allerdings ist der Symbolcharakter von Zinsänderungen bei Wertpapierpensionsgeschäften heute kaum geringer als früher bei Änderungen des Diskont- und Lombardsatzes, selbst wenn es sich um geringe Satzänderungen handelt. Die erhoffte Flexibilität hat sich nicht eingestellt. vgl. Gleske (1988), S. 143.

Schaubild 4: Steuerungsgrößen am Geldmarkt

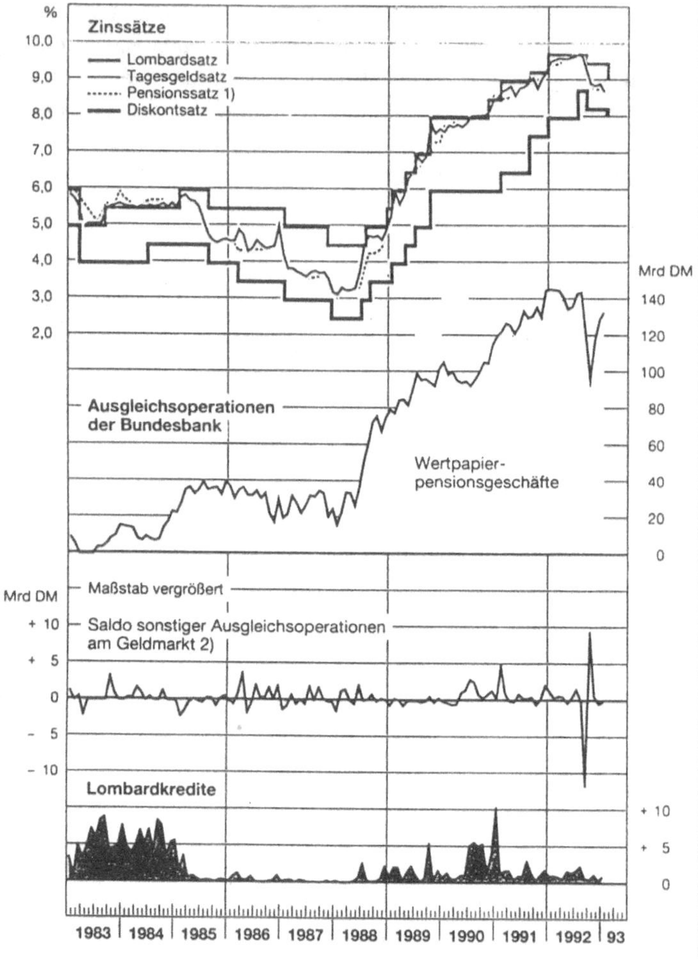

1) Monatsdurchschnittlicher Zinssatz für Wertpapierpensionsgeschäfte mit einmonatiger bzw. ab Oktober 1992 mit zweiwöchiger Laufzeit; bei Mengentendern Festsatz, bei Zinstendern einheitlicher Zuteilungssatz ("holländisches" Zuteilungsverfahren) bzw. gewichteter Zuteilungssatz ("amerikanisches" Zuteilungsverfahren).- 2) Kurzfristige Schatzwechselabgaben, Devisenswap- und -pensionsgeschäfte, Schnelltender sowie §17-Verlagerungen von Bundesmitteln.

BBk

Quelle: Deutsche Bundesbank (1993), Sonderdrucke Nr. 7, S. 115.

Trotzdem hat sich grundsätzlich nichts geändert. Nach wie vor kommt im Rahmen der indirekten Geldmarktsteuerung durch die Bundesbank ein zweistufiges Verfahren zur Anwendung. Im ersten Schritt steckt sie

> "auf der Geldmarktebene kurzfristige Operationsziele für die Entwicklung der Bankenliquidität und der Geldmarktsätze ab, die mit der anvisierten Zunahme der Zentralbankgeldmenge vereinbar erscheinen. Im nächsten Schritt entscheidet sie dann, wie sie mit ihren Instrumenten die gewünschten Geldmarktbedingungen am besten erreichen kann".[1)]

Die Bundesbank bestimmt mit ihren Maßnahmen weitgehend die Geldmarktzinsen im Sinne ihrer geldpolitischen Zielsetzung. Durch die Substitutionsbeziehungen zwischen den einzelnen Märkten setzen sich diese Bedingungen auch auf die anderen Märkte durch. Diese Steuerung der monetären Entwicklung über den Geldmarktzins funktioniert nicht perfekt, aber doch recht zuverlässig. Im einzelnen läßt sich dieser Vorgang etwa wie folgt darstellen:

Eine Erhöhung der Geldmarktzinsen führt beispielsweise zu einem Anziehen der Einlagenzinsen bei den Banken, da Einlagen von Nichtbanken als Ersatz zur Aufnahme von Geldmarktmitteln angesehen werden können. Die Banken heben als Reaktion auf die Steigerung ihrer Refinanzierungkosten ihre Kreditzinsen an. Steigende Kreditzinsen lassen ceteris paribus einen Wertpapiererwerb weniger attraktiv erscheinen. Die Wertpapiernachfrage der Banken wird sich abschwächen, wodurch die Rentenkurse nachgeben, der Kapitalmarktzins somit ebenfalls steigt.[2)]

Diese Zinssteuerung am Bankengeldmarkt wird kombiniert mit liquiditätspolitischen Maßnahmen. Dabei hat die Bundesbank die Gewichtsverteilung zwischen beiden Maßnahmen bewußt variiert. Alles in allem beeinflußt sie mit ihren preis- und mengenpolitischen Maßnahmen in geeigneter Weise die Spannungsverhältnisse am Geldmarkt und hierüber mittelbar die nachgelagerten Bedingungen auf den Kredit und Kapitalmärkten[3)] dergestalt, daß es auf diese Weise über den Verlauf der Zielperiode hinweg zu einem zielgerichteten Verlauf der Zentralbankgeldmenge kommt. Das kurzfristige Steuerungsverfahren der Deutschen Bundesbank läßt sich den verschiedenen Phasen des geldpolitischen Übertragungsweges zusammengefaßt also wie folgt charakterisieren:

---

1) Schlesinger (1988), S. 12.

2) vgl. Dudler (1984), S. 122ff; Bockelmann (1981), S. 48.

3) Allerdings ist die Beziehung zwischen Geldmarkt und den übrigen Märkten, vor allem was die Zinsentwicklung betrifft, keineswegs eindeutig und stabil. Von der "Geldmarktabhängigkeit" des Kapitalmarktes kann kaum noch gesprochen werden. vgl. Nemitz (1980), S. 326.

Auf der Instrumentenebene entscheidet sie über die geeigneten Einzelmaßnahmen, die darauf abzielen, die gewünschten Geldmarktbedingungen zu schaffen.

Auf der Geldmarktebene steckt sie angemessene kurzfristige Operationsziele für die Bankenliquidität und die Geldmarktsätze ab, die das jährliche Geldmengenziel und die anvisierten gesamtwirtschaftlichen Ziele erreichbar erscheinen lassen.

Auf der Zwischenzielebene, die durch die jährliche Geldmengenvorgabe der Geldmenge M3 repräsentiert ist, wird im Laufe des Jahres laufend geprüft, ob, wann und gegebenenfalls in welchem Umfang Abweichungen der monetären Expansion vom Zielpfad durch Veränderung der Geldmarktbedingungen[1] und der Konditionen an den nachgelagerten Finanzmärkten korrigiert werden sollen.[2]

Soweit die wesentlichen Merkmale der Geldmengenkonzeption der Deutschen Bundesbank. Eine kritische Auseinandersetzung mit derselben war nicht beabsichtigt;[3] vielmehr soll die beschreibende Analyse der Bundesbankkonzeption die Basis für einen Vergleich der Notenbankpolitik in Deutschland und Frankreich schaffen. Auf die geldpolitische Konzeption der Banque de France wird in den folgenden Abschnitten eingegangen.

---

1) Unter "Geldmarktbedingungen" versteht die Bundesbank "eine Rahmenvorstellung für die kurzfristigen Operationsziele der Zins- und Liquiditätspolitik der Bundesbank am Geldmarkt". Dudler (1983), S. 49.

2) vgl. Deutsche Bundesbank (1989), Sonderdrucke Nr. 7, S. 112.

3) vgl. hierzu: Oberhauser (1987), der sich aus beschäftigungspolitischen Gründen für eine flexible Ausgestaltung der Geldversorgung ausspricht. Pohl, R. (1987), geht davon aus, daß sich die Geldmengenpolitik der Deutschen Bundesbank nicht bewährt hat.

3. Die Geldmengenpolitik in Frankreich

Nachdem das Geldmengenwachstum in Frankreich der Vierten und Fünften Republik stets am Ziel des Wirtschaftswachstums ausgerichtet und entsprechend expansiv verlaufen war, legte die Regierung Barre für das Jahr 1977 zum ersten Mal ein explizites Wachstumsziel für die Geldmenge fest und versuchte auf diese Weise, die Geldmengenexpansion dem Ziel der Geldwertstabilität unterzuordnen. Die Geldmengenpolitik wurde hierbei den politisch - institutionellen Verhältnissen angepaßt und weist merkliche landesspezifische Eigenarten auf.

Bevor das Geldmengenkonzept der Banque de France eingehender analysiert wird, soll zuerst auf die Geldpolitik bis Mitte der siebziger Jahre eingegangen werden. Hierbei sind auch die Besonderheiten des finanziellen Sektors in Frankreich zu berücksichtigen, da diese lange Zeit eine effiziente Geldpolitik unmöglich gemacht haben. Gemeint ist in diesem Zusammenhang die in der französischen Geldliteratur heftig geführte Diskussion um die "économie d'endettement" ("Verschuldungswirtschaft") versus "économie de marchés financiers" ("Marktwirtschaft") und deren Bedeutung für die Geldpolitik.[1)]

3.1 Die französische Geldpolitik vor 1977 und Gründe für den Wandel in der geldpolitischen Konzeption

Die in der Planifikation[2)] herrschende Dominanz des Wachstumsziels, dessen Erreichen zugleich die Vollbeschäftigung sicherstellen sollte, war lange Zeit richtungsweisend für die Fiskal- und Geldpolitik in Frankreich. Unter dem Einfluß der keynesianischen Theorie bediente sich die Wirtschaftspolitik in erster Linie der Finanzpolitik als Mittel zur Stimulierung der Konjunktur. Die Geldpolitik wurde als ein flankierendes Instrument zur Fiskalpolitik eingeschätzt, das folgerichtig mit dieser in engster Weise durch die Regierung als die dafür verantwortliche wirtschaftspolitische Instanz koordiniert werden müsse. Die Aufgabe der Geldpolitik war es, durch ein niedriges Zinsniveau die Investitionen anzuregen und auf diese Weise zur Vollbeschäftigung beizutragen. Die Niedrigzinspolitik wurde durch Kapitalverkehrskontrollen nach außen abgesichert. Durch den massiven Einsatz staatlicher Ausgaben konnte ein beachtliches Wirtschaftswachstum erreicht werden, allerdings unter inflatorischen Bedingungen.[3)]

---

1) vgl. Le Heron (1990), S. 1-19; Toullec (1979), S. 291ff.

2) Zur Planification Française vgl. Quinet, (1990).

3) vgl. hierzu Patat/Lutfalla (1986), S. 119-205.

Die Geldentwertung wurde als "Schmiermittel" des Wirtschaftsprozesses angesehen und galt als politisch akzeptierter Preis des starken Wirtschaftswachstums. Dieser Inflationstoleranz nach innen entsprach die Indifferenz gegenüber der Stabilität des Außenwertes der Währung. Die Hinnahme einer langfristigen Abwertungstendenz sollte binnenwirtschaftliche Stabilisierungsanstrengungen, die das Wirtschaftswachstum hätten gefährden können, ersetzen. Die Geringschätzung der inneren und äußeren Geldwertstabilität war charakteristisch für die französische Wirtschaftspolitik.[1)]

Auch die Banque de France machte sich diese Zielrangfolge zu eigen, was u.a. darin zum Ausdruck kam, daß sie die antizyklische Konjunkturpolitik der Regierung jederzeit monetär alimentierte[2)]. Dies kann nicht auf die Unzulänglichkeit der geldpolitischen Instrumente zurückgeführt werden, da diese den sich verändernden Anforderungen durchaus angepaßt wurden und bei entsprechendem Gebrauch sehr wohl wirksam gewesen wären.[3)] Dies zeigte sich daran, daß im Falle einer von der Regierung ausgelösten Prioritätenverschiebung zugunsten des Ziels der Preisniveaustabilität (1973 und insbesondere 1976/77) das Instrumentarium bei entsprechendem Einsatz durchaus Wirkung zeigte.[4)] Die an anderer Stelle bereits dargelegte funktionelle Abhängigkeit der Banque de France von der jeweiligen Regierung kommt eben dadurch zum Ausdruck, daß die Notenbank ihr Handeln nahezu völlig an den Vorstellungen der Regierung ausgerichtet hat.

Das Inflationsproblem war ein permanentes Merkmal der französischen Volkswirtschaft. Die Furcht, das Wirtschaftswachstum stärker als politisch erwünscht zu verlangsamen, führte zu geldpolitischen Kompromissen, bei denen das Ziel der Preisniveaustabilität stets auf der Strecke blieb. Das Fehlen einer langfristig konzipierten Strategie zur Inflationsbekämpfung mündete folgerichtig in punktuelle, dafür aber um so massivere Stabilisierungseingriffe in Form der diversen "Pläne"[5)] und in Anwendung dirigistischer, bei den Symptomen greifender Instrumente wie der Preis-

---

1) vgl. Raymond (1985), S. 1001.

2) Kennzeichnend für die damaligen Prioritäten war in der Geldpolitik nicht zuletzt die Interpretation ihres Zielspektrums durch die Banque de France selbst, die noch 1975 das Ziel der Preisniveaustabilität nur als Nebenziel zum Wachstumsziels sah: "... sa mission ... est de contribuer à l'expansion de l'économie tout en s'efforçant de maintenir la valeur de la monnaie". Banque de France, Compte Rendu, Exercice 1975, S. 9.

3) vgl. Théron (1978), S. 53-83.

4) Zu den wesentlichen Entwicklungsphasen der französischen Geldpolitik bis zum Beginn des Untersuchungszeitraums siehe Besnard/Redon (1987), S. 178ff.

5) vgl. z. B. Plan Pinay (1952); Plan Rueff-Armand (1958), Plan Giscard (1963).

kontrollen. Erst mit dem als "Plan Barre"[1] bekanntgewordenen "Programm zur Bekämpfung der Inflation" vom 22. September 1976 wurde die bisherige Praxis eines inflatorischen Wachstums in Frage gestellt.

3.2 L'économie d'endettement und Geldpolitik

3.2.1 Allgemeine Merkmale der "économie d'endettement"

Die Schwierigkeiten einer effizienten geldpolitischen Kontrolle in Frankreich resultierten zu einem großen Teil aus den Besonderheiten des monetären Sektors. Das als Verschuldungswirtschaft ("l'économie d'endettement") bezeichnete Geld- und Kreditsystem hat die Steuerung des Geldmengenwachstums wesentlich erschwert.[2]

Die Abgrenzung der "économie d'endettement" gegenüber anderen Finanzierungstypen geht auf Hicks[3] zurück, der mit Bezug auf den Liquiditätsbedarf der Unternehmen zwischen zwei Möglichkeiten der Finanzierung unterscheidet. Im Falle einer "auto-economy" erfolgt die Finanzierung der Unternehmen durch Eigenmittel und/-oder durch Rückgriff auf private Ersparnisse mittels Emission von Wertpapieren. Im Gegensatz hierzu ist eine "overdraft economy" dadurch gekennzeichnet, daß bei der Finanzierung auf automatische (oder dem Anschein nach automatische) Verschuldungsmöglichkeiten -"presumably assured borrowing power"- zurückgegriffen wird.[4]

In Frankreich wurde dieser Ansatz zur Charakterisierung des Finanzsystems einer Volkswirtschaft von der Banque de France und l'INSEE auf die französischen Verhältnisse übertragen. Das dabei für Frankreich eigentlich wichtige Konzept der "économie d'endettement" wurde modelltheoretisch formuliert und diente als Analyseinstrument für das Finanzsystem und den hieraus resultierenden Problemen für die geldpolitische Kontrolle.[5] Nach dem französischen Schrifttum müssen vor allem zwei Faktoren zusammen kommen, damit eine Verschuldungswirtschaft vorliegt.[6]

---

1) Zu den einzelnen Maßnahmen des Programms siehe Pecha (1979), S. 163. Siehe hierzu auch Abschnitt V.1 dieser Arbeit.

2) vgl. hierzu auch Bordes/Strauss-Kahn (1987), S. 6ff.

3) vgl. Hicks (1974), S. 50.

4) In Frankreich sind hierfür die Begriffe "l'économie d'endettement" ("overdraft economy) und "l'économie de marchés financiers" ("auto-economy") gebräuchlich. In anderen Ländern, so auch in Deutschland, ist diese Unterscheidung zur Analyse des Finanzsystems nicht üblich.

5) vgl. hierzu Levy-Garboua (1981); Maarek (1978); Sterdyniak/Villa (1977).

6) Zur l'économie de marchés financiers siehe Renversez (1988a), S. 113ff.

"L'économie d'endettement se définit donc par un double niveau d'endettement, endettement des entreprises auprès des banques, endettement des banques auprès de la Banque centrale."[1)]

Die Selbstfinanzierungsquote der Unternehmen war traditionell gering.[2)] Deshalb spielt die Fremdfinanzierung der Unternehmen eine dominierende Rolle. Entscheidend für eine "économie d'endettement" ist hierbei, daß die Finanzierung nur zu einem kleinen Teil durch die Unterbringung von verzinslichen Schuldtiteln bei den privaten Haushalten erfolgt, die Unternehmer demzufolge weitgehend auf die Kreditvergabe der Banken angewiesen sind[3)]. Die jahrzehntelang praktizierte Niedrigzinspolitik erklärt u.a. die überragende Bedeutung der Kredite für die Investitionsfinanzierung der französischen Unternehmen. Die schwache Entwicklung der Geld- und Kapitalmärkte in jener Zeit resultierte aus der mangelnden Attraktivität der Unternehmen als potentielle Schuldner, dem geringen Interesse der privaten Haushalte, ihre Ersparnisse langfristig anzulegen[4)] und aus der geringen Verschuldung der öffentlichen Haushalte.[5)] Die Banken waren kaum daran interessiert, ihre Liquidität durch Emission von Schuldverschreibungen aufzubessern. Institutionelle Anleger (z.B. Versicherungsgesellschaften etc.) spielten mangels Masse keine Rolle.

Dieser erste Typ der Verschuldung wird komplettiert durch die globale Verschuldung der Kreditinstitute bei der Notenbank, die jeden Zentralbankgeldbedarf der Banken befriedigt und damit in die Rolle eines "prêteur en dernier ressort constraint" gedrängt wird. Die "économie d'endettement" ist gerade dadurch gekennzeichnet, daß der auch im Vergleich zu Deutschland strukturell hohe Refinanzierungsbedarf der Banken sozusagen automatisch durch die Notenbank gedeckt werden muß, will sie nicht

---

1) Renversez (1988a), S. 124. "Die Verschuldungswirtschaft ist durch eine zweifache Verschuldung gekennzeichnet; die Unternehmen bei den Banken und die Banken bei der Notenbank."

2) Sie betrug in den Jahren 1975 - 1984 im Durschnitt 59,7%. vgl. Herschtel (1986), S. 515ff.

3) Seit Gurley und Shaw greift man auf die Unterscheidung zwischen direkter und indirekter Finanzierung zurück. In einer "économie d'endettement" wenden sich die Defiziteinheiten (Unternehmen) in erster Linie an die Kreditinstitute (la finance indirect), die sich ihrerseits bei der Notenbank refinanzieren. Rein theoretisch kann auf die Finanzmärkte verzichtet werden, die demgegenüber in einer économie de marchés financiers die direkte Finanzierung durch das Zusammentreffen von Überschuß- und Defiziteinheiten erlaubt (la finance direct). vgl. Gurley/Shaw (1973).

4) Inflation und wachstumsorientierte Niedrigzinspolitik führten zu einer Präferenz für liquide Ersparnisformen und entsprechend zu einem geringen langfristigen Kapitalangebot der Haushalte auf dem Kapitalmarkt. Als Anlageobjekt der französischen Sparer spielten die Immobilien eine herausragende Rolle. Der Anteil der in Immoblien plazierten Ersparnisse betrug von 1970 - 1974 durchschnittlich 57 %. vgl. Bordes/Strauss-Kahn (1987), S. 9.

5) Das Defizit der öffentlichen Haushalte, einschließlich der Sozialversicherung, belief sich im Durchschnitt der siebziger Jahre auf kaum 0,7% des Bruttoinlandsprodukts. vgl. Flouzat (1990), S. 118f.

Bankenzusammenbrüche riskieren.[1] Die Banken hatten nicht die Möglichkeit, sich die benötigte Liquidität auf den Geld- und Kapitalmärkten zu beschaffen. Die Liquiditätsversorgung wurde letztlich durch die Notenbank garantiert; sie gab dem Zentralbankgeldbedarf endogen statt.[2] Das durchweg nachgiebige Verhalten der Banque de France gegenüber den Banken war zum Teil auch die Folge ihrer mehr selektiv als global ausgerichteten Geldpolitik.[3]

3.2.2 Konsequenzen für die Formulierung der Geldpolitik

Die Eigenarten des französischen Geld- und Kreditsystems haben dazu geführt, daß die Refinanzierung der Banken seitens der Banque de France automatisch wurde, was die Effizienz der Geldpolitik wesentlich beeinträchtigt hat. Das Bankensystem war in seiner Gesamtheit "in der Bank" (en banque), d.h. permanent von der Refinanzierung durch die Zentralbank abhängig. Letztere konnte nicht zulassen, daß die Banken, die Kredite vergeben hatten, in Liquiditätsschwierigkeiten geraten. Das Kreditangebot war folglich völlig elastisch.[4] Die Existenz von Zentralbankgeld stellte nicht die notwendige Voraussetzung der Kreditvergabe dar. Erst als Folge eines derartigen Expansionsprozesses entstand ein Zentralbankgeldbedarf, welcher von der Notenbank befriedigt wurde. Die Banque de France war gleichsam im Schlepptau der Banken, da sie die Bereitstellung von Zentralbankgeld nicht verweigern konnte. Die Geldmenge war somit in hohem Maße endogen bestimmt.[5]

Dieser permanente Refinanzierungsbedarf der Banken ist auch in Deutschland gegeben und wird, wie gesehen, auch von der Bundesbank befriedigt. Gleichwohl gibt es hierbei einen entscheidenden Unterschied. Die Bundesbank kann eine mittelfristige

---

1) "Au plan politique il semble impensable qu'une banque puisse se trouver en état de cessation de paiements". Coutière (1977), S. 142.

2) Dank des Bankensystems kann die Finanzierung der Investitionen ohne Rückgriff auf eine vorher gebildete Ersparnis erfolgen. Es gilt die Kausalität des keynesianischen Einkommensmultiplikators: Die Verschuldung erlaubt die Investitionen, die über die Veränderung des Einkommens die den Kreislauf schließende Ersparnis hervorruft. vgl. de Boissieu (1985), S. 338. Neben dem Einkommensmechanismus gilt auch der kaldorianische Verteilungsmechanismus: Die Bereitstellung von zusätzlichen liquiden Mitteln führt mit zunehmender Beschäftigung zu Preissteigerungen und damit zu steigenden Unternehmergewinnen, so daß sich die gesamtwirtschaftliche Ersparnis ex-post an die geänderte Investitionsquote anpaßt. vgl. Oberhauser (1983), S. 4ff.

3) Coutière (1977), S. 152.

4) vgl. hierzu auch Commissariat Général du Plan, Perspectives du financement de l'économie française, La Documentation Francaise (1987), S. 26ff.

5) "En définitive la demande de refinancement bancaire a toujours été quantitativement satisfaite." Coutière (1977), S. 142.

Kontrolle ausüben, indem sie zwar nicht die Bereitstellung von Zentralbankgeld verweigert, aber die Bedingungen festsetzt, zu denen sie dazu bereit ist. Das war in Frankreich nicht der Fall. Die Heterogenität des Bankensystems, die geringe Ertragskraft der Banken und die Politik der administrierten Zinsen[1] machten es der Banque de France unmöglich, die automatische Refinanzierung einzuschränken und die Geldmarktzinsen entsprechend zu erhöhen.[2]

> "La liquidité bancaire est donc garantie par la Banque centrale, dont le refinancement est d'autant plus automatique que la fragilité des bilans des institutions financières et l'hétérogénéité du secteur bancaire limitent la possibilité de rationner la monnaie centrale et de faire varier brutalement les taux sur le marché monétaire."[3]

Starke Zinsschwankungen waren bankentechnisch sowie wirtschafts- und sozialpolitisch nicht erwünscht. Hinzu kam, daß der Geldmarktsatz von außenwirtschaftlichen Zwängen bestimmt war. Im Ergebnis wurde der Zentralbankgeldbedarf der Banken zu einem festen Zinssatz voll und ganz durch die Banque de France befriedigt. "La Banque centrale est contrainte de refinancier à taux fixe les banques qui ont déjà distribué des crédits".[4] Als Folge dieser Politik wuchs vom 2. Quartal 1975 bis zum 2. Quartal 1976 die Geldmenge M2 um 19,1%, während die Inflationsrate 1974 bei 13,7 und 1975 bei 11,7 % lag.[5]Vor diesem Hintergrund wird der Rückgriff auf die direkte Steuerung der wichtigsten Entstehungskomponente der Geldmenge, nämlich die Kreditvergabe der Banken, verständlich. Die Bankenkredite, die mehr als 80% der Entstehungskomponente der Geldmenge zu Beginn der achtziger Jahre ausmachten,[6] wurden zu einem Schlüsselelement der "neuen" Geldpolitik. Die Kreditplafondierung ("encadrement du crédit") avancierte zum wichtigsten geldpolitischen Instrument.[7]

---

1) So wurden die Zinsen für verschiedene Verwendungsbereiche (Wohnungsbau, Export etc.) vom Trésor direkt festgelegt. Hinzu kam, daß derelbe über ein eigenes Geld- und Kreditsystem verfügte, für das privilegierte Zinsen galten. Man spricht deshalb auch von einer "économie de financement administrée".

2) vgl. hierzu auch Renversez (1986a), S. 3ff.

3) Bordes/Strauss-Kahn (1987), S. 9. "Demnach wird die Bankenliquidität durch die Zentralbank gewährleistet. Die Refinanzierung erfolgt automatisch, wenn die geringe Ertragskraft der Banken und die Heterogenität des Bankensektors die Möglichkeit einschränken, Zentralbankgeld zu rationieren und die Geldmarktsätze starken Schwankungen auszusetzen."

4) Bordes/Strauss-Kahn (1987), S. 9. "Die Zentralbank ist verpflichtet, jene Banken, die bereits Kredite vergeben haben, zu festgelegten Zinssätzen zu refinanzieren."

5) vgl. Prate (1987), S. 213.

6) Die fiskalische und außenwirtschaftliche Komponente der Zentralbankgeldschöpfung war bis dato ohne goße Bedeutung. vgl. hierzu Patat (1987a), S. 309.

7) vgl. Sterdyniak/Vasseur (1985), S. 5ff.

3.3 Die "neue" Geldpolitik

Das vom neuernannten Premierminister Barre konzipierte "Programme du lutte contre l'inflation" vom 22. September 1976 markierte den Ausgangspunkt einer "neuen" Geldpolitik in Frankreich. Der Ansatzpunkt der Regierung Barre lag in der Kritik an der bisher praktizierten Politik des leichten Geldes und der damit verbundenen Geringschätzung der inneren und äußeren Geldwertstabilität durch die traditionelle französische Wirtschaftspolitik. Barre führt hierzu aus:[1)]

> "l'inflation (constitue) en réalité la plus grave menace pour la croissance et l'emploi ... la lutte contre l'inflation (est) prioritaire et (doit) s'inscrire dans la durée".[2)]

Er leitete daraus zwei Oberziele für seine Politik ab: Der "Kampf gegen die Inflation" und die Anpassung der französischen Wirtschaft an die veränderten weltwirtschaftlichen Bedingungen. Dies bedeutete auch eine Abkehr von der bisher praktizierten Politik, durch die Hinnahme langfristiger Abwertungstendenzen die binnenwirtschaftliche Anpassung zu umgehen. Der neue, teilweise als "brutal" bezeichnete geldpolitische Kurs war auch Ausdruck dafür, daß in der traditionell eher zins- und liquiditätsorientierten französischen Geldpolitik monetaristische Elemente Einzug hielten. Die hierbei ergriffenen Maßnahmen zur Liquiditätsverknappung und Kreditbeschränkung signalisierten die Bereitschaft zu einer im Vergleich zu früheren Jahren prinzipiell härteren Gangart in der Geldpolitik. Im Rahmen dieses Anti-Inflationsprogramms wurde erstmals im Jahre 1976 ein Geldmengenziel öffentlich durch die Regierung bekanntgegeben.[3)]

Damit floß ein zentrales Element der monetaristschen Theorie in die französische Geldpolitik ein, ohne daß dies mit der vollständigen Anerkennung des Monetarismus gleichzusetzen wäre: "Mais l'adoption d'une norme de croissance monétaire ne saurait

---

1) vgl. zum "Experiment Barre" auch Lerch (1983) sowie Pecha (1979), S. 153ff.

2) Barre (1980), S. 532. "Die Inflation stellt in Wirklichkeit sowohl für das Wachstum als auch für den Arbeitsmarkt die größte Bedrohung dar. Der Kampf gegen die Inflation hat Priorität und muß zu einem dauerhaften Ziel werden."

3) Die öffentliche Bekanntgabe des Geldmengenziels durch die Regierung Barre ist ein weiterer Hinweis für die faktische Unterordnung der Banque de France unter die Regierung. Die grundlegenden geldpolitischen Entscheidungen werden von ihr getroffen und auch nach außen hin vertreten. Der Gouverneur der Banque de France stellt im Jahresbericht für 1976 lakonisch fest: "Pour la première fois en France le gouvernement a fixé une norme de progression de la masse monétaire"; Banque de France (1976) Compte rendu, S. 3. Ebenso waren die bereits seit 1972 inoffiziell festgelegten Wachstumsraten der Geldmenge vom Kabinett, nicht aber von der Notenbank beschlossen worden.

être interprétée comme une adhésion au monétarisme".[1] Die offizielle Position der Regierung räumte dem Geldmengenwachstum nicht die von den Monetaristen behauptete übergeordnete Bedeutung ein, sondern sah in der bisherigen Expansion der Geldmenge eine Ursache für die Inflation neben anderen und leitete daraus die Notwendigkeit zusätzlicher Maßnahmen ab.

> "Les pouvoirs publics français ont considéré à l'époque, comme aujourd'hui d'ailleurs, que la maîtrise des prix ne peut être le seul objectif final de la seule politique monétaire; d'une part, les couts réels en termes de pertes de production potentielle en cas de politique désinflationniste ne doivent pas être sous-estimés; d'autre part, le rôle joué par l'ensemble de la politique économique, notamment concernant les revenus, dans la lutte contre l'inflaton doit être souligné."[2]

Auch auf Seiten der Banque de France ging man auf Distanz zum Monetarismus. Der damalige Notenbankgouverneur Clappier stellt bezüglich der Frage der Kausalität fest:

> "L'existence de liens entre la quantité de monnaie et le niveau des prix a inspiré maintes controverses qui ne permettent pas, me semble-t-il, d'avancer une conclusion irréfutable. On peut à bon droit prétendre que la création de monnaie est pour une large part le reflet de l'inflation plutot que sa cause. Cependant, il ne fait pas de doute que si elle accompagne sans restriction le processus inflationniste, elle en facilite le développement."[3]

---

1) Bordes/Strauss-Kahn (1987), S. 4. "Die Annahme eines Geldmengenziels darf jedoch nicht als Anerkennung des Monetarismus interpretiert werden."

2) Bordes/Strauss-Kahn (1987), S. 5. "Die französische Regierung war seinerzeit - wie im übrigen auch heute noch - der Meinung, daß die Preisniveaustabilität nicht das ausschließliche Endziel der Geldpolitik sein dürfe. Einerseits dürfen die realen Kosten einer Anti-Inflationspolitik in Zeiten eines potentiellen Produktionsrückgangs nicht unterschätzt werden. Andererseits muß die Rolle, die die Wirtschaftspolitik in ihrer Gesamtheit im Kampf gegen die Inflation spielt, - insbesondere die Lohnpolitik -, hervorgehoben werden." In der Tat kommen die meisten empirischen Untersuchungen der Inflation zu dem Ergebnis, daß die Konflikte um die funktionelle Einkommensverteilung als entscheidendes Moment der Inflation anzusehen sind. "La plupart des études et modèles français ne privilégie d'ailleurs pas une explication monétaire de l'inflation." ebenda. S. 5.

3) Zitiert nach Debonneuil/Ophele (1989), S. 72. "Die Tatsache, daß zwischen Geldmenge und Preisniveau Zusammenhänge existieren, hat so manche Kontroverse hervorgerufen, und dies verbietet es uns -so scheint mir - eine unumstößliche Konklusion zu treffen. Mit gutem Recht kann man behaupten, daß die Schaffung von Zentralbankgeld weitgehend doch wohl eher ein Reflex der Inflation ist und weniger ihre Ursache. Dennoch gibt es keinen Zweifel, daß wenn sie die Inflation ohne Einschränkung begleitet, sie deren Entwicklung erleichtert". Dies ist schon deshalb richtig, weil "l'idée selon laquelle la monnaie "cause" - c'est-à-dire détermine - le revenu et le niveau général des prix est, et a toujours été, un acte de foi plutôt qu'un fait bien établi grâce à la logique ou à des procédures statistiques." Bordes/Driscoll/Donald (1985), S. 1170.

Die französische Geldmengenpolitik wurde durch die bewußte Einbeziehung von Wachstums- und Beschäftigungszielen von Anfang an relativiert. Die Geldmengenziele waren - das zeigen auch die folgenden Ausführungen - Kompromißwerte, die die Absicht widerspiegelten, die Inflation zu bekämpfen, ohne den Handlungsspielraum für Wachstums- und Beschäftigungsziele allzu stark einzuengen. In diesem Sinne äußerte sich auch Clappier wenn er feststellt:

> "Il est des périodes où on peut essayer de faire en sorte que le développement de la masse monétaire soit un peu moins rapide que le developpement de l'activité en valeur et ceci, c'est l'utilisation de l'arme monétaire dans la lutte contre l'inflation. Nous savons tous qu'on ne peut pas aller très loin dans cette voie, sinon on risque de casser le mécanisme du développement économique".[1] (Séance du CNC du 25 Mars 1976).

3.3.1 Die Geldmengenaggregate der Banque de France als Zwischenziel

Die Banque de France kann, wie die Deutsche Bundesbank, die Endziele der Wirtschaftspolitik mit ihren geldpolitischen Maßnahmen nicht unmittelbar, sondern nur indirekt beeinflussen, denn das verfügbare Wissen über die monetäre Transmission ist unvollkommen.[2] Die Formulierung und Veröffentlichung eines monetären Wachstumsziels ist die Antwort auf die Unsicherheit dieses Zusammenhangs, d.h. man versucht, dieser Unsicherheit mit Hilfe einer Indikator- und Zwischenzielvariablen, die zwischen dem Instrumenteneinsatz und den zu steuernden Endzielen steht, gerecht zu werden.[3]

> " Puisque la cible joue un rôle intermédiaire entre instruments et objectif(s) final(s), il faut à la fois qu'elle réagisse aux inflexions des premiers (controlabilité)et qu'elle agisse sur l'évolution des seconds (stabilité de la relation causale entre cible et objectif). Il faut évidemment aussi que l'évolution de la cible puisse être suivie de façon rapide et fiable (critère de disponibilité)."[4]

---

1) Zitiert nach Debonneuil/Ophele (1989), S. 72. "Es gibt Zeiten, in denen man versuchen kann, es so einzurichten, daß die Entwicklung der Geldmenge etwas langsamer verläuft als die Entwicklung des realen Wirtschaftswachstums. Dies ist der Einsatz der monetären Waffe im Kampf gegen die Inflation. Doch wir alle wissen, daß man auf diesem Weg nicht sehr weit kommt, da man sonst Gefahr läuft, den Mechanismus der wirtschaftlichen Entwicklung zu zerstören".

2) vgl. Banque de France (1977), Bulletin trimestriell N° 24, S. 38 sowie Pollin (1985), S. 327.

3) vgl. Aftalion/Portait (1978), S. 29ff.

4) Bordes/Strauss-Kahn (1987), S. 15. "Da die Zwischenzielvariable eine Vermittlerrolle zwischen den Instrumenten und den Endzielen spielt, muß sie sowohl auf die Inflektion der ersteren reagieren (Kontrollierbarkeit), als auch auf die Entwicklung der Endziele einwirken (Stabilität der kausalen Relation zwischen Endziel und Zwischenzielvariable). Zudem ist es unumgänglich, daß die Entwick-

Als monetäres Zwischenziel bzw. Indikatorvariable kommen theoretisch eine ganze Reihe von monetären Größen in Frage. Dennoch wurden von den "autorités monétaires" nur die verschiedenen Geldmengenaggregate als mögliche "Kandidaten" in die engere Wahl aufgenommen. Zinssätze, Bankenliquidität und Kredite wurden als wenig geeignet angesehen.[1] Die verschiedenen Marktzinssätze kamen als intermediäre Kontrollvariable schon deshalb nicht in Frage, weil sie zu einem Großteil staatlich administrierte Zinsen waren. Der nominale Wechselkurs gegenüber der DM als geldpolitisch angestrebtes Zwischenziel gewann mit der Schaffung des EWS im Jahre 1979 dagegen an Bedeutung.

3.3.2 Auswahl und Interpretation des Geldmengenziels

Die Strategie der öffentlichen Verkündigung eines Geldmengenziels wird auch von der Banque de France und dem Conseil National du Crédit mit einer Reihe politisch-psychologischer Auswirkungen bzw. Erwartungen begründet:

- Schon die bloße Einführung einer Geldmengenstrategie erzeugt Vertrauen in die Währung und belegt die Ernsthaftigkeit der "autorités monétaires" hinsichtlich der Inflationsbekämpfung gegenüber dem In- und Ausland, vor allem gegenüber der internationalen Finanzwelt.[2]

- Die Selbstverpflichtung der Notenbank zur Einhaltung des Geldmengenziels und dessen Veröffentlichung kann die Inflationserwartungen dämpfen. Darüber hinaus soll die Bekanntgabe eines monetären Wachstumsziels die Informationsgrundlage für das Ausgabeverhalten der privaten Haushalte und Unternehmen verbessern und deren Ungewißheit mindern. Den Tarifparteien wird der monetäre Rahmen für die Tarifabschlüsse vor Augen geführt.[3]

---

lung der Zwischenzielvariable rasch und zuverlässig verfolgt werden kann (Kriterium der Disponibilität)."

1) Die in diesem Zusammenhang vorgebrachten Argumente entsprechen weitgehend der Argumentation der Deutschen Bundesbank. vgl. hierzu Teil 2.2.2 der Arbeit sowie Banque de France (1977), Bulletin trimestriel n° 24, S. 37ff; Commissariat Géneral du Plan (1987), Rapport du Sous-Groupe: Politique monétaire, S. 164ff.

2) vgl. Patat (1987a), S. 300ff.

3) vgl. Banque de France (1977), Bulletin trimestriel N° 24, S. 38; Pollin (1985), S. 326.

Für Bordes/Strauss-Kahn ist der "effet d'annonce" das entscheidende Element der französischen Geldmengenpolitik.

> "L'adoption d'un objectif intermédiaire, en termes de croissance de la quantité de monnaie, a pour but essentiel d'affecter les anticipations. En traduisant sous une forme officielle l'engagement de modération des autorités monétaires et le souci de continuité et cohérence dans l'action des pouvoirs publics, elle a pour object de renforcer la crédibilité de la politique économique."[1]

Als strategische Steuerungsgröße kommen die verschiedenen Geldmengenaggregate in Frage. Hierbei stehen auch in Frankreich enge und weite Abgrenzungen des Geldmengenvolumens zur Wahl. Seit der Neudefinition im Jahre 1985 verwendet die Banque de France folgende Geldmengengrößen (siehe Schaubild 5 auf Seite 91).[2]

M 1 = Bargeld + Sichteinlagen (ohne Verzinsung) inländischer Nichtbanken[3] bei inländischen Kreditinstituten und dem Schatzamt, über die mit Scheck verfügt werden kann.

M 2 = M 1 + sonstige Sichteinlagen + Spareinlagen inländischer Nichtbanken[4].

---

1) Bordes/Strauss-Kahn (1987), S. 5. "Die Annahme einer Geldmengengröße als geldpolitisches Zwischenziel hat im wesentlichen das Ziel, die Erwartungen zu beeinflussen. Übersetzt man in offizieller Form das Moderationsengagement der monetären Autoritäten und die Sorge um Kontinuität und Kohärenz im Handeln der Regierung, so hat diese zum Ziel, die Glaubwürdigkeit der Wirtschaftspolitik zu verstärken." vgl. hierzu auch Artus: (1987b) "Fixation de l'objectif monétaire et réputation de la Banque Centrale", S. 807ff.

2) vgl. Banque de France, Note d'information n° 75 (1), April 1988; zur Definition der Geldmengenaggregate vor der Reform siehe Rapport du Conseil national du crédit (1982), S. 17-22.

3) Bei den Geldmengenaggregaten M1 und M2 werden seit der Neuabgrenzung nur noch Franc-Einlagen von Gebietsansässigen berücksichtigt. Im Vergleich hierzu werden Fremdwährungseinlagen, die inländische Nichtbanken bei inländischen Kreditinstituten unterhalten, von der Bundesbank erfaßt.

4) Mit dem Übergang von einer institutionellen zu einer funktionellen Abgrenzung der Geldmengenaggregate mußten die Spareinlagen bei den Sparkassen mit einbezogen werden. vgl. Banque de France, Bulletin trimestriel n° 57, décembre 1985, S. 36.

M 3 = M 2 + Fremdwährungseinlagen[1] + Termineinlagen + Geldmarktpapiere von Banken (einschließlich certificats de dépot).

L = M 3 + vertraglich gebundene Ersparnisse + Schatzwechsel + Geldmarktpapiere von Nichtbanken (einschließlich billets de trésorerie).[2]

Diese Neudefinition der Geldmengenaggregate "ne modifie pas les orientations de la politique monétaire."[3] Sie soll vielmehr dazu beitragen, die Wirksamkeit der Geldmengenpolitik durch die Berücksichtigung finanzinnovatorischer Aktivitäten aufrecht zu erhalten. Auf die Finanzinnovationen und ihre Konsequenzen für die Geldmengenpolitik in Frankreich wird weiter unten noch eingegangen.

Was die Auswahl des "richtigen Geldbegriffs" angeht, ist in Frankreich in der Weise verfahren worden, daß diejenige Geldmenge als Zwischenziel ausgewählt wurde, bei der sich der ex-post behauptete Zusammenhang zwischen Geldmengenänderung und den Endzielen der Geldpolitik als am engsten erwies. Als solche Steuergröße hat sich die Geldmenge M2 (disponibilités monétaires + disponibilités quasi monétaires) erwiesen, da diese Größe einen recht engen Zusammenhang mit der gesamtwirtschaftlichen Nachfrage aufweist und hinreichend genau zu steuern ist.[4]

---

1) Es handelt sich hierbei um Fremdwährungseinlagen von Gebietsansässigen bei inländischen Banken. Franc-Einlagen von Gebietsfremden werden nicht mehr berücksichtigt. Man spricht deshalb auch von der "masse monétaire résident". vgl. Banque de France, Bulletin trimestriel n° 57, décembre 1985, S. 37.

2) Ein detaillierter Überblick über die verschiedenen Geldmengenaggregate und ihre Bestandteile findet sich in: Banque de France, La Monnaie en 1989, S. 7ff.

3) Banque de France, Bulletin trimestriel N° 57, décembre 1985, S. 37.

4) vgl. Banque de France, Bulletin trimestriel n° 24, septembre 1977, S. 38; Bordes/Driscoll/Donald (1985), S. 1169-1204; Artus (1987a), S. 190ff; Patat (1986), S. 59ff.

Schaubild 5: Die Geldmengenaggregate der Banque de France

		Nouveaux agrégats	Anciens agrégats
M1		Monnaies divisionnaires	M1 R
		Billets	M1 R
		Dépôts à vue (EC, Trésor, CCP)	M1 R
		– dont dépôts à la CDC (inscrits à la section générale)	Nouvelle composante
		– dont dépôts au Trésor (APUL, ODAC)	Nouvelle composante
		– dont dépôts des OPCVM	Nouvelle composante
		TOTAL M1	
M2-M1		Livret soumis à l'impôt dans les banques	M2 R-M1 R
		Livret bleu au Crédit Mutuel	M2 R-M1 R
		CODEVI dans les banques et au Trésor	M2 R-M1 R
		Livret d'épargne populaire dans les banques	M2 R-M1 R
		Compte d'épargne logement dans les banques	M2 R-M1 R
		Livret A dans les caisses d'épargne (CE)	M3 R-M2 R
		Livret soumis à l'impôt dans les caisses d'épargne	M3 R-M2 R
		CODEVI dans les caisses d'épargne	M3 R-M2 R
		Livret d'épargne populaire dans les CE	M3 R-M2 R
		Compte d'épargne-logement dans les CE	M3 R-M2R
		TOTAL M2	
M3-M2		Dépôts à vue en devises étrangères (EC, Trésor)	M1 R
		Autres dépôts et titres du marché monétaire en devise (EC, Trésor)	M2 R-M1 R + nouveaux produits
		Dépôts à terme (EC, Trésor)	M2 R-M1 R
		– dont dépôts à la CDC (section générale)	*Nouvelle composante*
		– dont dépôts des OPCVM	*Nouvelle composante*
		Bons de caisse et d'épargne	
		– bons des banques et sociétés financières	*M2 R-M1 R*
		– bons des caisses d'épargne et de prévoyance	*M3 R-M2 R*
		– bons de la CDC (section générale)	*Nouvelle composante*
		– bons des PTT	*M3 R-M2 R*
		– bons du Trésor sur formules	*M3 R-M2 R*
	Titres du marché monétaire	Certificats de dépôts émis par les banques	Nouveau produit
	Titres du marché monétaire	Bons émis par les autres Etablissements de crédit	Nouveau produit
		TOTAL M3	
L-M3	Titres du marché monétaire	Bons du Trésor	Nouveau produit
	Titres du marché monétaire	Billets de trésorerie	Nouveau produit
	Titres du marché monétaire	Plans d'épargne-logement dans les banques	M2 R-M1 R
		Plans d'épargne-logement dans les CE	M3 R-M2 R
		Contrats d'épargne auprès de sociétés de crédit différé	M2 R-M1 R
		Livrets d'épargne-entreprise dans les banques	M2 R-M1 R
		Livrets d'épargne-entreprise dans les CE	M3 R-M2 R
		TOTAL L	

R = résident
Quelle: Pariente/Gaudron (1990), S. 13.

"M2 a été choisi comme base de l'objectif publié parce que cet agrégat, formé des avoirs en francs disponibles à vue (billets et monnaies, comptes-chèques, comptes sur livrets), est représentatif des encaisses de transactions les plus liquides, susceptibles d'influencer directement les dépenses des ménages et des entreprises."[1]

Die Geldmengenaggregate der Banque de France sind ebenso wie die der Bundesbank verwendungsorientiert. Sie sind als ex-post-Größen das Ergebnis der monetären Expansion, in der sich auch die Entscheidungen des Trésor, des Geschäftsbankensystem und der Nichtbanken widerspiegeln. Sie erfüllt gleichzeitig zwei Funktionen:

Als Zwischenziel liefert die Geldmenge Aussagen über die von der Banque de France angestrebte monetäre Expansion. Als Indikator gestattet die Geldmenge nur Aussagen über die bereits erfolgte monetäre Expansion. Sie ist somit ein nach rückwärts gerichteter Indikator, d.h. eine Maßgröße für die bisherige Politik. Auch die Banque de France hat sich demzufolge nicht die im Monetarismus angelegte Vorstellung einer kausalen, über einen konstanten Multiplikator vermittelten Bestimmung der Geldmenge durch die Geldbasis zu eigen gemacht.[2] Die Geldmenge wird also nicht als Kategorie des Geldangebots, sondern als Kategorie der Geldnachfrage verstanden. "C'est la demande de crédit que l'on cherche en fait à maitriser."[3]

1) Compte rendu de la Banque de France, Exercice 1989, S. 18. "M2 wurde als Basis des veröffentlichten Ziels gewählt, da dieses Aggregat, das sich aus disponiblen Franc - Sichtguthaben (Bargeld, Scheckkontos und Sparkontos) zusammensetzt, die liquiden Mittel für Transaktionszwecke repräsentiert und zudem geeignet ist, die Ausgaben der Haushalte und Unternehmen direkt zu beeinflussen."

2) vgl. Banque de France, Bulletin trimestriel n° 24, septembre 1977, S. 38.

3) Blondel/Parly (1977), S. 848. "In der Tat wird versucht, die Kreditnachfrage zu beherrschen."

3.3.3 Die Formulierung des Geldmengenziels

Bei der Ableitung jährlicher Geldmengenziele orientieren sich die "autorités monétaires" an dem Zuwachs des nominalen Bruttoinlandsprodukts, als dessen Element man einen "unvermeidlichen Preisanstieg" und das Realwachstum vorausberechnet. Die Wachstumnsrate von M2 wird jeweils unterhalb des prognostizierten Wachtums angesetzt[1]. Der theoretisch denkbare Versuch einer "Preisstabilisierung auf einen Schlag" hätte völlig unvertretbare Beschäftigungsrisiken mit sich gebracht. Die "autorités monétaires" sahen sich daher gezwungen, einen "unvermeidlichen" Preisanstieg in ihrer Zielableitung zu berücksichtigen[2].

Trotz einiger Schwierigkeiten bei der Formulierung und mehr noch bei der Einhaltung von Geldmengenzielen haben die "autorités monétaires" an dieser Vorgehensweise festgehalten. Die wenigen Veränderungen "ont porté sur la méthode de calcul lors des changements d'agrégats."[3] Seit 1986 verwendet die Banque de France ein Verlaufsziel. Um Zufallsschwankungen so weit wie möglich auszuschließen, wird seither das Ziel auf den Anstieg der Geldmenge vom vierten Quartal des Vorjahres bis zum vierten Quartal des laufenden Jahres bezogen. Schließlich fixierte die Banque de France das Geldmengenziel für 1982 zum ersten Mal als Bandbreite und nicht wie bisher als Punktziel. Das hatte seinen Grund nicht zuletzt darin, daß die Berechnungen bzw. Schätzungen des erwarteten Bruttoinlandsprodukts durch das Finanzministerium höher ausfiel als die internen Berechnungen der Banque de France.[4] Hinzu kam, daß durch die Finanzinnovationen die herkömmlichen Geldmengenaggregate an Aussagekraft verloren. Die Formulierung einer Bandbreite, die Neuabgrenzung der Aggregate und die gleichzeitige Verwendung mehrerer Geldmengengrößen sollte diesen Veränderungen Rechnung tragen. Auf die finanziellen Neuerungen und deren Konsequenzen für die Geldmengensteuerung soll im folgenden näher eingegangen werden.

---

1) vgl. Banque de France (1979), Bulletin trimestriel n° 30, S. 23.

2) ebenda, S. 22f.

3) Bordes/Strauss-Kahn (1987), S. 18.

4) Die neue sozialistische Regierung hatte das nominale Wachstum des Bruttoinlandsprodukts mit 17%, die Banque de France mit 15% angesetzt. vgl. Bordes/Strauss-Kahn (1987), S. 19.

3.3.4 Finanzinnovationen und Geldmengensteuerung

Der monetäre Sektor in Frankreich war in den achtziger Jahren tiefgreifenden Änderungen unterworfen.[1] Die finanziellen Innovationen umfassen dabei Neuerungen im Zahlungsverkehr, neue Anlageformen und Finanzierungstechniken sowie die Verbriefung ("la titrisation des créances") bestehender und das Entstehen neuer Sekundärmärkte ("second Marchés") für Finanzaktiva. Desweiteren sind neue Typen von Finanzintermediären entstanden.[2]

Demgegenüber haben solche finanzielle Neuerungen in Deutschland nur langsam und in geringerem Ausmaß stattgefunden. Eine frühzeitige Politik der Liberalisierung und Deregulierung des Finanzsektors in Deutschland machte es nicht notwendig, finanzwirtschaftliche "Umwegproduktionen" zu entwickeln, um institutionelle Regulierungen bei der Anpassung an neue Markterfordernisse zu umgehen. Während Frankreich gleichsam einen Nachholbedarf hatte, ist Deutschland scheinbar in die Rolle eines Nachzüglers geraten. Im folgenden wird zunächst auf die wesentlichen Ursachen und Erscheinungsformen der Finanzinnovationen eingegangen. Anschließend soll untersucht werden, welche Beeinträchtigungen sich hieraus für die Geldmengensteuerung ergaben und wie die "autorités monnétaires" darauf reagierten.[3]

3.3.4.1 Ursachen finanzieller Innovationen in Frankreich

Eine umfassende Analyse der Ursachen finanzieller Innovationen bietet die sogenannte "Theorie der volkswirtschaftlichen Zwänge" ("la théorie de l'innovation induite par la contrainte").[4] Die Ratio dieser Theorie besteht darin, daß man die Finanzinnovationen als Reaktion eines Wirtschaftssubjekts (i.d.R. einer Bank) auf die ihm auferlegten Zwänge interpretiert. Die wichtigsten dieser innovatorischen Zwänge in Frankreich sind:

---

1) Gemeint ist der Übergang von einer "économie d'endettement" zu einer "économie de marchés financiers". vgl. Santini (1988), S. 47ff sowie Abschnitt III.3.1 der Arbeit.

2) vgl. Boissieu (1987b), S. 76ff.

3) Zur Geldmengenpolitik und Finanzinnovationen in Deutschland siehe Dudler (1986), S. 478f. sowie Ruckriegel (1989).

4) vgl. hierzu de Boissieu (1986b), S. 455ff. ders. (1987b), S. 75ff; Silber (1983), S. 89-95; Métais/Szymczak (1986), S. 87f.

(1) Regulierung: Die staatliche Reglementierungen der Finanzmärkte und ihre - teilweise durch die finanziellen Neuerungen selbst erzwungene - Lockerung oder völlige Aufhebung (Deregulierung) haben eine große Rolle bei der seit Anfang der achtziger Jahre beobachteten Finanzinnovationen jenseits des Rheins gespielt. Die bereits weiter oben genannten Zinsreglementierungen, Kreditkontrollen, Trennbankbestimmungen, diskriminatorische steuerliche Regelungen und Devisenkontrollen haben zu Ausweichreaktionen und damit zur Entstehung von Finanzinnovationen geführt. Die zwischen September 1981 und Mai 1986 verschärften Zinsobergrenzen auf Termineinlagen, die eine freie Verzinsung für Anlagen mit Laufzeiten von mehr als sechs Monaten bzw. für Anlagen unter sechs Monaten Laufzeit untersagten, wenn sie FF 500000 überstiegen, haben bewirkt, daß die kurzfristigen Gelder in alternative Anlageformen mit marktmäßiger Verzinsung drängten. Hierauf haben die Finanzmärkte mit der Entwicklung der SICAV und der FCP, die den amerikanischen Geldmarktfonds ähneln, prompt und nachhaltig reagiert. Die rasante Entwicklung der Investmentfonds wurde nicht zuletzt durch die starke Reglementierung auf dem Bankenmarkt nachhaltig gefördert, so daß Frankreich zum größten europäischen Fondmarkt wurde. Allein das Investitionsvolumen aller SICAV erhöhte sich von Ende 1984 bis Anfang 1987 um rund FF 450 Milliarden auf über FF 750 Milliarden.[1)]

(2) Wettbewerb: Gefördert wird der Innovationsprozeß auch durch die Marktzwänge, denen die Kreditinstitute unterworfen sind. So können manche der in Frankreich entstandenen Finanzierungsinstrumente als Ergebnis des Wettbewerbs zwischen den neu entstandenen Finanzintermediären OPCVM (organismes de placement collectif en valeurs mobilières) und den traditionellen Finanzinstituten (Sparkassen, Banken) verstanden werden.[2)]

(3) Risiko: Eine weitere Triebfeder des Innovationsprozesses war die große Unstetigkeit der Wechselkursentwicklung zusammen mit der zunehmenden Zinsvolatilität. Das sich hieraus für die wirtschaftlichen Entscheidungsträger ergebende Wechselkurs- bzw. Zinsrisiko ließ zahlreiche neue Finanzierungsinstrumente (wie Optionen oder Terminkontrakte) entstehen, die das Risiko auf mikroökonomischer Ebene zwar reduzieren, es auf makroökonomischer Ebene jedoch lediglich transferieren vom risikoscheuen auf den risikoliebenden Anleger.[3)]

---

1) vgl. Ferrandier/Koen (1988), S. 61.

2) vgl. Patat (1988a), S. 749.

3) vgl. Artus/Boissieu (1988), S. 93.

(4) La contrainte externe: Wie viele andere europäische Länder sah sich auch Frankreich gezwungen, die Rolle des Nachahmers zu spielen und sich zur Erhaltung der Wettbewerbsfähigkeit des Banken- und Finanzsystems der Entwicklung in den innovationsfreudigen Ländern anzuschließen.[1] Vor diesem Hintergrund ist auch die Eröffnung eines Termin- und Optionsmarktes (Marché à Terme des Instruments Financiers) zu sehen. Der MATIF, der im März 1986 eröffnet wurde, ist, wie der amerikanische Markt für Financial Futures, ein Markt für Termingeschäfte mit Finanzkontrakten.

(5) La contrainte budgétaire de l'Etat: Hohe Budgetdefizite und unterentwickelte Wertpapiermärkte veranlaßten die öffentlichen Kreditnehmer, nach neuen Finanzierungsmöglichkeiten zu suchen. So entstanden neue Finanzierungsinstrumente (bons du Trésor négociables), was wiederum zu einem Aufschwung der Geld- und Kapitalmärkte beitrug. Ferner führten Finanzzwänge der verstaatlichten Unternehmen dazu, daß neue Finanzierungsinstrumente entstanden sind ("Loi Delors" 1983).[2]

Überhaupt spielen öffentliche Finanzinnovationen in Frankreich die entscheidende Rolle.[3] Während in angelsächsischen Ländern in der Regel private Innovationen vorherrschen, kommen in Frankreich die entsprechenden Initiativen vom Staat (Trésor), der das neue Instrument entweder selbst einführt oder Einfluß nimmt auf die Ausgestaltung der von Banken und Unternehmen initiierten finanziellen Neuerungen.[4] So waren die neuen Instrumente, welche Anfang der achtziger Jahre entstanden sind, ohne Zweifel die Antwort auf die Nachfrage nach finanziellen Novitäten. Gerade in Frankreich führte der beschleunigte Preisanstieg dazu, daß private Haushalte und Unternehmen ihre von Realwertverlusten bedrohten unverzinslischen Kassenbestände weitgehend abbauen und niedrig verzinste Bankeinlagen in höher verzinsliche Geldanlagen umschichten wollten. Der Staat war es, der über die Einführung und Verbreitung entsprechender Anlageformen entschied (z.B. "le livret d'épargne populaire" (LEP) et "du compte pour le développement industriel" (CODEVI) im Jahre 1982 und die "billets de trésorerie" im Jahre 1985).[5]

Neben der Existenz volkswirtschaftlicher Zwänge ist als weitere wichtige Ursache des finanziellen Innovationsprozesses "le rôle des progrès technologiques" zu sehen. Viele der Finanzinnovationen sind erst durch die Entwicklung neuer Technologien auf dem

1) vgl. de Boissieu (1986a), S. 588.

2) vgl. Artus/Boissieu (1988), S. 100; Ullmo (1987), S. 26.

3) "En France, l'innovation financière publique prédomine." de Boissieu (1986a), S. 588.

4) Zur Differenzierung zwischen öffentlicher und privater Innovation siehe de Boissieu (1986a), S. 587 f.

5) ebenda. S. 588.

Gebiet der Nachrichtenübermittlung und Datenverarbeitung möglich geworden. Informations- und Transaktionskosten auf den Geld- und Kapitalmärkten und im Bereich der individuellen Geld- und Vermögensdispositionen konnten auf diese Weise erheblich reduziert werden. Gerade in Frankreich ist man gegenüber diesen technologischen Entwicklungen sehr aufgeschlossen. So konnte sich das "Electronic Cash" - System ("Point of sale-systems") dauerhaft und umfassend etablieren.

3.3.4.2 Erscheinungsformen finanzieller Innovationen[1)]

Es soll in diesem Zusammenhang nur auf diejenigen Finanzinnovationen eingegangen werden, welche die Geldmengenpolitik, d.h. die Bestimmung und Steuerung eines adäquaten Geldmengenaggregats, beeinträchtigen können. Zum einen sind dies kurzfristige Investmentfonds OPCVM ("organismes de placement collectif en valeurs mobilières"), wobei man zwichen den SICAV ("Sociétés d'investissement à capital variable") und den FCP ("Fonds Communs de Placement") unterscheiden muß.[2)] Zum anderen handelt es sich um die bereits oben dargestellten "tires du marché monétaire", namentlich die "Certificats de dépôt" (Einlagenzertifikate), die "Billets de trésorerie" (Commercial paper) und die "Bons du Trésor négociables" (Schatzanweisungen des Finanzamtes).

Von geldpolitischer Relevanz sind vor allem die Geldmarktfonds - eine spezielle Form von Investmentfonds - die nach dem Beipiel der amerikanischen "Money Market Mutual Funds" ihre Gelder in hochverzinsliche Geldmarktpapiere ("Bons du Trésor" etc.) investieren. Es handelt sich hierbei um die SICAV und FCP "court terme" (oder "de trésorerie"). Die Aktien- und Rentenfondsidee wurde somit auf den Geldmarkt übertragen. Kleinanleger, die nicht in der Lage sind, die für Geldmarktengagements notwendigen Mindesteinsätze aufzubringen, eröffnen die kurzfristigen OPCVMs die Gelegenheit, über eine Beteiligung in den Genuß der im Vergleich zu Spar- und Termineinlagenzinsen hohen Geldmarktzinsen zu gelangen. Deswegen können neben Privatanlegern nicht zuletzt mittelständische und kleine Unternehmen von dieser institutionellen Innovation profitieren. Trotz Zinsliberalisierung im Laufe der achtziger Jahre verzeichneten die Geldmarktfonds ein beträchtliches Wachstum. Ihr Vermögen macht mittlerweile fast die Hälfte des gesamten Investmentvermögens

---

1) Einen umfassenden Überblick über die finanziellen Neuerungen in Frankreich geben Métais/-Szymczak (1986), S. 91ff.

2) Eine genaue Beschreibung der SICAV und LCP findet sich in: Cahiers Francaise N° 237, "La bourse", (1988), S. 9 f; vgl. hierzu auch Fußnote 3, Seite 37.

aus.[1] Das innovative Element der Geldmarktfonds liegt darin, daß die Anteilseigner ihre Anteile am Fonds jederzeit zum jeweiligen Tageswert zurücknehmen können. Damit lassen sich die Geldmarktfonds als Wertpapierdepots mit Transaktionscharakter beschreiben.[2] Gleichwohl steht bei den Anlegern wohl weniger das Transaktionsmotiv bei der Anlage in die Fonds im Vordergrund; vielmehr stellen die SIVAC und PCP "court terme" (SICAV-CT und FCP-CT) eine Substitutionskonkurrenz zu Spareinlagen dar. Die Großbanken haben hierauf mit der Schaffung eigener Geldmarktfonds reagiert ("réintermédiation").[3]

Die Geldmarktfonds haben auch deshalb eine rasante Entwicklung genommen, weil genügend kurzfristige Anlageinstrumente zur Verfügung standen. Namentlich die "Bons du trésor négociables" nahmen bedingt durch den Kreditbedarf des Staates zu. Ein Großteil dieser Papiere wird von den Geldmarktfonds gehalten.[4] Die "Certificats de Dépôt" (Einlagenzertifikate) sind von Banken ausgestellte Zertifikate, die die Einlagen von Geldern über einen bestimmten Zeitraum verbriefen. Wenn für diese ein funktionsfähiger Sekundärmarkt existiert, können sie jederzeit problemlos vor Fälligkeit verkauft werden. Sie bieten somit dem Anleger die Möglichkeit, für kurzfristig liquidierbare Mittel eine marktgerechte Verzinsung zu erzielen. Wegen der höheren Verzinsung der "Certificats de Dépôt" im Vergleich zu den Sicht-, Spar- und v.a. Terminguthaben könnten die traditionellen Formen der Geldhaltung an Gewicht verlieren. Abschließend ist noch auf die "billets de trésorérie" hinzuweisen. Seit Dezember 1985 dürfen französische Unternehmer ab einer bestimmten Größe über die Emission dieser Papiere kurzfristige Gelder direkt am Geldmarkt aufnehmen. Man spricht in diesem Zusammenhang auch von der "Désintérmediation". Gemeint ist der graduelle "Rückzug der Banken aus ihrer natürlichen Rolle zwischen Sparer und Investor, so daß sich der Einfluß der Banken im gesamten Finanzierungsverbund mindert."[5]

---

1) vgl. Ferrandier/ Koen (1988), S. 57.

2) Im Gegensatz zu den amerikanischen Geldmarktfonds kann bei den französichen Fonds nicht per Scheck über die eingezahlten Guthaben verfügt werden.

3) vgl. Métais/Szymczak (1986), S. 52f.

4) vgl. Hommet (1991) S. 84

5) Andreas (1988) S. 991; Der Prozeß der "Désintermédiation" und seine Konsequenzen für die Geldpolitik werden in Frankreich kontrovers diskutiert. vgl. u.a. Blanchon/Ferrandier (1987) S. 2-22; Aglietta (1987) S. 43-58; Biacabe (1988) S. 34-4; Patat (1988a), S. 749f.

Auf die geldpolitischen Implikationen dieser finanziellen Neuerungen wird im folgenden Abschnitt eingegangen, denn

> "Le processus d'innovations financières a conduit la Banque de France à mettre en question la frontière tracée jusqu'alors entre actifs monétaires et autres actifs financiers et à modifier le contour des agrégats monétaires."[1)]

3.3.4.3 Geldpolitische Konsequenzen

Die geldpolitische Problematik dieser Finanzinnovationen ist darin zu sehen, daß die oben angeführten Voraussetzungen für eine wirksame Geldmengenpolitik in Frage gestellt werden[2)]. So wird die Bestimmung und Steuerung eines geeigneten Geldmengenaggregats erschwert oder gar unmöglich gemacht, denn "les innovations financières ont eu pour conséquence d'atténuer les différences entre monnaie et titres."[3)] Sodann kann die Geldnachfrage destabilisiert und dadurch die Auswirkungen einer bestimmten Geldmengenausweitung auf das nominale Sozialprodukt nicht mehr hinlänglich genau abgeschätzt werden. Damit ist dann auch eine notwendige Voraussetzung für die Steuerung des Geldangebots nicht mehr gegeben, nämlich eine hinreichend genaue Prognostizierbarkeit des Geldmengenmultiplikators.[4)] Endlich kann der geldpolitische Transmissionsprozeß nachhaltig gestört werden. Die Geldmarktfonds könnten nämlich dazu beitragen, die Kreditinstitute zunehmend aus der Finanzintermediation auszuschalten (Désintermédiation) und den klassischen Ansatzpunkt der Geldpolitik auszuhöhlen. In Frankreich wird dieser Prozeß der "Désintérmediation" auch dadurch gefördert, daß mit den "billets de trésorérie" (Commercial papers), die im Zuge der "titrisation des créances" (zunehmende Verbriefung von Kreditbeziehungen) entstanden sind, geeignete kurzfristige Anlageinstrumente zur Verfügung stehen.[5)] Die Banken haben auf diesen Desintermediationsprozeß reagiert, indem sie emittierte Titel von Unternehmen kaufen, anstatt ihnen Kredite zu gewähren.

---

1) Banque de France, La monnaie en 1985, S. 51. "Der Prozeß der Finanzinnovation hat die Banque de France dahin geführt, die bisherige Grenzlinie zwischen monetären Aktiva und anderen finanziellen Aktiva in Frage zu stellen und die Zusammensetzung der Geldmengenaggregate zu modifizieren".

2) vgl. hierzu auch Lamfalussy (1986), S. 10f.

3) Banque de France, Note d'information n° 75 (1), avril 1988, S. 2.

4) Zu den Beeinträchtigungen des Geldangebotsprozesses durch Finanzinnovationen siehe Francke (1988),
S. 264ff.

5) de Boissieu (1987b), S. 80.

Was die Geldmengensteuerung anbelangt, so mußte die Einbeziehung der Geldmarktfonds und der "titres du marché monétaire" in das geldpolitische Zwischenziel überdacht werden:

> "La réduction du risque en capital, lié à certains placements en titres d'OPC-VM ou à des titres négociable à échéance courte, a conduit la Banque de France à revoir la définition de la monnaie."[1]

Das gemeinsame Charakteristikum dieser Neuerungen liegt darin, daß sie auf der einen Seite die Funktion eines Zahlungsmittels ganz oder teilweise erfüllen bzw. mit nur geringen Transaktionskosten in ein solches umgewandelt werden können (hohe Substitutionselastizität zwischen Geld und geldnaher Aktiva), auf der anderen Seite aber eine marktgerechte Verzinsung erbringen. Infolgedessen wurde die relative Bedeutung insbesonders der herkömmlichen (unverzinslischen) Sichtguthabenbestände verringert, was zu erheblichen Änderungen in der Struktur von M1 und M2 führte.

Das veränderte Anlageverhalten der Wirtschaftssubjekte hat sich im verlangsamten Wachstum der engen Geldmengenaggregate niedergeschlagen. In den USA werden die Strukturbrüche in der Geldnachfrage als Fall des "missing money" diskutiert ("monnaie manquante" in Frankreich). Nach Auffassung der Banque de France führte dies dazu, daß "la réalité monétaire est "sous" représentée par les agrégats."[2] M3 wurde insofern in seiner Aussagefähigkeit beeinträchtigt, als die vermehrte Verwendung von "Certificats de dépôt" auf der Passivseite der Banken zu Umschichtungen von Termin- und Spareinlagen auf CDs führte, die bis dahin nicht in M3 enthalten waren. Folgerichtig haben die "autorités monétaire" auf diese Entwicklung mit der Neuabgrenzung der Geldmengenaggregate reagiert, d.h. "une nouvelle batterie d'aggregats monétaires entre donc en vigueur à partir de 1986."[3] Dabei standen sie vor dem Problem herauszufinden, welche Innovationen als Zahlungsmittel dienen und deshalb zu M2 zählen und welche lediglich Geldsubstitute sind und deshalb in die breiter gefaßten Aggregate (M3 und L) gehören. Die Banque de France erfaßt seit der Neuabgrenzung im Jahre 1985 kurzfristige Aktivformen der Geldmarktfonds (les dépot à vue des SICAV et FCP court terme), die zu geringen Kosten in Zahlungsmittel umgetauscht werden können, in M 1. Sie reagierte mit dieser Neuabgrenzung auf den Rückgang der Nachfrage nach M 1 in seiner ursprünglichen Abgrenzung.

---

1) Banque de France, Note d'information n° 75 (1988), S. 2. "Das geringe Kapitalrisiko, das mit dem Kauf von OPCVM-Papieren oder anderen kurzfristigen Wertpaieren einhergeht, hat die Banque de France dazu geführt, die Definition des Geldes neu zu überdenken."

2) Patat (1986), S. 59.

3) Patat (1987a), S. 192; vgl. hierzu auch Banque de France (1985), Bulletin trimestriel n° 57, S. 35ff.

Die "comptes à terme" der OPCVM sind ebenso wie die "certificats de dépôt" im neu definierten Aggregat M 3 enthalten. Mit L (l'agrégat de liquidité) wurde ferner ein weites Geldmengenaggregat definiert, welches u.a. auch die "titres du marché monétaire émis par le Trésor (bons du Trésor négociables) et les entreprises (billets de trésorerie)"[1] umfaßt.

Neben der Neuabgrenzung der relevanten Geldmengenaggregate war auch zu klären, welches von ihnen als monetäres Zwischenziel in Zukunft dienen sollte. Die Banque de France stand vor dem Dilemma, entweder ein gut kontrollierbares (aber wenig relevantes, eng definiertes oder aber ein relevantes, aber schlecht zu beeinflussendes, weit definiertes) Geldmengenaggregat zu wählen.[2] Sie hat sich 1986 für ein weites Aggregat (M 3) entschieden, weil sich die Substitutionen innerhalb des Aggregates kompensieren. Für das Jahr 1987 wurde sowohl M3 als auch M2 als Zwischenziel öffentlich bekanntgegeben, denn "il semble qu'il faille observer simultanément diverses grandeurs monétaires et financières et ne pas se focaliser sur un seul agrégat".[3] Nachdem die Zielvorgabe für M3 um mehr als das Doppelte verfehlt wurde[4], konzentriert sich die Banque de France seit 1988 wieder auf M 2 als geldpolitische Zwischenzielgröße. "Dans ces conditions la Banque de France a choisi pour 1988 de ne s'interesser qu'à M2."[5] Das Geldmengenaggregat M2 diente bis 1990 als Zwischenzielgröße. In diesem Jahr kam es erneut zu einer drastischen Zielverfehlung. Das Wachstum der Geldmenge M2 ging um 0,7% zurück, während eine Ausweitung der Geldmenge um 3,5% bis 5,5% angekündigt war. Die Banque de France führte dies auf das veränderte Anlageverhalten der Wirtschaftssubjekte zurück.[6] Das Wachstum des Geldmengenaggregats M2 hat sich dadurch stark verringert. Daraufhin ging die französische Zentralbank dazu über, ihre Politik vornehmlich an der weiter gefaßten Geldmenge M3 auszurichten.[7]

---

1) vgl. Banque de France, Note d'information n° 75, avril 1988, S. 5.

2) vgl. Artus (1987a) S. 190ff.

3) Artus (1987a), S. 197; vgl. hierzu auch Compte rendu de la Banque de France, Exercice 1989, S. 18.

4) M 3 zeigte eine hohe Reagibilität auf Zinsbewegungen, so daß es zu erheblichen zinsbedingten Umschichtungen nach der Neudefiniton kam. Insbesonders die nun in M3 enthaltenen Certificats de dépôts wurden verstärkt nachgefragt.

5) Pollin (1988a), S. 24.

6) vgl. Banque de France (1990), Compte rendu, S. 28f. Siehe hierzu auch Banque de France (1991), Bulletin trimestriel n° 78, S. 79ff.

7) Gleichzeitig wurde die Geldmenge M3 modifiziert. Die "Titres d'OPCVM court terme" sind nun ebenfalls in M3 enthalten. Als neues Aggregat wurde M4 definiert, das aus M3 plus "Titres de créances négociables émis par les agents non financier" besteht. Die restlichen Größen blieben unverändert. vgl. Banque de France, Note d'information n° 95, octobre 1993, S. 3ff.

Der Vorteil des Aggregats M3 gegenüber anderen Geldmengengrößen wurde vor allem darin gesehen, daß dies weitaus weniger anfällig gegenüber Strukturbrüchen in der Geldnachfrage ist.[1] Hinzu kommt, daß die neue Zwischenzielgröße M3 "devrait faciliter ultérieurement la coordination et l'examen des résultats des politiques monétaires au sein de la Communauté européenne."[2]

Nicht nur die Definition und Steuerung der Geldmengenaggregate ist in einem innovativen Umfeld schwieriger geworden, auch die enge Beziehung zwischen den Geldvolumengrößen und den Veränderungen der gesamtwirtschaftlichen Nachfrage und des Preisniveaus ist bedingt durch die Instabilität der Geldnachfrage mehr und mehr in Frage gestellt.[3] Trotz alledem hat man in Frankreich bis heute an einer pragmatischen Geldmengensteuerung grundsätzlich festgehalten. Kurzfristig hat jedoch die Stabilisierung des Franc innerhalb des EWS den Vorrang.

> "Dans le cas de la France, membre du SME depuis sa création en 1979, la volonté de maintenir la parité vis-à-vis, principalement, du mark allemand s'est traduite par une subordination complète de la politique monétaire interne aux objectifs de change, depuis plusieurs années."[4]

Die starke Abhängigkeit der französischen Geldpolitik - insbesondere von seinem deutschen Nachbarn - zeigt auch die folgende Analyse des monetären Steuerungskonzepts der Banque de France.

---

1) "Cet agrégat présente de bonnes qualités de stabilité." Banque de France (1992), Compte rendu, S. 33.

2) Banque de France (1990), Compte rendu, S. 32.

3) vgl. hierzu Bordes/Strauss-Kahn (1989), S. 38ff; Patat (1986), S. 73ff.

4) le Cacheux (1988), S. 41. "Im Falle Frankreichs, SME-Mitglied seit der Gründung 1979, hat sich der Wille, die Parität hauptsächlich der DM gegenüber aufrechtzuerhalten, seit einigen Jahren in einer vollständigen Unterordnung der internen Geldpolitik unter ein Wechselkursziel niedergeschlagen." vgl. hierzu auch Pariente/Gaudron (1990), S. 194ff.

3.3.5 Das monetäre Steuerungskonzept der Banque de France

Das Jahr 1987 markiert einen fundamentalen Wandel in der geldpolitischen Konzeption der Banque de France.[1] Das bisher praktizierte Steuerungsverfahren "sur des mesures de contrôle direct" wurde ersetzt durch eine "politique monétaire reposant davantage sur les taux d'intéret et les ajustements de marché."[2] Mit den Worten der Banque de France formuliert:

> "Après une année 1986 considérée, du point de vue des modalités de la politique monétaire, comme une année de transition, 1987 a consacré l'abandon des procédures de contrôle quantitatif du crédit et les mécanismes de marché jouent désormais un role essentiel."[3]

Die Banque de France versucht seit Januar 1987, die Realisierung der jährlichen Geldmengenziele im Wege eines indirekt ablaufenden Steuerungsverfahrens über den Geldmarkt zu erreichen. Die auf diesen gerichteten steuerpolitischen Eingriffe haben zum Ziel, die monetäre Expansion, gemessen an der Entwicklung des Geldmengenaggregats, auf dem vorgegebenen Zielpfad zu halten. Funktional betrachtet ist der Geldmarkt somit das Bindeglied zwischen Geldmengenzielsetzung und den geldpolitischen Maßnahmen der französischen Notenbank. Die Steuerung der Geldmengenexpansion erfolgte bis Ende 1986 vorrangig über direkte Kreditkontrollen (encadrement du crédit), während der Variation des Interventionssatzes der Banque de France auf dem Geldmarkt nur geringe Bedeutung zukam.[4] Die Zinspolitik am Geldmarkt war spätestens seit der Schaffung des EWS im Jahre 1979 auf die Stabilisierung des Wechselkurses gerichtet.

> "La Banque centrale possédait jusqu'ici deux instruments de controle: elle utilisait la gestion des taux d'intéret pour guider l'evolution des taux de change, tandis qu'elle se servant de l'encadrement du crédit pour régler la progression de la masse monétaire."[5]

---

1) So auch Pollin: "La politique monétaire nouvelle est arrivée." Pollin (1987), S. 121.

2) Biacabe (1986), S. 583.

3) Banque de France, La monnaie en 1987, S. 52. "Nachdem das Jahr 1986 hinsichtlich der Modalitäten der monetären Politik als ein Übergangsjahr betrachtet wird, wurden 1987 vornehmlich die quantitativen Kreditkontrollen aufgegeben. Künftig werden Marktmechanismen eine wesentliche Rolle spielen."

4) Die Banque de France bestimmte bis 1986 täglich ihren Interventionssatz auf dem Geldmarkt, zu dem sie den Geschäftsbanken in unbegrenztem Umfang Zentralbankgeld zur Verfügung zu stellen bereit war. vgl. Truquet (1985), S. 295ff.

5) Pollin (1987), S. 126. "Bislang besaß die Banque de France zwei Instrumente: die Zinspolitik, um die Entwicklung des Wechselkurses zu leiten, während sie sich der Kreditplafondierung bediente, um das Geldmengenwachstum zu steuern."

Abgesichert wurde diese Politik durch Kapitalverkehrskontrollen. Heute zielt die Notenbankpolitik darauf ab, das Kreditangebotsverhalten der Banken und die Geld- und Kreditnachfrage der Wirtschaft indirekt über die Veränderung der Zinskonditionen an den Geld- und Kapitalmärkten zu beeinflussen.[1] Die Banque de France versucht, die kurzfristigen Geldmarktsätze auf ein Niveau hin zu steuern, das die Realisierung des Geldmengenziels unterstützt und gleichzeitig die Stabilisierung des Franc gegenüber der D-Mark möglich macht.[2] Die offiziellen Notenbanksätze werden nach Konsultation des Finanzministers vom Gouverneur der Banque de France festgesetzt und bilden den "corridor", innerhalb dessen der Tagesgeldsatz schwankt. Es handelt sich hierbei um den "taux des appels d'offres." Er ist als Zins für die Wertpapierpensionsgeschäfte ("pensions sur appels d'offres") eine "harte" untere Linie für den Interbankenmarkt. Der "taux des pensions de 5 à 10 jours" wird ebenfalls von der Banque de France festgelegt und kann als "borne supérieure" als "weiche" obere Linie für den Geldmarktsatz angesehen werden. Schaubild 6 zeigt die von der Banque de France am Geldmarkt eingesetzten Steuerungsgrößen.

Schaubild 6: Geldmarktsteuerung in Frankreich

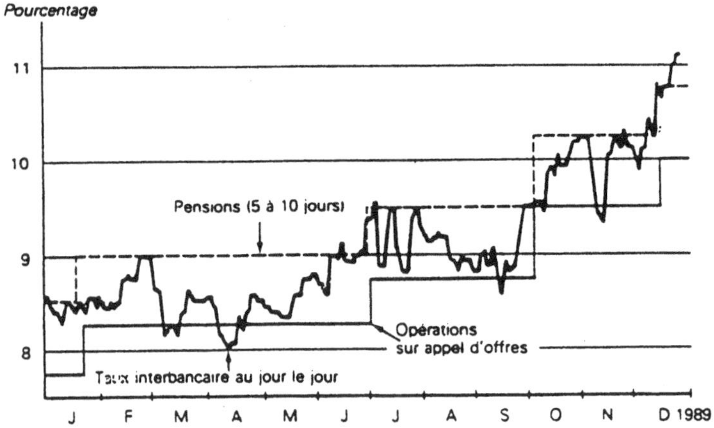

Quelle: Banque de France, Compte Rendu, Exercice 1989, S. 23.

1) vgl. hierzu Lacoue-Labarthe (1986), S. 305-333; Bruneel (1985b), S. 263-281; Pollin (1985), S. 107-115.

2) Icard (1988), S. 152.

Liegt der Geldmarktsatz unter dem "taux des appels d'offres" oder über dem "taux des pensions de 5 à 10 jours", so ist der Grund hierfür in mehr oder weniger kurzfristigen Anpassungsproblemen zu suchen oder aber in einer entsprechenden Geldpolitik, die den Interbankenmarkt auf Dauer verflüssigt oder knapp hält.[1] Die Zentralbank ist bestrebt, den Tagesgeldmarktsatz im Band dieser offiziellen Zinssätze zu halten. Dies geschieht mit Hilfe der Feinsteuerungsinstrumente der Banque de France. Hierbei muß sie Entwicklungen, die durch sogenannte "autonome Faktoren" am Geldmarkt, z.B. Devisenbewegungen, Kassenhaltung des französischen Schatzamtes etc. hervorgerufen werden, Rechnung tragen.[2] Entscheidend ist hierbei jedoch nicht, mögliche Abweichungen, die zu entsprechenden Zinsbewegungen am Interbankenmarkt führen, auszugleichen, sondern es geht darum, daß die geldpolitische Intention weitgehend unverfälscht zum Ausdruck kommt.

Mit der Festlegung der zins- und liquiditätspolitischen Rahmenbedingungen am Geldmarkt ist der unmittelbare Einfluß der Banque de France auf den monetären Expansionsprozess zunächst beendet[3]. Durch die Substitutionsbeziehungen zwischen den einzelnen Märkten setzen sich diese Bedingungen auch auf den anderen Märkten durch. Die oben dargestellten Reformen der Geld- und Kapitalmärkte waren hierfür eine notwendige Voraussetzung. Die Entwicklungen am Geldmarkt strahlen in der Regel relativ schnell auf die an den nachgelagerten Kredit,- Einlagen und Wertpapiermärkten herrschenden Bedingungen aus. Mit der Variation der Notenbankzinsen beeinflußt die Banque de France die Bankenzinsen und die Zinsstruktur und mithin auch die Geld- und Kreditnachfrage der Nichtbanken.[4]

Zusätzlich kann sie mit ihren geldpolitischen Maßnahmen auch das Liquiditätsgefühl der Banken und deren Rentabilitätsüberlegungen verändern und auf diesem Weg auf ihre Portfolioentscheidungen und somit auf das Kredit- und Geldangebot einwirken.[5] Damit wird die Banque de France auf längere Sicht in die Lage versetzt, über die Spannungsverhältnisse am Geldmarkt das Kreditangebot und die Geld- und Kredit-

---

1) vgl. Boissieu (1987a), S. 157.

2) vgl. Truquet (1985), S. 297f.

3) Sie hat gleichwohl die Möglichkeit bei Bedarf auch auf den Kapitalmärkten zu intervenieren.

4) vgl. hierzu Patat (1987a), S. 213 sowie Bruneel (1985b), S 263ff.

5) Zu den "mécanismes de transmission de la politique monétaire au sein de la sphère financière siehe Commissariat Général du Plan, Rapport du sous-groupe: politique monétaire (1987), S. 127ff; vgl. auch Icard (1988), S. 152 sowie Bruneel (1985b), S. 266ff.

nachfrage der Wirtschaft[1] dergestalt zu beeinflussen, daß die angestrebte Entwicklung der jährlichen Geldmengenziele möglich wird. Sie betreibt somit

> "une politique de taux d'intéret où ce sont les variations des taux d'intervention de la Banque centrale qui lui permettent d'atteindre ses objectifs (respect d'un taux de progression affiché pour la masse monétaire)."[2]

Neben Devisenmarktinterventionen setzt die Banque de France ihr geldpolitisches Instrumentarium auch dazu ein, den Außenwert der Währung zu sichern. Dies gilt insbesonders für die Stabilisierung des nominalen Wechselkurses des französischen Franc gegenüber der D- Mark. Von einem Anstieg (Rückgang) des französischen Geldmarktsatzes wird eine Aufwertung (Abwertung) des Franc gegenüber anderen Währungen erwartet. Längerfristig stehen die Stabilisierung des internen und des externen Wertes einer Währung natürlich im Einklang miteinander. Kurzfristig können sich für die Notenbank Konflikte zwischen dem internen und externen Ziel ergeben, so daß man einem von beiden Priorität einräumen muß.[3] In Frankreich hat die Stabilisierung des Wechselkurses Vorrang. Als Folge hiervon sind die Notenbankzinssätze der Banque de France de facto an die der Bundesbank gekoppelt.[4] Dieser Zielkonflikt ist mit der Abschaffung der administrativen Kontrollinstrumente (Kreditplafondierung und Devisenkontrollen) stärker zu Tage getreten. Der Handlungsspielraum der Banque de France hat sich dadurch erheblich verringert.

> "A partir du moment où l'utilisation du taux d'intéret remplace les contraintes quantitatives, les possibilités de contradiction entre objectifs externes et internes de la politique monétaire s'accroissent".[5]

---

1) Auch für Frankreich gilt, daß die Beziehungen zwischen den Bedingungen am Geldmarkt und den übrigen monetären Märkten, insbesondere was die Zinsentwicklung auf dem Kapitalmarkt betrifft, keineswegs eindeutig und stabil sind. Dennoch kann davon ausgegangen werden, daß geldpolitische Maßnahmen ihre Wirkung vom Geldmarkt aus auch auf die anderen Märkte entfalten. vgl. Icard (1988), S.152ff.

2) Artus (1988), S. 36. ..."eine Zinspolitik, die es der Banque de France erlaubt, ihre Zielvorstellung zu erreichen (Respektierung einer deklarierten Zuwachsrate der Geldmenge)."

3) vgl. Banque de France, La monnaie en 1987, S. 53.

4) vgl. Artus (1987), S. 169.

5) "Von dem Moment an, in dem die Zinspolitik die quantitativen Kreditkontrollen ersetzt, erhöht sich die Möglichkeit von Zielkonflikten zwischen externen und internen Zielen der Geldpolitik." Ullmo (1987), S. 33.

4. Zusammenfassung

Die bisherige Analyse der geldpolitischen Konzeption in Deutschland und Frankreich zeigte, daß die Banque de France und die Deutsche Bundesbank - bei allen Unterschieden im Detail - die Strategie einer mittelfristig orientierten Geldmengenpolitik verfolgen. Beide Zentralbanken gingen dazu über, als Zwischenziel der Geldpolitik ex - ante eine von ihnen angestrebte Wachstumsrate für bestimmte monetäre Aggregate öffentlich bekanntzugeben. Gemeinsam ist man der Auffassung, daß die öffentliche Bekanntgabe solcher Geldmengenziele die Inflationserwartungen verringert und bessere Ergebnisse im Hinblick auf die Preisniveaustabilitiät erreicht als eine diskretionäre Geldpolitik und daß man insgesamt dazu beitragen kann, die wirtschaftliche Entwicklung zu verstetigen. Hierzu bedarf es einer Zwischenzielgröße und einer Geldmengendefinition, die einen möglichst stabilen Zusammenhang zwischen dem Instrumenteneinsatz der Geldpolitik und den Endzielen aufweist.

Die Deutsche Bundesbank entschied sich in diesem Zusammenhang für eine spezifische Definition der Zentralbankgeldmenge, die aus Bargeldumlauf und Mindestreservesoll zu konstanten Reservesätzen bestand. Seit 1988 steuert sie das weite Geldmengenaggregat M3. Im Konzept der "autorités monétaires" wurde bis 1990 das engere Geldmengenaggregat M2 gesteuert. Diese Größe verlor durch die Finanzinnovationen an Aussagekraft, so daß die Banque de France 1991 dazu überging, die weiter gefaßte Geldmenge M3 als monetäres Zwischenziel zu verwenden. Die Geldmenge hat für beide Zentralbanken im Geldangebotsprozeß eine doppelte Funktion. Einerseits spiegelt sie die letzte Verantwortung der Notenbank für den Geld- und Kreditschöpfungsprozeß wider, andererseits dient sie als Kontrollinstrument, wobei sich jedoch ihre Veränderungen nur durch ein indirekt wirksames Zweistufenverfahren kontrollieren lassen. Beide Zentralbanken müssen demzufolge die Geldmarktbedingungen und die Konditionen an den nachgelagerten Kredit- und Kapitalmärkten mit zins- und liquiditätspolitischen Mitteln derart aktiv gestalten, daß sie auf längere Sicht das Kreditangebot der Banken und die Geld- und Kreditnachfrage der Wirtschaft zielkonform beeinflussen.

Sowohl die Bundesbank als auch die Banque de France haben keinen Zweifel daran gelassen, daß sie die Geldmenge nicht völlig unabhängig von den Entscheidungen der Banken und Nichtbanken steuern können; dies gilt zumindest auf kurze Sicht und für den direkten Einfluß beider Notenbanken. Eine direkte Steuerung des jeweiligen Geldmengenaggregats ist vor allem deswegen nicht möglich, weil kreditpolitische Maßnahmen immer zuerst die Bankenliquidität verändern; ob es zu der von der Notenbank gewünschten Veränderung der Geldmenge kommt, hängt letztendlich von der Unterstützung durch die Zinspolitik ab. Es ist daher nur konsequent, wenn die

Bundesbank und die Banque de France neben der Geldmenge auch die Bankenliquidität sowie die Zinssätze als weitere Steuergröße zu beeinflussen suchen.

Damit betreibt man weder in Deutschland noch in Frankreich eine reine Geldmengenpolitik nach monetaristischer Vorstellung, sondern versucht, indirekt über die Steuerung des Geldmarktes das angestrebte Wachstum der Geldmenge zu erreichen. Die Geldmarktpolitik in beiden Ländern ist dabei auf den Interbankensatz, d.h. den Tagesgeldsatz gerichtet. Bockelman schreibt hierzu:

> "Der Einfluß, den die Notenbank durch die Herrschaft über den Geldmarkt besitzt, ist stark genug, um die monetäre Entwicklung entscheidend zu beeinflussen, wenn auch dabei an die Präzision keine zu hohen Anforderungen gestellt werden dürfen. Dem muß die Notenbank bei ihrer Zielvorgabe Rechnung tragen."[1)]

Beide Notenbanken versuchen im Rahmen ihrer Geldmarktsteuerung den Geldmarktsatz in dem von den offiziellen Notenbankzinssätzen gebildeten Band zu halten und über Geldmarktoperationen eine Feinsteuerung vorzunehmen. Abschließend kann demnach festgehalten werden: Die bisherige Analyse der geldpolitischen Konzeption der Banque de France und der Deutschen Bundesbank hat deutlich gezeigt, wie ähnlich sich beide geworden sind.

---

1) Bockelmann (1984), S. 80; ebenso für die Banque de France Icard (1988), S. 152.

IV. Die geldpolitischen Instrumente der beiden Notenbanken

Nachdem im vorangehenden Teil der Arbeit die geldpolitische Konzeptionen in Deutschland und Frankreich analysiert wurde, steht im Mittelpunkt des nun folgenden Abschnitts die Frage, welche geldpolitischen Instrumente die Banque de France und die Bundesbank einsetzen, um das Geldmengenwachstum zu kontrollieren. Dabei bedingte der dargestellte Konzeptionswechsel in beiden Ländern einen Wandel in der Bedeutung und Dominanz der geldpolitischen Instrumente.[1)]

Beiden Zentralbanken steht ein umfangreiches Arsenal zins- und liquiditätspolitischer Instrumente zur Verfügung. Die Bundesbank beschränkt sich hierbei seit jeher auf den Einsatz marktkonformer Instrumente; eine direkte Beeinflussung des Wettbewerbsprozesses im finanziellen Sektor wie administrativ festgelegte Zinssätze oder Kreditplafondierung gibt es nicht. Vielmehr versucht sie, durch eine flexible Kombination zins- und liquiditätspolitischer Maßnahmen indirekt Einfluß auf das Kreditangebot der Banken und die Geld- und Kreditnachfrage der Wirtschaft zu nehmen. Demgegenüber hat die Banque de France bis 1985 im wesentlichen über direkte Kreditkontrollen das Geldmengenwachstum gesteuert. Mit der direkten Kreditkontingentierung ("encardrement du crédit") stand ihr ein wirkungsvolles Instrument zur Verfügung. Aufgrund der grundlegenden Reformen des finanziellen Sektors und der damit verbundenen Neuorientierung in der geldpolitischen Konzeption war eine Umgestaltung der geldpolitischen Instrumente unerläßlich. Die administrativen geldpolitischen Instrumente verloren an Durchschlagkraft und wurden obsolet, die Effizienz anderer Instrumente, die über die Einflußnahme auf die Marktverhältnisse wirken, nahm dagegen zu. Hierzu hat auch die Internationalisierung der Geld- und Kapitalmärkte beigetragen. Die administrativen Instrumente bewirkten eine Diskriminierung der französischen Finanzmärkte. Dies führte zu Ausweichreaktionen, die vom veränderten internationalen Umfeld wesentlich erleichtert wurden. Dadurch verringerte sich die Wirksamkeit solcher Instrumente und stellte ihren Einsatz grundsätzlich in Frage. Auf die Ausgestaltung und Funktionsweise der einzelnen Instrumente in beiden Ländern wird nunmehr eingegangen.[2)]

---

1) Auf den theoretischen Zusammenhang zwischen geldpolitischer Konzeption und Instrumenten soll hier nicht eingegangen werden. Beckh kommt für Deutschland zu dem Ergebnis, daß der Übergang zur Geldmengensteuerung nicht zwangsläufig mit einer völligen Neuordnung des Instrumentariums verbunden sein mußte, "wenn die Notenbank die Geldmenge entweder nur auf mittlere Sicht stetig oder-wie zuvor die Bankenliquidität und den Zins - diskretionär steuern wollte." Beckh (1990), S. 29.

2) Es geht hier nicht darum, das Instrumentarium der Geldpolitik auf seine Wirksamkeit und Funktionsfähigkeit zu überprüfen. Vielmehr bildet die beschreibende Analyse der geldpolitischen Instrumente eine notwendige Ergänzung zur Analyse der geldpolitischen Konzeption beider Notenbanken.

1. Die Mindestreservepolitik

Die Mindestreserven sind in Deutschland und Frankreich (système des réserves obligatoires) seit langem ein integraler Bestandteil des monetären Steuerungssystems. Im folgenden soll deshalb die Rolle der Mindestreserven im Rahmen der geldpolitischen Konzeption der Banque de France und der Deutschen Bundesbank untersucht werden. Zuvor jedoch werden ihre wesentlichen Merkmale dargestellt.[1)]

Hinsichtlich ihrer konkreten Ausgestaltung gibt es zwar Unterschiede, und bei verschiedenen Anlässen wurden die jeweiligen Reservebestimmungen an die sich ständig wandelnden Bedingungen des Finanzsystems angepaßt, gleichwohl haben beide Notenbanken keinen Anlaß gesehen, ihre Banken generell von der Mindestreservepflicht zu befreien. Die Modifikationen der jeweiligen Reservebestimmungen waren letztlich dazu bestimmt, die Funktionsfähigkeit und Wirksamkeit des Pflichtreservesystems zu sichern. So wurden in Frankreich die Mindestreservebestimmungen auf bisher nicht erfaßte Institutsgruppen ausgedehnt, um das Bankensystem als Ganzes stärker an die Zentralbank zu binden und damit die Voraussetzungen für eine effiziente Geldpolitik zu verbessern. In Deutschland wurden im Mai 1986 erstmals die von den Banken emittierten Inhaberschuldverschreibungen mit einer Restlaufzeit von zwei Jahren der Mindestreserve unterworfen[2)].

Die Mindestreserve umfaßt in beiden Ländern sämtliche Maßnahmen zur Steuerung der Pflichtguthaben, welche die Kreditinstitute bei der jeweiligen Notenbank zu halten haben. Ihre Höhe ist von den anzuwendenden Mindestreservesätzen ebenso abhängig wie von der jeweiligen Bemessungsgrundlage. Als solche gelten die von den Kreditinstituten eingegangenen Verbindlichkeiten auf Sicht-, Spar- und Termineinlagen sowie aus anderen kurzfristig aufgenommenen Geldern[3)]. Damit unterliegen die

---

1) Eine kurze Beschreibung der Entwicklung und Neuregelung des französischen Mindestreservesystems enthält die Note d'information N° 77 der Banque de France vom April 1988.

2) Gleichzeitig wurden damit die reservepolitischen Voraussetzungen für die Emission von auf D-Mark lautenden "Certificates of Deposit" geschaffen. Insgesamt zielte die Reform darauf ab, den Anreiz zur Umgehung der Reservepflicht über die "Mindestreserve-Freihäfen" der Euromärkte zu vermindern. vgl. Friedmann (1988), S. 81.

3) Hierunter fallen in Deutschland Namensschuldverschreibungen mit einer Befristung von weniger als vier Jahren und die weiter oben genannten Inhaberschuldverschreibungen mit einer Befristung von weniger als zwei Jahren. Bei den Depositen sind alle Sicht- sowie Spar- und Termineinlagen mit einer Laufzeit von bis zu vier Jahren betroffen; in Frankreich sind es zwei Jahre. Desweiteren sind eine Reihe von Spareinlagen von der Mindestreserve befreit. vgl. hierzu Banque de France, Note d'information N° 77 (1988), S. 7.

Banken in Deutschland und Frankreich einer Passivmindestreserve.[1] Ihre Gültigkeit erstreckt sich auf die Einlagen, die von Nichtbanken und von nichtreservepflichtigen Kreditinstituten gehalten werden. Interbankverbindlichkeiten sind, soweit die Kreditinstitute selbst der Reservepflicht unterliegen, von der Mindestreserve befreit.

Beide Notenbanken differenzieren die Mindestreservesätze nach Art, Umfang und Herkunft der Verbindlichkeiten; sie steigen mit zunehmendem Liquiditätsgrad.[2] Zur Abwehr von Auslandsgeldzuflüssen können beide Notenbanken für Verbindlichkeiten gegenüber Gebietsfremden besondere, höhere Mindestreservesätze bis zu 100 % festsetzen.[3] Die Differenzierung nach dem Umfang der Verbindlichkeiten erfolgt in Deutschland durch das Progressionsstaffelverfahren.

Folgende Progressionsklassen sind zu unterscheiden:

- bis 10 Mio. DM (Reserveklasse 1)
- von 10 bis 100 Mio. (Reserveklasse 2)
- ab 100 Mio. DM (Reserveklasse 3).

Die einzelnen Reserveklassen können mit unterschiedlichen Reservesätzen belegt werden.[4] Zur Zeit findet dieses Verfahren nur noch bei den Sichteinlagen gegenüber Inländern Anwendung. Mit Wirkung vom 1. März 1993 wurden die Reservesätze für befristete Verbindlichkeiten und Spareinlagen von 4,95% bzw. 4,15% auf einheitlich 2% gesenkt.[5] Die Banque de France hatte bereits am 16. Mai 1992 die Mindestreserven beträchtlich herabgesetzt.[6] Der einheitliche Reservesatz für Termin- und

---

1) Ende 1984 ist in Frankreich das System der Kreditplafondierung formell abgeschafft und durch eine am Kreditvolumen orientierte Mindestreservepflicht ersetzt worden. Bis zu einer bestimmten Grenze verlief die Mindestreserve proportional zum Kreditvolumen, wurde dann aber stark progressiv. Seit 1987 bezieht sich die Mindestreserve nur noch auf die Sichtverbindlichkeiten der Banken. vgl. Flouzat (1990), S. 260.

2) vgl. hierzu Deutsche Bundesbank, Sonderdrucke Nr. 7 (1989), S. 58f. sowie Banque de France, Bulletin Trimestriel N° 76 (1990), S. 33ff.

3) Fremdwährungseinlagen sind in Frankreich zur Zeit nicht mindestreservepflichtig. In Deutschland sind Fremdwährungseinlagen von Gebietsfremden praktisch von der Mindestreserve ausgenommen worden. vgl. Deutsche Bundesbank (1990), Monatsbericht Nr. 3, S. 27.

4) Die nicht überschreitbare gesetzliche Höchstgrenze beträgt für Sichteinlagen 30 v.H., für Termineinlagen 20 v.H. und für Spareinlagen 10 v.H. vgl. Deutsche Bundesbank (1989), Sonderdrucke Nr. 7, S. 61.

5) vgl. Deutsche Bundesbank (1992), Geschäftsbericht, S. 59.

6) "Par ailleurs, les réserves obligatoires ont été considérablement allégées afin de réduire le coût des financements bancaires." Banque de France (1992), Compte rendu, S. 35. Siehe auch Teil V.1.2.4 der Arbeit.

Spareinlagen wurde von 2% auf 1% gesenkt. Der "coefficient des réserves sur les dépôts à vue a été fixé à 1% (au lieu de 4,1% précédemment)."[1]Im folgenden soll nun das Instrument der Mindestreserve auf Liquiditäts- und Zinswirkungen untersucht werden.

Nach Ansicht der Bundesbank und der Banque de France hat dieses Instrument zwei liquiditätspolitische Aspekte. Es schafft zum einen bei gegebenen Reservesätzen für die Kreditinstitute einen Bedarf an Zentralbankgeld, dessen Höhe vom Wachstum der reservepflichtigen Verbindlichkeiten abhängt. Dieser mit der Zunahme der reservepflichtigen Verbindlichkeiten der Banken einhergehende Zentralbankgeldbedarf für die Bedienung des wachsenden Reserve-Solls ist zusammen mit dem Anstieg des Bargeldumlaufs der Ansatzpunkt, mit dem die Zentralbank die Geldschöpfung der Banken kontrollieren kann.[2] Der andere liquiditäspolitische Aspekt besteht in der Möglichkeit,

> "durch Veränderungen der Reservesätze das Ausmaß der dauerhaften Zentralbankgeldschaffung oder den Umfang der ungenutzten Refinanzierungslinien der Banken zu korrigieren".[3]

Durch die Mindestreservepflicht wird eine künstliche Nachfrage nach Zentralbankgeld geschaffen; die Kreditinstitute sind dadurch stärker an die Notenbank gebunden. Dieses Argument hat zum Teil noch an Bedeutung gewonnen,

> "weil technologische Fortentwicklungen im Zahlungsverkehr zu Einsparungen bei der Bargeldhaltung des Publikums oder zu Rationalisierungsmöglichkeiten bei der Liquiditätshaltung der Kreditinstitute führten oder jedenfalls im weiteren Verlaufe dazu führen könnten."[4]

Da durch Mindestreservesatzänderungen Zentralbankguthaben unmittelbar gebunden oder freigesetzt werden, können mit Hilfe der Mindestreservepolitik Vorgänge, mit denen eine Schaffung oder Vernichtung von Zentralbankgeld verbunden ist, wie z.B. Devisenbewegungen, ganz oder teilweise ausgeglichen werden.[5]

---

1) Banque de France (1991), Compte rendu, S. 27. Eine Reserveklassendifferenzierung gibt es in Frankreich nicht.

2) vgl. Deutsche Bundesbank (1989) Sonderdrucke Nr 7, S. 65; Banque de France (1990), Bulletin Trimestriel N° 76, S. 34ff.

3) Deutsche Bundesbank (1989), Sonderdrucke Nr. 7, S. 60; ebenso Banque de France (1988), Note d'information N° 77, S. 5.

4) Deutsche Bundesbank (1990), Monatsbericht Nr. 3, S. 26.

5) vgl. Patat (1987b), S. 48.

Die Funktion, den monetären Expansionsraum der Banken zu begrenzen, ist auf längere Sicht von Bedeutung. Neben dieser liquiditätspolitischen Bedeutung der Mindestreservepolitik ist ein weiterer Aspekt zu berücksichtigen. Auf kurze Sicht fungiert die Mindestreserve als Liquiditätspuffer.[1] Dadurch nämlich, daß das Reserve-Soll nur im Monatsdurchschnitt einzuhalten ist, können die Banken ihre Pflichtguthaben als "working balances" nutzen. Sie sind bei diesem "lagged reserve accounting system" kaum gezwungen, nennenswerte (unverzinsliche) Überschußguthaben zu unterhalten, zumal auch der Bargeldbedarf des Publikums kurzfristig recht genau prognostizierbar ist.[2]

Neben diesen Liquiditätseffekten gehen von Mindestreservesatzänderungen jedoch auch Zinswirkungen aus, welche dadurch entstehen, daß - wegen der Unverzinslichkeit der Mindestreserveguthaben - jede Erhöhung der Reservesätze in einem ersten Schritt zu einer Minderung der Bankenrentabilität führt, weshalb die Banken versuchen werden, diese Belastungen an ihre Kunden weiterzugeben. Hierbei ist eine "Überwälzung" auf die Soll-Zinsen im Kreditgeschäft einfacher als eine "Überwälzung" im Einlagengeschäft in Form niedrigerer Haben-Zinsen, bei denen ein größerer Konkurrenzdruck der Banken untereinander besteht.[3]

Insgesamt kann festgehalten werden, daß durch den Einsatz des Mindestreserveinstruments von der Banque de France und der Deutschen Bundesbank sowohl liquiditäts- als auch zinspolitische Wirkungen induziert werden, die sowohl direkt als auch indirekt (über Zinseffekte) Einfluß auf das Kreditvergabeverhalten der Banken nehmen. Während die Bundesbank nach 1982 weitgehend darauf verzichtete,[4] die Mindestreservesätze zu variieren, wurden in Frankreich die Reservesätze auch in den letzten Jahren häufig verändert, um die Geldpolitik zu verschärfen oder zu lockern. So wurde z.B. eine Mindestreserveerhöhung vor allem dann beschlossen, wenn die interne Situation eine restriktive Geldpolitik erforderlich machte, eine Anhebung der Geldmarktsätze und daraus resultierende Aufwertungstendenzen des Franc aber ver-

---

1) Eine Analyse der funktionellen Bedeutung der Mindestreserve innerhalb der Konzeption der Bundesbank findet sich bei Friedmann (1988), S. 79ff; für die Banque de France vgl. hierzu Patat (1987b), S. 4ff.

2) vgl. Schlesinger (1988a), S. 12.

3) vgl. Deutsche Bundesbank (1989), Sonderdrucke Nr. 7, S. 66; Banque de France (1990), Bulletin Trimestriel N° 76, S. 37.

4) Die letzte erhebliche Senkung der Mindestreserven für Termin- und Spareinlagen auf einheitlich 2% erfolgte - wie bereits erwähnt - im März 1993. Diese "substantielle Senkung der Mindestreserven" wurde durch die Modifikation des liquiditätspolitischen Instrumentariums möglich. Mit dieser Maßnahme sollen Wettbewerbsnachteile im internationalen Bankenwettbewerb gemildert werden. "Eine Änderung in der grundsätzlichen Haltung der Bundesbank zur Mindestreserve war damit nicht verbunden." Deutsche Bundesbank (1992), Geschäftsbericht, S. 59.

mieden werden sollten. Die Banque de France nutzt das Instrument der Mindestreserve somit auch dazu, aktiv auf die inländische Geldschöpfung einzuwirken, ohne damit die Stabilität des Wechselkurses zu gefährden.[1)]

2. Die Refinanzierungspolitik durch Diskont- und Lombardkredit

Mit dem Begriff der Refinanzierungspolitik wird in Deutschland die Kreditgewährung der Notenbank an die Banken im Wege des Ankaufs von Wechseln (Rediskontkredit) und die Beleihung von Wertpapieren (Lombardkredit) bezeichnet.[2)] Die Aktionsparameter der Zentralbank sind bei diesen Instrumenten einmal die Zinssätze und zum anderen die Möglichkeit einer quantitativen und qualitativen Begrenzung der Refinanzierung. Explizit rechnet die Bundesbank zur Refinanzierungspolitik nur die Kreditgewährung über den Diskont- und Lombardkredit. Die Wertpapierpensionsgeschäfte weist sie dagegen dem Offenmarktinstrumentarium zu.[3)] Diese Grenzziehung der Bundesbank ist allerdings nicht eindeutig.[4)] Gleichwohl werden, der Bundesbank folgend, die Wertpapierpensionsgeschäfte im weiteren Verlauf der Arbeit der Offenmarktpolitik zugerechnet.

Im Gegensatz zu Deutschland spielt die Refinanzierungspolitik in Frankreich schon lange keine besondere Rolle mehr.[5)] Die Refinanzierung vollzieht sich hier durch die sog. "appels d'offres" und die "pensions de cinq à dix jours". Sie werden in der französischen Literatur dem Offenmarktinstrumentarium zugeordnet. Die Lombardpolitik war seit jeher kein gebräuchliches Instrument der französischen Geldpolitik. Mit der Abschaffung der Rediskontkontingente 1972 verlor auch die Rediskontpolitik weiter an Bedeutung. Als Ausnahme hiervon kann die Rediskontierung von bestimmten Exportfinanzierungswechseln zu privilegierten Konditionen im Rahmen einer selektiven Kreditpolitik angesehen werden. Es handelte sich dabei u.a. um Forderungen aus Exportgeschäften mit Ländern außerhalb der Europäischen Gemeinschaft. Seit 1986 ist die traditionelle Refinanzierungspolitik in Frankreich faktisch ohne Bedeutung.[6)]

---

1) vgl. Banque de France (1990), Bulletin Trimestriel N° 76, S. 40.

2) vgl. Deutsche Bundesbank (1993), Sonderdrucke Nr. 7, S. 52.

3) vgl. Deutsche Bundesbank (1989), Geschäftsbericht, S. 85; dies. Sonderdrucke Nr. 7, S. 52.

4) Nach Wagenmann sind die Wertpapierpensionsgeschäfte wohl eher dem Refinanzierungsinstrumentarium zuzuordnen. vgl. Wagenmann (1991), S. 9 und 31f.

5) Zu einer ausführlichen Darstellung der in der Vergangenheit praktizierten Refinanzierungspolitik in Frankreich siehe Flouzat (1990), S. 225ff.

6) vgl. Flouzart (1990), S. 228f.

Demgegenüber wird die Diskont- und Lombardpolitik in Deutschland nach wie vor "zur Beeinflussung des Geldumlaufs und der Kreditgewährung"[1)] eingesetzt. Im Rahmen der pretialen Refinanzierungspolitik variiert die Bundesbank den Diskont- und Lombardsatz und verändert damit die Kosten des Zentralbankkredits für die Kreditinstitute. Folglich ist der Zins im geldpolitischen Konzept der Bundesbank eine kreditpolitische Steuergröße, was im völligen Gegensatz zur monetaristischen Auffassung steht, von der eine Mengenpolitik propagiert wird, in der der Zins das Ergebnis einer Geldmengensteuerung ist. In der geldpolitischen Konzeption der Bundesbank sind eben

> "Zinspolitik und Geldmengenpolitik ... keinesfalls eine Alternative, sondern wichtige Bestandteile eines einheitlichen kreditpolitischen Konzeptes".[2)]

Somit wird deutlich, daß die Bundesbank, wenn sie die Geldmenge steuern will, auch die Zinssätze variiert.

Wie oben bereits erwähnt, stehen der Zentralbank neben einer Zinsvariation weitere Aktionsparameter zur Verfügung. Im Rahmen der quantitativen Rediskontpolitik bestimmt die Bundesbank das Volumen, innerhalb dessen sich die Kreditinstitute bei ihr refinanzieren können.[3)] Der Gesamtrahmen der Rediskontkontingente wird vom Zentralbankrat nach kreditpolitischen Intentionen festgelegt. Die Kontingente richten sich nach den haftenden Mitteln eines Kreditinstituts und gelten jeweils für ein Jahr.[4)] Da der Diskontkredit die kostengünstigste Quelle für Zentralbankgeld ist, ist sein Auslastungsgrad entsprechend hoch. Die Kontingente sind zu 95 % v.H. beanprucht. Ein wesentlicher Teil des Grundbedarfs an Zentralbankgeld wird auf diese Weise bereitgestellt. Faktisch ist die Deutsche Bundesbank mit ihrem Rediskontkredit längst zu einem "lender of first resort" geworden. Allerdings ist in den letzten Jahren ein deutlicher Rückgang des Anteils der Wechselkredite an der gesamten Zentralbankgeldbereitstellung von 87 % v.H (1979) auf 40,7 % v.H. (1990) festzustellen.[5)]

---

1) Deutsche Bundesbank (1983), Sonderdrucke Nr. 7, Gesetz über die Deutsche Bundesbank S. 105, § 15.

2) Köhler (1978), S. 1-4.

3) Qualitative Rediskontpolitik betreibt die Bundesbank nur noch in Einzelfällen. vgl. Wagenmann (1991), S. 35ff.

4) vgl. auch zu Einzelheiten der Festlegung der Rediskontkontingente: Wagenmann (1991), S. 41f.

5) vgl. Richter (1992), S. 40.

Insgesamt betrachtet stellt der Diskontkredit ein dauerhaftes Angebot der Zentralbank an die Banken dar. Sie haben faktisch ein Recht auf diese Refinanzierungsquelle. Der Aktionsparameter der Kreditinstitute ist der Auslastungsgrad der Rediskontkontingente. Dieser hängt von den vorhandenen Wechselbeständen, den mit der Diskontierung verbundenen Kosten sowie den Kosten einer alternativen Refinanzierung für einen unabweisbaren Bedarf an Zentralbankgeld ab.

Im Gegensatz hierzu sollen Lombardkredite

> "grundsätzlich nur gewährt werden, wenn es sich um die kurzfristige Überbrückung eines vorübergehenden Liquiditätsbedürfnisses handelt und die Lombardkreditaufnahme nach Umfang und Dauer angemessen und vertretbar erscheint ... ."[1)]

Der Lombardkredit hat somit die Funktion eines "Notventils" am Geldmarkt, durch das sich die Kreditinstitute gleichsam "Tagesgeld" von der Bundesbank leihen, um einen kurzfristigen und unter Umständen unerwarteten Spitzenbedarf an Zentralbankgeld zu befriedigen.[2)] Für den Lombardkredit gibt es in der Regel keine Obergrenze. Gleichwohl kann die Bundesbank die Gewährung von Lombardkrediten aus kreditpolitischen Gründen jederzeit allgemein begrenzen oder ganz einstellen. Um bei einer restriktiven Geldpolitik übermäßige Spannungen am Geldmarkt auszugleichen, kann die Bundesbank den Banken Lombardkredit zu einem Sonderlombardsatz (Sonderlombardkredit) zur Verfügung stellen. Im Unterschied zum "normalen" Lombardkredit können seine Konditionen täglich variiert werden - bis hin zur vollständigen Einstellung und Rückrufung laufender Kredite.

Die obigen Ausführungen haben gezeigt, daß die Refinanzierungskomponente in Deutschland eine wichtige Rolle spielt. Gleichwohl kam es in den letzten Jahren auch hier zu einer Verschiebung in den Komponenten der Zentralbankgeldversorgung, die gleichzeitig den Instrumenteneinsatz erheblich tangierte. Die "Offenmarktgeschäfte mit Rückkaufsvereinbarung" haben stark an Bedeutung gewonnen.

---

1) Deutsche Bundesbank (1989), Geschäftsbericht, S. 84; Der Lombardsatz lag bisher stets über dem Diskontsatz. "Dies verdeutlicht den Ausnahmecharakter des Lombardkredits". Deutsche Bundesbank (1989), Sonderdrucke Nr. 7, S. 52.

2) vgl. Deutsche Bundesbank (1990), Monatsbericht Nr. 1, S. 27; Zur Rolle der Refinanzierungspolitik in der geldpolitischen Konzeption der Bundesbank siehe auch Thomas (1988), S. 109-127.

3. Die Offenmarktpolitik

Im folgenden soll mit der Offenmarktpolitik ein weiteres wichtiges Instrument der geldpolitischen Steuerung untersucht werden. Dazu wird die Ausgestaltung der Offenmarktpolitik in beiden Ländern analysiert, wobei die einzelnen Maßnahmen auf ihre Zins- und Liquiditätswirkung untersucht werden sollen. Um eine bessere Übersicht zu gewährleisten werden beide Länder getrennt behandelt.

3.1 Die Offenmarktpolitik der Deutschen Bundesbank

In einer weiten Abgrenzung lassen sich folgende Geschäfte der Offenmarktpolitik zurechnen: An- und Verkauf von Mobilisierungs- und Liquiditätspapieren, Ankauf von Privatdiskonten, An- und Verkauf von Anleihen, Wechselpensionsgeschäfte sowie Wertpapierpensionsgeschäfte. Letztere spielen die mit Abstand wichtigste Rolle. Die traditionelle Offenmarktpolitik mit Schatzwechseln und U-Schätzen hat heute lediglich eine geringe Bedeutung.[1)]

Die Pensionsgeschäfte lassen sich in zwei Kategorien aufteilen: Wertpapierpensionsgeschäfte und andere reversible Ausgleichspositionen. Bei letzteren handelt es sich um Devisenswapgeschäfte, Devisenpensionsgeschäfte, Wechselpensionsgeschäfte, Schnelltender und die Einlagenpolitik nach § 17 BBankG. Die beiden Kategorien unterscheiden sich dabei grundsätzlich durch ihre Laufzeit, ihr Volumen und damit auch in der mit ihnen verfolgten Zielsetzung. Die Ausgestaltung und geldpolitische Bedeutung dieser Instrumente wird in den folgenden Abschnitten näher untersucht.

3.1.1 Die Wertpapierpensionsgeschäfte

Seit 1979 hat die Bundesbank den Schwerpunkt ihres Instrumenteneinsatzes verlagert und wendet zur Steuerung der Bankenliquidität verstärkt neue Formen der Offenmarktpolitik an. Sie entwickelte 1979 die Offenmarktgeschäfte mit Rückkaufsvereinbarung über lombardfähige festverzinsliche Wertpapiere, nachdem sie schon 1973 solche Pensionsgeschäfte über inländische Wechsel abgeschlossen hatte. Die Wertpapierpensionsgeschäfte entwickelten sich schnell zu einem Instrument der dauerhaften Zentralbankgeldbereitstellung. Der Gesamtumfang belief sich 1991 auf 145,1 Mrd

---

1) Um ein unerwünschtes Absinken des Tagesgeldsatzes zu vermeiden, bietet die Bundesbank den Banken Schatzwechsel ohne Rückgaberecht (N-Papiere) mit einer dreitägigen Laufzeit an.

DM. Im Ergebnis "hat diese Form der flexiblen Offenmarktpolitik mittlerweile die dominierende Rolle in der Zentralbankgeldbereitstellung übernommen."[1)]

In der geldpolitischen Konzeption der Bundesbank waren die Wertpapierpensionsgeschäfte einem Wandel unterworfen. Ursprünglich dienten sie als Zwischenfinanzierung eines Zentralbankgeldbedarfs, dessen Charakter - vorübergehend oder dauerhaft - für die Notenbank noch nicht erkennbar war. Handelte es sich um einen dauerhaften Bedarf, so wurde diese Zwischenfinanzierung z.B. mittels Reservesatzsenkung konsolidiert. Ferner dienten die Wertpapierpensionsgeschäfte der Sterilisation von Liquiditätseffekten, die durch Devisenzuflüsse verursacht wurden.[2)] Aus der Vorfinanzierung eines Zentralbankgeldbedarfs wurde ab 1985 eine Dauerfinanzierung des Bankensystems. Die Bundesbank erhöhte die Anzahl der Pensionsgeschäfte und bot den Banken im Durchschnitt zwei bis drei Geschäfte pro Monat an. Auslaufende Wertpapierpensionsgeschäfte wurden verlängert, u.U. zu geänderten Bedingungen. Auch bezüglich der Fristen ist die Bundesbank variabler geworden. Sie bietet Pensionsgeschäfte in Zeiträumen von zwei bis neun Wochen an.

Mit den Pensionsgeschäften steht der Bundesbank ein sehr flexibles Instrument zur Verfügung, um auf temporäre Schwankungen wie z.B. Steuertermine, erhöhte Inanspruchnahme der Kassenkredite sowie zunehmende Barabhebungen reagieren zu können. Darüberhinaus kann sie die Liquiditätswirkungen des Bundesbankgewinns ebenso kompensieren wie diejenigen, welche von Devisenbewegungen ausgelöst werden. Ein weiterer Vorteil ist darin zu sehen, daß die Initiative zum Abschluß der Geschäfte bei der Bundesbank liegt, wobei die Konditionen - Laufzeit, Satzgestaltung und Gesamtbetrag - nach der jeweiligen Liquiditätslage verändert werden können.[3)] Ferner sind solche Geschäfte kurzfristig reversibel. Sie wird somit in die Lage versetzt, die Zentralbankgeldbereitstellung auf die monatlich schwankenden individuellen Liquiditätsbedürfnisse der Banken abzustimmen.[4)]

Die Zinssätze der Pensionsgschäfte haben zwar nicht die breite Signalwirkung wie Diskont- oder Lombardsatzvariationen,[5)] jedoch kann die Bundesbank den Pensionssatz gezielt einsetzen, um in "Trippelschritten" mögliche Zinsgestaltungsspielräu-

---

1) Deutsche Bundesbank (1991), Geschäftsbericht, S. 44. Der Anteil der Wertpapierpensionsgeschäfte an der Gesamtrefinanzierung des Bankensystems nahm auf fast zwei Drittel zu.

2) ebenda. S. 74.

3) vgl. Wagenmann (1991), S. 117ff.

4) vgl. Schlesinger (1988a), S. 13.

5) Gleichwohl haben Änderungen des Pensionssatzes in der Öffentlichkeit dazu geführt, daß diese Maßnahme als eine Neuorientierung bewertet wurde. vgl. Thomas (1988), S. 123.

me auszuloten bzw. die Zinserwartungen in die gewünschte Richtung zu lenken. Auch hier wird deutlich, daß die Bundesbank mit dem Einsatz dieses Instrumentes keine reine Geldmengensteuerung nach monetaristischer Vorstellung betreibt, sondern eine möglichst stetige Zinsentwicklung als ein eigenständiges geldpolitisches Ziel betrachtet.[1] Dies schon deshalb,

> "weil unsere Geld- und Kapitalmärkte für grenzüberschreitende Transaktionen so weit offen stehen wie sonst nirgendwo in der Welt und weil uns auch die weit fortgeschrittene Nutzung der D-Mark als 'ergänzende'Reservewährung an der Devisenflanke sehr verletztlich gemacht hat".[2]

Bei ihrem Angebot an Wertpapierpensionsgeschäften bedient sich heute die Bundesbank dem Ausschreibungsverfahren (Tenderverfahren), das zwei Variationsmöglichkeiten aufweist: der Mengen- und der Zinstender.[3] Sie unterscheiden sich hinsichtlich der Art der Zuteilung und des Zustandekommens des Pensionssatzes. Beim Mengentenderverfahren bietet die Bundsbank den Banken Zentralbankgeld gegen die Pensionierung von Wertpapieren für einen exakt festgelegten Zeitraum und einen festen Zinsatz an. Die Banken geben ihrerseits in ihren Geboten an, in welcher Höhe sie zu diesen Konditionen Wertpapiere zu geben wünschen. Zugeteilt wird nach einer einheitlichen Quote, die sich nach der nachgefragten Menge und dem von der Bundesbank gewünschten Gesamtbetrag richtet. Der besondere Vorteil des Festzinstenders liegt darin begründet, daß die Bundesbank den Geldmarktakteuren Informationen über die von ihr angestrebte Zinsentwicklung zukommen läßt.[4]

Beim Zinstenderverfahren stehen der Bundesbank zwei Versteigerungsverfahren, die holländische und die amerikanische Methode, zur Verfügung. Kündigt die Bundesbank eine Versteigerung nach dem holländischen Verfahren an (dies wurde bis 1987 praktiziert), gibt sie einen Mindestbietungssatz vor, der nicht unterschritten werden darf. Die Zuteilung erfolgt von oben nach unten, beginnend mit dem höchsten Angebot. Die Zuteilung wird ausgesetzt, sobald das angetrebte Volumen erreicht ist. Das Gebot, das gerade noch berücksichtigt werden muß, determiniert den Zins für den gesamten Tender. Alle berücksichtigten Gebote werden zu diesem Einheitszins befriedigt. Voll bedient werden alle Institute, die ihre Angebote zu einem höheren Zinssatz einreichen. Den Einheitszinssatz unterschreitende Gebote gehen leer aus. Diejenigen Institute, die zum tatsächlichen Zinssatz bieten, bekommen, falls nötig,

---

1) vgl. Schlesinger (1976), S. 450.

2) Andreas (1982), S. 8.

3) vgl. zu den folgenden Ausführungen auch Wagenmann (1991), S. 56ff.

4) vgl. Deutsche Bundesbank (1983), Monatsbericht Nr. 6, S. 28.

nur einen Teil der gewünschten Zuteilung. Als Orientierungshilfe gibt die Bundesbank in der Regel einen Mindestbietungssatz an.[1] Beim amerikanischen Verfahren, das die Bundesbank im August 1988 einführte, müssen die Banken demgegenüber ihren gebotenen Zinssatz auch tatsächlich entrichten. Die Zuteilung wird auch hier von oben nach unten erteilt. Sie erfolgt jedoch nicht zu einem einheitlichen Satz, sondern jede Bank wird mit dem von ihr gebotenen Zins in Anspruch genommen. Dieses Vorgehen hat den Vorteil, daß das Gebotsverhalten der Banken in dem Sinne diszipliniert wird, daß sie jetzt damit rechnen müssen, den gebotenen Zins auch tatsächlich bezahlen zu müssen; überhöhte Gebote, um ihre Zuteilung zu sichern, werden somit ausgeschlossen. Die Zuteilungssätze spiegeln jetzt die aktuelle Geldmarktverfassung wider.[2]

3.1.2 Sonstige Offenmarktgeschäfte

Um dem Geldmarkt kurzfristig Zentralbankgeld bereitzustellen, respektive um einer Überliquidisierung entgegenzuwirken, stehen der Bundesbank eine Reihe von reversiblen Offenmarktoperationen zur Verfügung. Ihr Einsatz erfolgt von Fall zu Fall und ihr Volumen ist im Vergleich zu den Wertpapierpensionsgeschäften gering. Sie dienen nicht der dauerhaften Bereitstellung von Zentralbankgeld. Nach Ansicht der Bundesbank stellen sie "... eine besondere Art der Geldmarktsteuerung über den 'Offenen Markt' dar, wie sie den Geldmarktverhältnissen in der Bundesrepublik angemessen erscheinen".[3] Ihnen kommt demzufolge eine Pufferfunktion zu, die dazu dient, unerwünschte Ausschläge der Zentralbankgeldbestände der Kreditinstitute in die eine, wie in die andere Richtung zu verhindern. Sie dienen daher in der geldpolitischen Konzeption der Bundesbank als Instrumente zur Feinsteuerung des Geldmarktes.[4]

(1) Devisenswap- und Devisenpensionsgeschäfte

Seit 1979 dienen diese Geschäfte dem Feintuning des inländischen Geldmarktes. Ähnlich wie ein Pensionsgeschäft zerfällt ein Swapgeschäft in eine Kassa- und eine entgegengerichtete Termintransaktion, wobei der in Rechnung gestellte Swapsatz ein Zinsäquivalent darstellt. Devisenswaps können sowohl restriktiv als auch expansiv eingesetzt werden; tatsächlich erfolgen solche Geschäfte heute überwiegend in expan-

---

1) vgl. Beckh (1990), S. 50.

2) ebenda, S. 50.

3) Deutsche Bundesbank (1989), Sonderdrucke Nr. 7, S. 71.

4) Auf die Wechselpensionsgeschäfte, eine Art Vorläufer der Wertpapierpensionsgeschäfte, wird hier nicht weiter eingegangen. Sie werden seit Frühjahr 1982 von der Bundesbank nicht mehr angeboten. vgl. hierzu z.B. Wagenmann (1991), S. 54.

siver Richtung, während Devisenpensionsgeschäfte ausschließlich zum Zwecke des Liquiditätsentzugs abgeschlossen werden. Hierbei findet kein physischer Austausch statt. Der "Herausgabeanspruch" auf Devisen wird befristet übertragen; die Verbindlichkeiten der Bundesbank aus Pensionsgeschäften nehmen zu, während dem Geschäftsbankensystem entsprechende Liquidität entzogen wird. Devisenswap- und Pensionsgeschäfte sind bezüglich Laufzeit und Transaktionsvolumen ein sehr flexibles Feinsteuerungsinstrument. Hierzu gehört auch der

(2) Schnelltender

Im November 1988 bot die Bundesbank den Kreditinstituten zum ersten Mal diese sehr kurzfristige Liquiditätshilfe an. Die Laufzeit ist auf vier Tage beschränkt. Hiermit werden in erster Linie "geldmarktaktive" Banken angesprochen, die die Liquidität zügig an den Geldmarkt weiterleiten. Dementsprechend ist der Abwicklungszeitraum knapp bemessen. Ankündigung, Gebotsabgabe, Zuteilung und Gutschrift erfolgen innerhalb weniger Stunden.[1)]

(3) Die Einlagenpolitik nach § 17 BBankG verpflichtet den Bund, die Länder sowie die Sondervermögen des Ausgleichfonds und des European Recovery Programm (ERP), ihre flüssigen Mittel zinslos auf Girokonten bei der Bundesbank zu halten. Sie benutzt diese Einlagen in Zeiten der Geldmarktanspannung zur Feinsteuerung, indem sie diese Mittel den Kreditinstituten für kurze Zeit zur Verfügung stellt.[2)]

Mit den dargestellten offenmarktpolitischen Maßnahmen verfügt die Deutsche Bundesbank über sehr flexible Instrumente zur Steuerung der Zufuhr von Zentralbankgeld ins Bankensystem und damit zur Steuerung des Geldmarktes. Im folgenden Abschnitt soll nun geprüft werden, welche Instrumente der Offenmarktpolitik der Banque de France zur Verfügung stehen, um ihrerseits den Geldmarkt in die gewünschte Richtung zu lenken.

---

1) vgl. Issing (1990), S. 91.

2) vgl. Deutsche Bundesbank (1989), Sonderdrucke Nr. 7, S. 72 und 78. Nach Oberhauser ist die sogenannte Einlagenpolitik überhaupt kein geldpolitisches Instrument, sondern ein Störfaktor. vgl. Oberhauser (1969), S. 377ff.

3.2 Die Offenmarktpolitik der Banque de France

Zu den offenmarktpolitischen Instrumenten der Banque de France zählen die sog. offiziellen Verfahren ("procédures officielles"), namentlich die "appels d'offres" und die "pensions de cinq à dix jours". Die Zentralbankgeldversorgung des Bankensystems erfolgt im wesentlichen mit Hilfe dieser Verfahren. Hinzu kommen die Geldmarktgeschäfte ("procédures de marché"). Sie dienen als Instrumente der Feinsteuerung zur kurzfristigen Beeinflussung der Geldmarktbedingungen. Hierbei handelt es sich um direkte Interventionen auf dem Interbankenmarkt sowie um traditionelle Offenmarktgeschäfte mit Schatzwechseln. Hinzu kamen in jüngster Zeit die "opérations d'open market" mittels der neu geschaffenen Geldmarktpapiere.[1]

3.2.1 Die "pensions sur appels d'offres"

Der Großteil der Zentralbankgeldbereitstellung der Banque de France erfolgt über die "appels d'offres". Ursprünglich handelte es sich hierbei um sog. "achats fermes", d.h. die betreffenden Papiere wurden von der Notenbank angekauft. Seit 1986 vollziehen sich diese Geschäfte fast ausschließlich in Form von Wertpapierpensionsgeschäften, in sog. "pensions sur appels d'offres". Den Banken wird nur auf befristete Zeit Zentralbankgeld zur Verfügung gestellt. Gegenüber dem definitiven Ankauf ("achats fermes") hat dies den Vorteil, daß solche Geschäfte reversibel sind. Bei den zugrundeliegenden Wertpapieren handelt es sich in der Regel um Schatzwechsel des Trésor und private Handelswechsel (effets privés).[2] Die Initiative zu diesen Geschäften liegt bei der französischen Notenbank. Die Ausschreibung erfolgt 3 bis 5 mal im Monat bei einer Laufzeit bis zu 3 Wochen.

Die "pensions sur appels d'offres" werden in Form von Wertpapierpensionen nach dem französischen Verfahren ("à la française") durchgeführt. Bei dieser Ausgestaltungsvariante legt die Banque de France zuerst die Laufzeit fest. Die Banken sind ihrerseits aufgefordert, ("appels d'offre" = "Aufrufe zur Abgabe von Geboten") Gebote bezüglich Volumen und Preis abzugeben. Mehrfachgebote einer Bank zu unterschiedlichen Zinssätzen sind dabei zulässig.[3] Die Wahrscheinlichkeit der Zuteilung steigt mit der Höhe der individuellen Gebotssätze. Die Banque de France formuliert wie die Bundesbank interne Mengenvorstellungen, die sie realisieren möchte.

---

1) vgl. Banque de France (1987), Note d'information N° 73(1), S. 7f.

2) Zur Auswahl und Anforderungen an das pensionsfähige Material vgl. Banque de France (1986), S. 57f.

3) vgl. Icard (1987b), S. 698f.

Während aber in Deutschland die Preisfindung unter Beteiligung der Kreditinstitute den Knappheitsverhältnissen des Marktes überlassen wird, setzt die Banque de France den Pensionssatz ("taux des appels d'offres") autonom fest. Sie tritt somit als Preis- und Mengenfixierer auf. Bei der Fixierung des Festsatzes orientiert sie sich sowohl an ihren geldpolitischen Zielvorstellungen als auch an den Zinssätzen des inländischen Geldmarktes und des Euromarktes.[1] Bei diesem Verfahren "à la française" werden alle berücksichtigten Gebote zu dem festgelegten Einheitszinssatz bedient. Das gilt auch für diejenigen Gebote, die über dem kritischen Zinssatz liegen. Gebote, die den von der Notenbank vorgegebenen Zinssatz unterschreiten, erhalten keine Zuteilung.[2] Im Rahmen dieser Geschäfte sind spezielle Makler, die sog. "opérateurs principaux du marché" tätig. Der Vorteil dieses Verfahrens ist darin zu sehen, daß die Banque de France die Möglichkeit einer kombinierten Zins- und Mengenpolitik hat. Sie setzt den Zinssatz administrativ nach ihrer geldpolitischen Intention fest (zinspolitische Komponente). Der Zins dieser Wertpapierpensionsgeschäfte ("taux des appels d'offres") fungiert als eine "harte" untere Grenze für den Interbankensatz und ist somit einer der "taux directeur" der Banque de France. Die mengenpolitische Komponente kommt dadurch zum Ausdruck, daß das Pensionsvolmen und damit die Zentralbankgeldschöpfung von der Banque de France ohne direkte Einflußmöglichkeit der Kreditinstitute bestimmt wird.[3] Dieses Verfahren kommt dem "holländischen" Verfahren der Bundesbank sehr nahe, allerdings mit dem wesentlichen Unterschied, daß der Pensionssatz von der Banque de France festgelegt wird. Begründet wird dies mit der "Leitzinsfunktion" ("principal taux directeur") dieses Zinssatzes.[4]

3.2.2 Die "pensions de 5 à 10 jours"

Die zweite offizielle Kreditfazilität bilden Pensionsgeschäfte mit Rückkaufsvereinbarung bei einer Laufzeit von fünf bis zu zehn Tagen (pensions de 5 à 10 jours), die die Kreditinstitute täglich aus eigener Initiative heraus nutzen können. Der hierfür zu zahlende Zins ("taux des pensions de 5 à 10 jours") wird von der Notenbank festgelegt und kann als "weiche" obere Linie für den Geldmarktsatz angesehen werden. Er ist der zweite "taux directeur" der Banque de France und liegt allgemein 0,5% bis 1% über dem Zins für die "appels d'offres".[5] Eine quantitative Begrenzung gibt es nicht. Auf diese Weise ist eine isolierte Zinspolitik der Banque de France möglich.

---

1) vgl. Hommet (1991), S. 94.

2) vgl. hierzu im einzelnen Icard (1987b), S. 699.

3) vgl. Flouzat (1990), S.238f.

4) ebenda. S. 701.

5) vgl. Mourgues (1990), S.207.

Als Preisfixierer legt sie den Pensionssatz autonom fest und überläßt die mengenmäßige Anpassung vollkommen der Kreditwirtschaft. Gleichwohl wird diese Quelle der Zentralbankgeldversorgung nur in geringem Umfang in Anspruch genommen. So beliefen sich 1992 die Wertpapierpensionsgeschäfte in Form der "pensions de 5 à 10 jours" nur auf 4,6 Mrd. FF, wohingegen die "appels d'offres" 136,5 Mrd. FF. ausmachten.[1]

Ähnlich dem Lombardkredit dienen auch die "pensions de 5 à 10 jours" der Überbrückung kurzfristiger Liquiditätsengpässe der Banken. Während die Banque de France keine quantitative Begrenzung festlegt, hat die Bundesbank in der Vergangenheit hin und wieder von dieser Möglichkeit Gebrauch gemacht und sogenannte Lombardlinien festgelegt. Der Lombardsatz bzw. "taux des pensions de 5 à 10 jours") lag bisher stets über dem Diskontsatz ("taux des appels d'offres"). Dies verdeutlicht den Ausnahmecharakter des Lombardkredits und der Pensionsgeschäfte mit Rückkaufsvereinbarung bei einer Laufzeit von fünf bis zehn Tagen. Beide Zentralbanken setzen diese Instrumente zur flexiblen Geldmarktsteuerung ein. Im Steuerungsverfahren der Banque de France hat der Zinssatz der "pensions de 5 à 10 jours" eine Art Leitzinsfunktion für den Tagesgeldsatz, da die Banken überwiegend darauf angewiesen sind, den Spitzenbedarf an Zentralbankgeld auf diesem Wege zu decken. Demgegenüber hat der Lombardsatz von seiner vorherigen Orientierungsfunktion für den Geldmarkt mit dem verstärkten Vordringen offenmarktpolitischer Elemente in die laufende Geldmarktsteuerung einiges eingebüßt.[2]

3.2.3 Die "procédures du marché"

Diese Geschäfte lassen sich unterteilen in direkte Interventionen am Interbankenmarkt ("mises en pension") während ein oder zwei Tagen und Offenmarktoperationen ("operations d'open market") durch Käufe und Verkäufe ("concours/reprises de liquidité") von Schatzwechseln gegen Kasse.[3] Bei ersteren handelt es sich um eine Art Wertpapierschnelltender zur kurzfristigen Beeinflussung des Geldmarktes. Letztere sind traditionelle Offenmarktgeschäfte mittels "bons du Trésor" seitens der Notenbank auf eigene Rechnung. Seit Juli 1989 tätigt die Banque de France Offenmarktoperationen auch auf dem neu geschaffenen Markt für kurzfristige Titel. Hierzu

---

1) Es handelt sich um Jahresdurchschnittswerte. vgl. Banque de France, Compte rendu d'activité, 1992.

2) Deutsche Bundesbank (1993), Sonderdrucke Nr.7, S. 60. vgl. hierzu auch die jeweiligen Abschnitte zur Geldmarktsteuerung in Deutschland und Frankreich.

3) vgl. Banque de France, La Monnaie en 1989, S. 58.

zählen die bereits angesprochenen Geldmarktpapiere der Banken ("Certificats de Dépôts") und die "bons des sociétés financières". Diese Feinsteuerungsinstrumente kann die Banque de France flexibel dazu einsetzen, temporäre Störungen in der Versorgung der Banken mit Zentralbankgeld und ein "Über"- oder "Unterschießen" der Geldmarktsätze aufzufangen.[1] Zusätzliche reversible Ausgleichsoperationen in Form von Devisen-Swapgeschäften oder Verlagerungen von Kassenmitteln wurden von der französischen Notenbank bisher kaum eingesetzt.

Zusammenfassend läßt sich sagen, daß die Zentralbankgeldversorgung durch die Banque de France fast ausschließlich über die Wertpapierpensionsgeschäfte erfolgt. Hier wiederum sind die "pensions sur appels d'offres" von entscheidender Bedeutung. Die Gesamtfinanzierung des Bankensystems und damit die dauerhafte Bereitstellung von Zentralbankgeld erfolgt nahezu allein auf diesem Weg.[2] Die anderen genannten Instrumente dienen der kurzfristigen Steuerung des Interbankenmarktes. Die klassische Offenmarktpolitik hat in beiden Ländern lediglich eine geringe Bedeutung, zumal auch nur geringe Transaktionen mit langfristigen Papieren am Kapitalmarkt getätigt werden. Im übrigen kommen Offenmarktgeschäften mit Nichtbanken keine wesentliche Rolle zu. Beide Notenbanken intendieren mit dem Einsatz der Offenmarktpolitik in erster Linie keine Mengenwirkung - wie dies monetaristischen Vorstellungen entsprechen würde - sondern Zins- und Liquiditätseffekte.

4. Zusammenfassung

Die geldpolitischen Instrumente sind in Deutschland und Frankreich insofern einander weitgehend angeglichen, als beide Notenbanken nur auf marktwirtschaftliche Steuerungsmaßnahmen zurückgreifen. Insbesondere in Frankreich verloren die administrativ-regulierenden Instrumente durch die Maßnahmen zur Liberalisierung der Geld- und Kapitalmärkte an Durchschlagkraft und wurden somit obsolet; die Effizienz anderer Maßnahmen, die über die indirekte Einflußnahme auf die Marktverhältnisse wirken, nahm entsprechend zu.

Die Analyse der funktionalen Bedeutung der Mindestreservepolitik zeigt, daß dieses Instrument ein integraler Bestandteil des Steuerungskonzepts der Banque de France und der Bundesbank ist. Die Mindestreserve dient beiden Zentralbanken (über die

---

1) vgl. Icard (1987b) S. 700.

2) Auch für die Bundesbank stellt sich die Frage, über welche Quellen die dauerhafte Bereitstellung von Zentralbankgeld in Zukunft erfolgen soll. Diese Frage ist schon deshalb von besonderem Interesse, weil die hauptsächlichen Quellen (insbesondere die Rediskontpolitik) an ihre Grenzen stoßen. vgl. hierzu Wagenmann (1991).

Festlegung der entsprechenden Sätze) als eine "automatische Bremse" für die monetäre Expansion. Die Banque de France hat die Mindestreservepolitik in den letzten Jahren wiederholt eingesetzt, um unerwünschten außenwirtschaftlichen Einflüssen entgegenzuwirken. Demgegenüber kam dieses Instrument in Deutschland kaum noch zur Anwendung, von der erheblichen Senkung der Reservesätze im März 1993 abgesehen.

Die Refinanzierungspolitik (Diskont- und Lombardpolitik) wird nur in Deutschland eingesetzt. In Frankreich erfolgt die Bereitstellung von Zentralbankgeld und damit die geldpolitische Steuerung in erster Linie über Wertpapierpensionsgeschäfte. Auch in Deutschland geht die Entwicklung in diese Richtung. Seit etwa Mitte 1988 sind die Wertpapierpensionsgeschäfte das vom Volumen her wichtigste Refinanzierungsinstrument. Die dargestellten Geldmarktoperationen sind auf den Interbankensatz, d.h. den Tagesgeldsatz, gerichtet. Sowohl die Banque de France als auch die Bundesbank versuchen mit Hilfe ihrer Instrumente über die Beeinflussung der Bankenliquidität und der Zinssätze so auf die Nachfrage nach Zentralbankgeld einzuwirken, daß ihre jeweiligen Geldmengenziele eingehalten werden.

V. Erfahrungen mit Geldmengenzielen in Deutschland und Frankreich

Vor dem Hintergrund der dargelegten geldpolitischen Konzeptionen beider Zentralbanken sollen im letzen Teil dieser Arbeit die praktische Geldmengenpolitik in Deutschland und Frankreich genauer untersucht werden. Die folgenden Ausführungen befassen sich mit den unmittelbaren Resultaten der Geldmengenpolitik beider Ländern. Da die Geldpolitik in Frankreich während der Berichtsperiode im wesentlichen Sache der Regierung war, muß deren jeweilige wirtschaftspolitische Konzeption in die Analyse mit einbezogen werden. Die Untersuchung der Geldpolitik in Frankreich setzt dabei im Jahre 1977 an, da der Kurswechsel in der französischen Geldpolitik unter Raymond Barre eine deutliche Zäsur darstellt. In Deutschland beginnt die Untersuchung mit dem Jahre 1974, da seit dieser Zeit von der Bundesbank ein monetäres Wachstumsziel festgelegt wird.

1. Die praktische Geldmengenpolitik in Frankreich

Die französische Notenbankpolitik hat sich in der Berichtsperiode mehrfach erheblich gewandelt. Dabei kann man, selbst wenn man sehr zurückhaltende Kriterien anlegt, mehrere Unterperioden deutlich unterscheiden. Sie entsprechen im wesentlichen politischen Veränderungen. Dies kann aufgrund der faktischen Abhängigkeit der Banque de France von der Regierung nicht weiter überraschen. Die weisungsgebundene Banque de France ist, wie weiter oben bereits dargelegt, praktisch eine Abteilung des Finanzministeriums, welches die Grundzüge der französichen Geldpolitik festlegt. Dies gilt auch für den ersten Teil der Berichtsperiode, nämlich die Barrsche Geldpolitik.[1)]

1) Die hier vorgenommene Periodisierung folgt weitgehend Besnard/Redon (1987), S. 177-218.

1.1 Die Geldpolitik unter Barre: 1976-1981
1.1.1 La politique monétaire dominante

In der Neuorientierung der Wirtschaftspolitik ab 1976 kam das langsame und teilweise widersprüchliche Eindringen monetaristisch-neoliberaler Vorstellungen bei den regierenden Rechtsparteien zum Ausdruck. Der neu ernannte Premierminister Barre war ein führender Vertreter dieser Richtung. Das von ihm konzipierte Stabilitätsprogramm vom September 1976 brachte eine grundsätzliche Neuformulierung der französischen Wirtschaftspolitik.[1] Viele Elemente einer angebotsorientierten Politik (l'économie de l'offre) tauchen hier zum ersten Mal auf; restriktive Lohnpolitik, Aufhebung der Preiskontrollen, Lockerung der Kapitalverkehrskontrollen, Abbau der Staatsverschuldung etc. Die Bekämpfung der Inflation ("la lutte contre l'inflation") war das erklärte Oberziel der Regierung Barre. Die Geldpolitik wurde zum zentralen Bestandteil der gesamten Wirtschaftspolitik. "La politique monétaire, en s'inscrivant dans une perspective de moyen terme, devenait ainsi l'élément central de la politique économique".[2]

Der Kontrolle des Geldmengenwachstums kam hierbei entscheidende Bedeutung zu. So wurde für das Jahr 1977 zum ersten Male ein explizites Wachstumsziel von der Regierung für die Geldmenge M2 bekanntgegeben.[3] Die allgemeine Festlegung des Geldmengenziels wurde oben schon erörtert. Für den hier zugrundeliegenden Zeitraum gibt Tabelle 2 genauer Aufschluß. Sie zeigt, daß für das Wachstum von M2 eine Folge von abnehmenden Zielgrößen festgelegt wurde.

---

1) Zu den "fondements de la politique économique de Raymond Barre" siehe Montbrial (1984), S. 44ff.

2) Besnard/Redon (1987), S. 188.

3) Die Stabilisierung des Franc-Wechselkurses hatte zunächst den Rang eines Zwischenziels, welches zur Erreichung der inneren Geldwertstabilität beitragen sollte. Eine Abwertung des Franc, um langfristige Wettbewerbsnachteile französischer Unternehmer auszugleichen, wurde von Barre abgelehnt, da dies zu einem Preisauftrieb im Inneren führen würde. Somit hatte die Außenwertstabilität des Franc auch zum Ziel, die französischen Unternehmer zu wettbewerblichem Verhalten anzuregen. vgl. Barre (1980), S. 519.

Diese Zielgrößen sollten dazu dienen, die Entwicklung der Geldmenge am voraussichtlichen Wachstum des Bruttoinlandsproduktes zu orientieren, indem der Wert für das M2-Ziel jeweils unterhalb des vorhergesagten BIP-Wachstums festgelegt wurde.[1)]

Tabelle 2: Die Geldmengenziele und ihre Einflußgrößen

(Veränderungen in % gegenüber Vorjahr)

	1977	1978	1979	1980	1981
M2-Zuwachsziel	12,5	12,0	11,0	11,0	10,0
Prognosewerte des Zuwachses des BIP					
- nominal	13,2	12,6	13,0	11,9	12,3
- real	4,6	4,5	3,6	2,6	1,6
"Unvermeidlicher Preisanstieg"	8,1	7,8	9,1	9,1	10,6
Erzieltes BIP Realwachstum	3,1	3,8	3,3	1,1	0,6
Preisindex des BIP	9,0	9,5	10,5	11,8	11,7

Quelle: Cahier Economique et Monétaire de la Banque de France, No. 27(1986) S. 50

Das Geldmengenwachstum wurde an dem Zuwachs des nominalen BIP ausgerichtet, als dessen Bestandteil man einen "unvermeidbaren Preisanstieg" vorausberechnete. Die "gewünschte Inflationsrate" bertrug von 1977 bis 1980 im Durchschnitt 8,5%. Mit dieser Vorgehensweise wollte man ein überstarkes Abbremsen der monetären Expansion vermeiden, um damit jeden Störfaktor für die sich belebende ökonomische Aktivität auszuschalten.[2)] Dies bedeutete aber eine Relativierung der Antiinflationspolitik durch die willentliche Einbeziehung von Wachstums- und Beschäftigungszielen. Die Kreditplafondierung ("encadrement du crédit") ist spätestens seit der Veröffentlichung von Geldmengenzielen zum wichtigsten geldpolitischen Instrument zur Kontrolle der Geldmenge geworden.[3)] Dieses Instrument, das im Verlauf des "Experiment Barre" ständig weiterentwickelt wurde, war das Schlüsselelement der Geldpolitik und soll deshalb an dieser Stelle kurz erläutert werden.[4)]

---

1) vgl. Besnard/Redon (1987), S. 191f.

2) vgl. Conseil Natonal du Crédit, Rapport annuel (1977), S. 29.

3) "L'encadrement du crédit a donc été la pièce maîtrise du dispositif de réalisation de la norme monétaire." Blondel/Parly (1977), S. 839.

4) Einen guten Überblick über die Kreditplafondierung, deren Anwendung und Probleme, gibt das Buch von Castel/Masse (1983).

Zunächst formulierte die Banque de France Entwicklungshypothesen bezüglich der außenwirtschaftlichen und fiskalischen Komponente der Zentralbankgeldversorgung. Die Schätzwerte zur Geldmenge M2 wurden als gegeben erachtet und dienten als Basis, anhand derer die maximale Zuwachsrate der Bankenkredite bestimmt wurde und entsprechende Koeffizienten für jeden Monat des Jahres festgelegt wurden. Die Kreditplafonds variierten mit der Kategorie der jeweiligen Bank. Im Falle der Überschreitung der Kreditplafonds mußten zusätzliche Mindestreserven ("réserves supplémentaires"), die mit progressiven Sätzen eine scharfe Sanktion darstellten, bei der Banque de France deponiert werden. Nicht ausgeschöpfte Kreditkontingente konnten in das nächste Jahr übertragen oder an andere Banken abgetreten werden.[1] Allerdings waren eine ganze Reihe von Kreditarten nicht von dieser quantitativen Beschränkung betroffen. Die Kreditplafondierung umfaßte folglich auch Elemente einer qualitativen Kreditkontrolle, indem nämlich bestimmte Verwendungszwecke im Rahmen der deplafondierten Kredite bevorzugt wurden. Die Kreditplafondierung war also auch ein wichtiges Instrument der staatlichen Kreditselektion.[2]

Das "encadrement du crédit" wurde vom Jahre 1978 an im Sinne einer Verschärfung weiterentwickelt. Hierbei kam es zwischen 1978 und 1980 zu einer fortschreitenden Reduzierung der Kreditplafonds und zur Reintegration eines Teils der bisher deplafondierten Kredite in das "encadrement du crédit". Im Jahre 1980 waren etwa 90 % der Bankenkredite an die Volkswirtschaft der Kreditplafondierung unterworfen. Allerdings wurde die Kreditnachfrage der öffentlichen Körperschaften durch das "encadrement du crédit" kaum berührt.[3]

Während mit der Kreditplafondierung das Geldmengenwachstum kontrolliert werden sollte, stand die Zinspolitik mit der Schaffung des EWS weitgehend im Dienst der Wechselkurspolitik und wurde folglich von außenwirtschaftlichen Zwängen bestimmt.

---

1) vgl. Flouzat (1990), S. 263ff.

2) Bei den deplafondierten Kreditformen handelte es sich u.a. um Wohnungsbaukredite, Kredite an die Landwirtschaft und Exportkredite.

3) vgl. Conseil National du Crédit, Rapport annuel (1980), S. 86ff.

1.1.2 Die Ergebnisse der Geldmengenpolitik

Als erstes Ergebnis kann festgehalten werden, daß der Regierung Barre eine deutliche Reduzierung der Geldmengenwachstumsrate im Vergleich zu den Vorperioden ebenso gelungen ist wie eine gewisse Stabilisierung der Zuwachsraten im Jahresdurchschnitt ab dem vierten Quartal 1977 auf einem Niveau von etwa 12-13%. Es bleibt jedoch zu untersuchen, inwiefern darüberhinaus die numerischen Zielgrößen für M2 erreicht werden konnten. Hier vermittelt Tabelle 3 einen Überblick. Sie zeigt, daß die angestrebten Zielwerte nur teilweise erreicht wurden.

Tabelle 3: Geldmengenziele und ihre Realisierung im Zeitraum 1977 - 1980 (Veränderungen in % gegenüber Vorjahr)

	1977	1978	1979	1980
Ziel: Wachstum der Geldmenge M2	12,5	12,0	11,0	11,0
Tatsächliche Entwicklung im Verlauf des Jahres	13,9	12,2	14,4	9,8
Inflationsrate	9,4	9,1	10,8	13,6

Quelle: Banque de France (1980), Compte Rendu, Exercice, S. 14.

Es erscheint daher sinnvoll, die betrachtete Berichtsperiode in verschiedene Phasen zu untergliedern, die den Grad der geldpolitischen Restriktivität widerspiegeln. Die erste Phase reicht vom Sommer 1976 bis März 1978. Die Geldpolitik war in diesem Zeitraum relativ restriktiv.[1)] Wie aus Tabelle 3 hervorgeht, lag das Geldmengenwachstum des Jahres 1977 dennoch um 1,4% über der angestrebten Zielgröße von 12,5%. Nach dem Austritt Frankreichs aus der Währungsschlange im März 1976 war die Banque de France bemüht, durch eine Restriktionspolitik den Franc-Wechselkurs zu stabilisieren. Der "Interventionssatz" (taux d'intervention) der Banque de France auf dem Geldmarkt wurde bis auf über 10% angehoben[2)].

---

1) "La politique monétaire n'a été effectivement restrictive que pendant dix-huit mois, de septembre 1976 à mars 1978." Besnard/Redon (1987), S. 193.

2) Der "Interventionssatz" war derjenige Zinssatz, mit dem die Notenbank den Geldmarkt steuerte. Er wurde täglich von ihr fixiert. Er gab dabei den Zinssatz an, zu dem die Banque de France bereit war, den Kreditinstituten Zentralbankgeld zur Verfügung zu stellen.

Im Oktober 1977 geriet der Außenwert des Franc wegen der Ungewißheit über den Ausgang der bevorstehenden Parlamentswahlen abermals unter Druck und führte zu einer erneuten Zinserhöhung. Gleichzeitig wurden aber die geldpolitischen Zügel angesichts der Parlamentswahlen im März 1978 und der damit verbundenen Möglichkeit der Machtübernahme durch die Sozialisten bereits Ende 1977 gelockert.

In der zweiten Phase, die sich von Frühjahr 1978 bis Sommer 1979 erstreckte, beschleunigte sich die monetäre Expansion. Der Anstieg der Arbeitslosigkeit und die Stagnation der Wirtschaftstätigkeit veranlaßten die monetären Instanzen, weniger rigoros vorzugehen. Aufgrund des stabilisierten Außenwertes konnte eine Niedrigzinspolitik betrieben werden, in deren Verlauf der "Interventionssatz" zur Jahreswende 1978/1979 auf Werte um 6,5% sank.[1] Auch die fiskalische und außenwirtschaftliche Komponente der Geldschöpfung nahm zu. Dennoch konnte das vorgesehene Geldmengenwachstum für das Jahr 1978 mit 12,2% nahezu erreicht werden.[2]

Die dritte Periode beginnt im Frühjahr 1979 und ist gekennzeichnet durch eine starke Geldmengenexpansion, ausgelöst durch die starke Kreditnachfrage der Wirtschaft und dies trotz fortschreitender Reintegration deplafondierter Kredite in das "encadrement". Wenn dennoch kein restriktiver geldpolitischer Kurs eingeschlagen wurde, so deshalb, weil ein rückläufiges Wirtschaftswachstum und wachsende Arbeitslosigkeit dies nicht zuließen.[3] Das angestrebte Wachstum der Geldmenge wurde um 2,4 Prozentpunkte verfehlt. Auch die seit Frühjahr 1979 wieder steigenden Geldmarktsätze, die sich - wenn auch zeitverzögert - auf die Darlehenskonditionen übertrugen, dämpften das Kreditwachstum nicht wesentlich. In diesem Zusammenhang ist allerdings darauf hinzuweisen, daß 1979 der Anteil der Kredite, die zu niedrigeren als den Marktsätzen vergeben wurden, bei nahezu 44% des gesamten Kreditvolumens lag.[4]

Auf dem Geldmarkt erhöhte die Banque de France ihren Interventionssatz in Übereinstimmung mit der internationalen Zinsentwicklung schrittweise bis auf über 12% im Dezember 1979. Hierzu beigetragen hat auch der geldpolitische Kurswechsel in den USA, der die Zinsen dort drastisch steigen ließ. Daß sich der Außenwert des französischen Franc 1979 stabilisierte und damit ein zusätzlicher Inflationsimpuls verhindert werden konnte, war nicht zuletzt eine Konsequenz des Anstiegs des französischen Zinsniveaus. Schließlich veranlaßte auch ab 1979 der Zwang, die Parität des Franc im

---

1) vgl. Banque de France, La monnaie en 1979, S. 47f.

2) "En dépit de ces circonstances, le respect de l'objectif, en 1978, est demeuré globalement satisfaisant." Besnard/Redon (1987), S. 194.

3) vgl. Besnard/Redon (1987), S. 194.

4) vgl. Banque de France, La monnaie en 1979, S. 47ff.

neu geschaffenen Europäischen Währungssystem zu halten, die "autorités monétaires" zu verstärkten Stabilitätsbemühungen und mithin zu steigenden Zinsen.[1)]

1980 kam es infolge der zweiten Ölkrise zu einer konjunkturellen Abschwächung, die dazu führte, daß das reale Bruttoinlandsprodukt nur noch 1,1% v.H. stieg und sich die Beschäftigungssituation weiter verschärfte. Die drastische Verteuerung von Rohölprodukten hatte zur Folge, daß sich die Inflationsrate beschleunigte. Demzufolge war das Hauptziel der französischen Geldpolitik im Jahr 1980, den Preisauftrieb zu bremsen, ohne aber durch einen zu restriktiven Kurs die Arbeitsmarktsituation weiter zu verschlechtern.[2)] Das Geldmengenziel für 1980 von 11% v.H. blieb gegenüber 1979 unverändert und wurde anders als im Vorjahr ziemlich exakt eingehalten (siehe Tabelle 3). Die verschärfte Kreditplafondierung - vor allem durch die Einbeziehung von nicht-kontingentierten Krediten-, die Erschöpfung freier Kreditkontingente, ein nach wie vor hohes Zinsniveau und eine deflatorische Finanzierung des Budgetdefizits trugen dazu bei, daß die Zielvorgabe weitgehend erreicht wurde.

Der relative Erfolg bei der Steuerung der monetären Zielgröße hat allerdings nicht zu einem signifikanten Rückgang der Inflation geführt. Sie blieb von 1976 - 1978 auf einem hohen Niveau und stieg in den Jahren 1979 und 1980 auf zuletzt 13,6% an. Insofern waren die ersten Jahre der Geldmengenpolitik nicht sonderlich erfolgreich. Auch die restliche Performance der Makropolitik zeigt insgesamt ein wenig günstiges Bild. Die Arbeitslosenquote stieg Ende 1980 auf über zwei Millionen und das reale Wachstum betrug im gleichen Jahr nur noch 1,1%.[3)] Die künstliche Aufrechterhaltung eines überbewerteten Francs und eine für französische Verhältnisse restriktive Geldpolitik wirkten im Kontext der internationalen Krise kontraproduktiv. Der restriktive geldpolitische Kurs hat dazu beigetragen, "à reduire l'activité et gonflé le chomage, sans empecher la hausse des couts."[4)] Einige Kritiker gehen sogar soweit, die damalige Geldpolitik für die "désindustrialisation" des Landes verantwortlich zu machen.[5)] Der politische Erdrutsch des Frühsommers 1981 ist auch ein Ergebnis dieser Krise. Mit dem Wahlsieg der Sozialisten unter der Führung von Mitterrand im Mai 1981 kam es zu einem fundamentalen Wandel in der französischen Wirtschaftspolitik.

---

1) vgl. Artus/Barroux/Pecha (1986), S. 51f.

2) vgl. Blondel/Parly (1981), S. 749ff.

3) vgl. Banque de France, La monnaie en 1981, S. 2ff.

4) "... die wirtschaftliche Aktivität zu reduzieren, die Arbeitslosigkeit anwachsen zu lassen, ohne eine Kostensteigerung verhindern zu können." Prate (1987), S. 214.

5) vgl. Lefranc (1981) sowie Aglietta,Orlean,Qudiz (1981).

1.2 Die französische Wirtschaftspolitik unter Mitterrand

Auch die Wirtschaftspolitik der Linkskoalition zwischen Sozialisten und Kommunisten hat im Untersuchungszeitraum mehrere Phasen durchlaufen. Die erste Phase 1981/ 1982 stand programmgemäß im Zeichen struktureller Veränderungen, mit denen die Wirtschafts- und Sozialpolitik auf eine neue Grundlage gestellt wurde. Die unmittelbar stärktsten Veränderungen stellten hierbei das umfangreiche Nationalisierungsprogramm dar, mit dem 1981/82 12 Industriekonzerne, 39 Banken und 2 Finanzholdings in öffentlichen Besitz übergingen.[1] Gleichzeitig wurden konjunktur- und beschäftigungspolitische Maßnahmen nach dem Konzept des "sozialen Wachstums" eingeleitet. Die zweite Phase begann im Frühsommer 1982, als zunehmende außenwirtschaftliche Zwänge (Defizit des Außenhandels, Franc-Abwertung) eine Umorientierung in der Konjunkturpolitik erzwangen. Fortan dominierte "la politique de la rigueur", welche ab März 1983 von dem damaligen Wirtschaftsminister Jacques Delors mit dem "plan de rigueur" weiter verschärft wurde. Die Rückgewinnung der binnenwirtschaftlichen Stabilität und des außenwirtschaftlichen Gleichgewichts rangierten nun an oberster Stelle.

1.2.1 La politique de relance de 1981 - 1982

Das wirtschaftspolitische Programm der neuen Regierung läßt sich zugespitzt als linkskeynesianisches Konzept ("keynesianisme de gauche") für Wachstum und Beschäftigung charakterisieren.[2] Gleich nach ihrem Amtsantritt im Mai 1981 stellte die sozialistische Regierung unter dem Premierminister Mauroy die Weichen in der Wirtschaftspolitik neu. Entsprechend den neuen Prioritäten - Wachstum und Abbau der Arbeitslosigkeit - wurde eine Politik in Gang gesetzt, deren Elemente aus einer Ankurbelung der Nachfrage und spezifischen beschäftigungspolitischen Maßnahmen bestanden.[3] Auf der Basis eines allseits prognostizierten Konjunkturaufschwungs sollte dank staatlich geförderter Konsumnachfrage die Investitionstätigkeit angeregt werden. Die Nachfragesteigerung sollte durch eine Verbesserung der direkten und indirekten Einkommen erreicht werden. Hierzu gehörten die Erhöhung des staatlich festgelegten Mindestlohnes SMIC (Salaire minimum interprofessionnel de croissance) sowie die Erhöhung bzw. Verbesserung zahlreicher Sozialleistungen.

---

1) vgl. hierzu Lerch (1983), S. 427ff.

2) Zur wirtschaftspolitschen Konzeption der Sozialisten siehe deren Programm: projet socialiste pour les années 80. vgl. hierzu auch Nauschütz (1992), S. 42ff.

3) vgl. zum folgenden Fonteneau (1990), S. 43ff; Fonteneau/Muet (1985); Melitz (1991), S. 10ff; Wyplosz (1988), S. 60ff.

Beschäftigungspolitisch von Bedeutung war die Schaffung von mehr als 200000 Arbeitsplätzen im öffentlichen Dienst. Die Nachfragesteuerung wurde darüber hinaus mit strukturpolitischen Elementen (Investitionsförderung) kombiniert.

Die Aufgabe der Geldpolitik bestand darin, durch entsprechende Zins- und Liquiditätspolitik "Crowding-Out" Effekte und eine, durch wachsende Zinsdienst-Quoten verursachte "Immobilisierung" der öffentlichen Haushalte zu vermeiden. Folgerichtig schwenkte die Geldpolitik ebenfalls auf einen expansiven Kurs ein. Das Geldmengenziel wurde von ursprünglich 10% auf 12% heraufgesetzt. Die bisher global orientierte Geldpolitik wurde nun verstärkt selektiv eingesetzt und ging über in eine Politik der Kreditlenkung; die Kreditplafondierung war hierfür das geeignete Instrument. Ferner bot das großteils nationalisierte Bankensystem einen geeigneten Ansatzpunkt zur gezielten staatlichen Kreditlenkung. Auf diese Weise sollte die Investitionsstruktur und damit auch die Produktionsstruktur der französischen Volkswirtschaft gezielt beeinflußt werden. Die weisungsgebundene Banque de France hatte trotz großer Bedenken hinsichtlich der neuen Politik keine Möglichkeit, "un financement monétaire des déficits" zu verhindern.[1] Hier bestätigt sich noch einmal die Tatsache, daß die abhängige Banque de France nur ausführendes Organ der Regierung war. "La Banque était en effet dans une position de grande faiblesse, du fait de ses statuts."[2]

Ein weiteres Ziel der geldpolitischen Maßnahmen des Jahres 1981 war es, dem steigenden Zinsniveau entgegenzuwirken und so die schwache Inlandskonjunktur zu unterstützen. Der konjunkturpolitisch erwünschten Senkung der inländischen Zinsen stand die deutlich nach oben gerichtete internationale Zinsentwicklung entgegen, die ebenso wie die Unsicherheit über den wirtschaftpolitischen Kurs der neuen Regierung zu erheblichen Kapitalabflüssen ins Ausland führte. Zum anderen verhinderte die anhaltend hohe Inflation, deren Abbau wegen der Schwäche der französischen Währung und des wirtschaftspolitischen Kurswechsels unwahrscheinlich erschien, einen Rückgang der inländischen Zinssätze. Der starke Druck auf den Franc hatte zur Folge, daß sich der Tagesgeldsatz bis Juni 1981 auf 20% erhöhte.[3] Eine "déconnexion" des

---

1) Die Banque de France hat wiederholt auf die Konsequenzen der neuen Politik aufmerksam gemacht, doch hat sie ihre Meinung nicht öffentlich vorgetragen. Nur im Geschäftsbericht für das Jahr 1981 findet sich eine vorsichtige Kritik an der Wirtschaftspolitik der Regierung. Aber auch für diesen Bericht, wie darüber hinaus für alle Veröffentlichungen der Banque de France, schreiben Tradition und Vorsicht vor, daß sich die Notenbank nicht in die Politik der Regierung einmischen soll. vgl. Prate (1987), S. 218.

2) "Tatsächlich befand sich die Bank aufgrund ihrer Statuten in einer sehr schwachen Position." ebenda, S. 216.

3) vgl. Banque de France, La monnaie en 1981, S. 47.

taux internationaux et des conditions bancaires internes était proposée."[1] Folglich stand die Zinspolitik im Zeichen der Wechselkursstabilisierung, wohingegen die Liquiditätsversorgung der Wirtschaft via Kreditplafondierung erfolgte und entsprechend expansiv verlief. Somit gelang es, trotz dieser drastischen Zinssteigerung mit Hilfe der o.g. Maßnahmen über eine Ankurbelung des inländischen Verbrauchs die Wirtschaft zu stimulieren. 1982 verzeichnet Frankreich mit 1,8% das mit Abstand stärkste Wachstum innerhalb der Europäischen Gemeinschaft. Die Arbeitslosenquote stieg zwar um einen weiteren Prozentpunkt auf 8,1% an; sie nahm jedoch langsamer zu, als in den meisten anderen Industrieländern.[2]

Die Hoffnung der Regierung Mauroy, daß die nachfrageorientierte Politik in eine beginnende Wiederbelebung der Weltkonjunktur fallen würde, und damit zusätzliche Impulse aus dem Ausland erhielte, war jedoch verfehlt. In allen führenden westlichen Industrieländern hatte die wirtschaftspolitische "Wende" bereits begonnen. So hatte sich ein Konjunkturgefälle zwischen Frankreich und seinen Nachbarn herausgebildet; die Steigerung der Binnennachfrage kam in erster Linie der Auslandskonkurrenz zugute, nicht aber der französischen Industrie. Die Regierung hatte auch deren Fähigkeit überschätzt, ihr Angebot an die neue Nachfrage anzupassen.[3] Damit kam die erhoffte Wachstumsdynamik nicht zum Tragen, während sich umgekehrt die Leistungsbilanz verschlechterte, die Haushaltsdefizite sich verschärften und die Inflation weiter zunahm. Die größte Sorge bereitete dabei die außenwirtschaftliche Position: Das Leistungsbilanzdefizit hatte sich 1982 gegenüber dem Vorjahr fast verdreifacht. Schließlich waren es die außenwirtschaftlichen Schwierigkeiten, die einen Kurswechsel in der sozialistischen Wirtschafspolitik herbeiführten.[4]

1.2.2 Der Delors-Plan oder "le delorisme en économie"

Im Sommer 1982 kam es zu der entscheidenden Wende in der sozialistischen Wirtschaftspolitik, wie sie drastischer nicht hätte ausfallen können. Nach der zweiten Franc-Abwertung im Juni 1982 wurde auch den Linksparteien klar, daß es zu jener Zeit keine Alternative zur konservativ-liberalen Krisenpolitik der Nachbarländer gab. Ein erster Anlauf zur Korrektur der Fehlentwicklungen wurde im Juni 1982 unternommen (Lohn- und Preisstopp, Erhöhung von Mehrwertsteuer und Sozialversiche-

---

1) "Es wurde eine "Deconnexion" der internationalen Zinssätze und der heimischen Bankenzinssätze vorgeschlagen." Prate (1987), S. 215.

2) vgl. Sachs/Wyplosz (1986), S. 264.

3) vgl. Besnard/Redon (1987), S. 207.

4) vgl. hierzu auch Muet/Fonteneau (1985), S. 151ff.

rungsbeiträgen, Haushaltskürzungen).[1] Diese Maßnahmen erwiesen sich jedoch als ungenügend, um der Probleme Herr zu werden. Die raschen Fortschritte der Desinflation in den USA, Großbritannien und der Bundesrepublik Deutschland führten dazu, daß der Franc erneut unter Abwertungsdruck geriet. Die Wechselkursanpassung vom 21.3.1983 markierte die endgültige Wende in der sozialistischen Wirtschaftspolitik. Sie fiel entscheidender aus als die Wende 1976. Spöttisch wird sie als "barrisme de gauche" bezeichnet, womit auf die wachsende Konvergenz rechter und linker Wirtschaftspolitik hingewiesen wurde. Im Grunde war man damit wieder dort angelangt, wo die Regierung Barre aufgehört hatte.

Der "plan de rigueur" des damaligen Wirtschaftsministers Delors beinhaltete ein ganzes Paket von Maßnahmen[2] und knüpfte an die rigorose Austeritätspolitik der Nachbarländer an. Höhere Einnahmen und Ausgabenkürzungen sollten die Defizite der öffentlichen Haushalte eindämmen.[3] Die Drosselung der Binnennachfrage sollte die Importe reduzieren und damit eine Rückkehr zum Außenhandelsgleichgewicht ermöglichen. Mittels einer restriktiven Lohnpolitik sollte die Inflationsrate gedrückt werden. Dieser Paradigmenwechsel in der Wirtschaftspolitik war innerhalb der Linkskoalition nicht unumstritten und führte schließlich im Jahre 1984 zum Austritt der Kommunistischen Partei aus der Regierung.

Die von Delors eingeleitete rigorose Austeritätspolitik mit dem Ziel der Währungsstabilität wurde auch von seinem Amtsnachfolger Pierre Bérégovoy (ab Juli 1984) beibehalten. Seit jener Zeit haben zunehmend angebotsorientierte Elemente Eingang in die sozialistische Wirtschaftspolitik gefunden. So wurde 1985 eine als "historisch" verkündete Senkung der Steuer- und Abgabenlast eingeleitet. Dies war nur eine von mehreren Maßnahmen, mit denen der im Juli 1984 eingesetzte Premierminister Laurent Fabius eine "Aussöhnung" der Linken mit dem Unternehmertum herbeiführen wollte.[4]

Eine drastische Kehrtwende vollzog sich auch in der französischen Geldpolitik, als sich die Regierung für den Verbleib im EWS und gegen eine Politik entschied, die dem Versuch nach höherem Wirtschaftswachstum und möglichst hoher Beschäftigung auch um den Preis erhöhter Inflationsraten Raum geben und damit der Inflations-

---

1) vgl. Muet/Fonteneau (1984), S. 54ff.

2) vgl. hierzu im einzelnen Vignon (1984), S. 60ff.

3) Der Staatshaushalt, der noch 1980 einen leichten Überschuß in Höhe von 0,3% des Sozialprodukts aufwies, schloß 1982 mit einem für französische Verhältnisse hohen Defizit von 2,9%. vgl. Banque de France, La monnaie en 1982, S. 45ff.

4) vgl. Fonteneau (1990), S. 48f.

mentalität wohl erneut Tür und Tor geöffnet hätte. Dies bedeutete aber gleichzeitig, die sich daraus ergebenden Anpassungszwänge und die Verengung der Handlungsspielräume für die französische Geldpolitik zu akzeptieren.

Die Entscheidung zugunsten des Verbleibs im EWS kam erst nach einem harten Ringen zwischen "linkem" und "rechtem" Flügel innerhalb der Sozialistischen Partei zustande.[1)] Wenn man über die Motive für den Verbleib Frankreichs im EWS etwas vermuten darf, dann soviel, daß neben trifftigen ökonomischen Gründen auch reine Prestige-Überlegungen dazu beigetragen haben. Schließlich war das EWS nicht zuletzt dank französischer Initiative aus der Taufe gehoben worden. Ein Ausscheren Frankreichs hätte daher einen schweren außenpolitischen Gesichtsverlust bedeutet.[2)] So auch Renaud de la Genière, der damalige Gouverneur der Banque de France:

> "Au-delà de ces dispositions techniques, le SME a été pourvu par ses fondateurs d'une charge politique telle que, malgré les réticences initiales ou les tentations ultérieures, aucun gouvernement n'a osé l'abandonner."[3)]

Wie dem auch sei, die Entscheidung für den Verbleib im EWS bedeutete für Frankreich ein Verlust an nationalstaatlicher Autonomie. Das gilt vor allem für die französische Geldpolitik, deren vorrangiges Ziel nun darin bestand, die Inflation zu bekämpfen und dadurch den Franc innerhalb des EWS zu stabilisieren.[4)] "The aim has been to get inflation down to the German level, thereby eliminating pressures toward the devaluation of the franc in the EWS."[5)] Mit dem Verbleib im EWS versprach man sich also eine wichtige Stütze zur Erreichung der inneren und äußeren Stabilität.

---

1) vgl. hierzu Prate (1987), S. 224f.

2) Zudem hätte Frankreich die Möglichkeit der Einflußnahme auf die weitere Entwicklung der monetären Integration in Europa aus der Hand gegeben. vgl. hierzu auch das Interview von Premierminister Mauroy in l'Express vom 8 avril 1983.

3) Genière, R. de la (1986), S. 52. "Abgesehen von diesen technischen Dispositionen war das EWS von ihren Begründern dafür vorgesehen, eine politische Rolle zu spielen - und diese hat bislang keine Regierung aufzugeben gewagt trotz anfänglicher "Verweigerung" und Versuchen im Vorfeld."

4) Der Antiinflationspolitik standen immer wieder große innenpolitische Widerstände entgegen. Insofern war jeder Regierung an der Mitgliedschaft im EWS als äußere Absicherung der nationalen Deflationspolitik gelegen, denn unter Hinweis auf die von Frankreich allein nicht veränderbaren Regeln des EWS kann die Regierung Forderungen nach expansiven beschäftigungspolitischen Maßnahmen sowie einer Abwertung des Franc als nicht durchführbar zurückweisen.

5) Mélitz (1991), S. 23; vgl. hierzu auch Patat (1987), S. 114.

1.2.3 Die Geldpolitik in den Jahren 1982 bis 1986

Vor dem Hintergrund der außenwirtschaftlichen Restriktionen und der im Vergleich zum Ausland weiterhin hohen Inflationsrate sahen sich die monetären Instanzen bereits Mitte 1982 zu einer relativ restriktiven Geldpolitik gezwungen. Das Wachstumsziel für die Geldmenge M2 lag mit 12,5% bis 13,5% deutlich unter der prognostizierten Wachstumsrate für das nominale Bruttoinlandsprodukt. Demgegenüber wollte die Regierung die Wachstumsrate in einer Bandbreite zwischen 14% und 17% festlegen "pour accompagner la politique de relance."[1] Die Banque de France konnte sich mit dem Hinweis auf die negativen Folgen einer zu starken Ausweitung der Geldmenge auf den Außenwert des Franc durchsetzen. In der ersten Jahreshälfte beschleunigte sich das Geldmengenwachstum zum einen aufgrund des zunehmenden staatlichen Haushaltsdefizits, zum anderen nahm die private Kreditnachfrage insbesondere des Unternehmenssektors in diesem Zeitraum deutlich zu.[2]

Mit dem wirtschaftspolitischen Kurswechsel seit Juni 1982 verschärfte sich auch die Geldpolitik. So wurden strikte Kreditnormen festgesetzt und erneut Maßnahmen zur Begrenzung des nicht-limitierten Kreditvolumens getroffen. Ferner wurde die Finanzierung der staatlichen Haushaltsdefizite über die Schöpfung von Zentralbankgeld erheblich gedrosselt. Da sich in der zweiten Jahreshälfte Interventionen der Banque de France auf dem Devisenmarkt zugunsten der französischen Währung ebenso dämpfend auf die Geldmengenentwicklung auswirkten wie die leicht rückläufige Inanspruchnahme von Bankkrediten durch die Privaten, konnte mit einer jährlichen Wachstumsrate von 11,5% das angestrebte Geldmengenziel sogar unterschritten werden. Die nachstehende Tabelle gibt einen Überblick über die Zielerreichung.

1) Prate (1987), S. 222.

2) vgl. Banque de France, La monnaie en 1982, S. 47ff.

Tabelle 4: Geldmengenziele und ihre Realisierung im Zeitraum 1982 - 1987
(Zuwachsraten in % gegenüber Vorjahr)

	1982	1983	1984 (M2R)	1985 (M2R)	1986 (M3)	1987- (M3)
Ziel: Wachstum der Geldmenge M2 bzw. M3	12,5-13,5	9,0	5,5-6,5	4-6	3-5	3-5
Tatsächliche Ergebnisse	11,5	10,2	7,6	6,9	4,5	9,0
Inflationsrate	12,6	9,5	7,1	6,0	2,5	3,0

Quelle: Banque de France, La monnaie en 1989, S. 56.

Die Mitte 1982 eingeschlagene Restriktionspolitik mit dem Ziel der Inflationsbekämpfung und des Abbaus des Leistungsbilanzdefizits wurde 1983 fortgesetzt und im März des Jahres sogar noch verschärft. Kurz nach der neuerlichen Abwertung des Franc beschloß die Regierung einen "Härteplan" (plan de la rigueur), der einer deutlichen Verschärfung der im Sommer 1982 eingeschlagenen Wirtschaftspolitik gleichkam.[1)] Der restriktive Charakter der Geldpolitik im Jahre 1983 kam schon in der Formulierung des Geldmengenziels zum Ausdruck. Es lag mit ursprünglich 10% unter dem erwarteten Wachstum des nominalen Bruttoinlandsproduktes (11%) und wurde dann im März 1983 auf 9% reduziert.[2)]

Hauptinstrument der Geldpolitik war nach wie vor die Kreditplafondierung, die von einer restriktiven Zinspolitik begleitet wurde. Tatsächlich lag das Wachstum des Kreditvolumens 1983 mit 10,5% um 5 Prozentpunkte unter dem des Vorjahres. Anders verhielt es sich mit der fiskalischen Komponente der Zentralbankgeldschöpfung. Obwohl nahezu 40% des öffentlichen Finanzierungsbedarfs über die Ausgabe von Staatsschuldtiteln bzw. die Emission einer Zwangsanleihe gedeckt wurde und damit die Wertpapierausgabe durch den Staat gegenüber dem Vorjahr nochmals stark zunahm, verblieb ein Fehlbetrag in Höhe von 58 Mrd. Francs, welcher zur Schöpfung von Zentralbankgeld führte.[3)] Dieser Refinanzierungsbedarf trug nicht unerheblich zum Wachstum der Geldmenge M2 bei. Deren Wachstumsrate lag 1983 mit 1o,2% deutlich über dem angestrebten Zielwert von letztlich 9%. Gleichwohl verlangsamte

1) vgl. Besnard/Redon (1987), S. 208f.

2) vgl. Banque de France, La monnaie en 1983, S. 47.

3) ebenda, S. 17f.

sich die Preissteigerung auf 9,5%; auch das Defizit der Leistungsbilanz verringerte sich erheblich. Allerdings zeigt die Performance der gesamten Makropolitik für das Jahr 1983 kein sehr günstiges Bild, wenn man den Anstieg der Arbeitslosenquote (8,3%) und das realtiv geringe reale Wachstum (0,7%) betrachtet.

Auch 1984 stand die ökonomische Entwicklung unter dem Einfluß der seit der Kehrtwende im Frühjar 1983 betriebenen restriktiven Wirtschaftspolitik. Der Anstieg des realen Wachstums des Bruttoinlandsproduktes fiel insbesondere im Vergleich zu den Haupthandelspartnern mit 1,4% relativ bescheiden aus. Besonders schwerwiegend war der Anstieg der Arbeitslosen infolge des restriktiven Kurses auf 2,4 Millionen Ende 1984.[1] Auf der anderen Seite verringerte sich die Inflationsrate trotz des Importpreisanstiegs aufgrund der fortgesetzten Dollaraufwertung auf 7,1%. Erstmals seit 1979 schloß die Leistungsbilanz wieder ausgeglichen ab.[2] Der Außenwert des Franc stabilisierte sich, so daß eine Lockerung der Devisenkontrollen möglich wurde.

Die weiterhin auf die Inflationsbekämpfung ausgerichtete "politique de la rigueur" zeigte sich in einem gegenüber dem Vorjahr deutlich zurückgenommenen angestrebten Geldmengenwachstum. So sollte ein Wachstum der Geldmenge M2R von 5,5% bis 6,5% über weiterhin strikte Kreditkontrollen und eine Einschränkung der Finanzierung der öffentlichen Budgetdefizite über Notenbankkredite erreicht werden. Der Staat finanzierte nun einen erheblichen Teil seines Haushaltsdefizits über die Ausgabe von Wertpapieren und trug damit zum Aufschwung der Geld- und Kapitalmärkte bei. Insgesamt entsprach 1984 die Wachstumsrate der Geldmenge mit 7,6% der des nominalen Bruttoinlandsproduktes und lag nur einen Prozentpunkt über dem Zielwert von M2.[3] Die inländischen Zinssätze wurden trotz rückläufiger Kreditnachfrage und abnehmenden Preissteigerungsraten nur langsam gesenkt. Die tendenzielle Schwäche des französischen Franc im EWS verlangte eine deutlich positive Zinsdifferenz gegenüber dem Ausland, insbesondere gegenüber Deutschland.[4]

Trotz der sich bereits abzeichnenden Erfolge bei der Inflationsbekämpfung und beim Leistungsbilanzausgleich wurde 1985 der restriktive geldpolitische Kurs fortgesetzt. Das Wachstumsziel für die Geldmenge M2 wurde gegenüber dem Vorjahr nochmals reduziert und in einer Bandbreite von 4% bis 6% festgelegt. Der restriktive Charakter dieser Zielformulierung zeigte sich darin, daß gleichzeitig für das nominale Bruttoin-

---

1) vgl. Fonteneau/Muet (1985), S. 293ff.

2) vgl. Banque de France, La monnaie en 1984, S. 45ff.

3) ebenda, S. 47f.

4) vgl. Besnard/Redon (1987), S. 209ff.

landsprodukt ein Wachstum von 7,5% erwartet wurde.[1] Das tatsächliche Geldmengenwachstum lag mit 6,9% nur wenig über dem angestrebten Wert. Die Kontrolle der Geldmengenentwicklung erfolgte nach wie vor über eine direkte Regulierung der inländischen Kreditkomponente. Allerdings wurde das alte System des "encadrement du crédit" durch die Einführung stark progressiv ausgestalteter Mindestreserveverpflichtungen (réserves ordinaires progressives) auf das ausstehende Kreditvolumen ersetzt (Aktiv-Mindestreservesystem).[2] Anders als das alte System beließ die Aktiv-Zuwachsreserve aber den Kreditinstituten eine gewisse Dispositionsfreiheit über ihre Aktiva.[3] Ferner wurde durch die oben dargelegten Reformen des finanziellen Sektors der Einfluß der Zinssätze auf die Geldmengenentwicklung gestärkt; nach Ansicht der monetären Instanzen ließ die heterogene Struktur des französischen Bankensystems den Übergang zu einer indirekten geldpolitischen Steuerung noch nicht zu.

1985 ging die Inflationsrate unterstützt von der seit März des Jahres rückläufigen Dollarkursentwicklung weiter zurück. Sie war aber mit 6,8% immer noch höher als in Deutschland. Die Leistungsbilanz war trotz Wiederbelebung der Inlandsnachfrage wie bereits im Vorjahr ausgeglichen. Das gegenüber 1984 nur leicht erhöhte Wachstum des Bruttoinlandproduktes von 1,7% konnte nicht verhindern, daß die Arbeitslosigkeit weiter zunahm.

1986 setzte sich die bereits im Vorjahr begonnene wirtschaftliche Entwicklung fort:[4] Wegen der fallenden Rohölpreise und des weiter rückläufigen Dollarkurses, der zu einer Verbilligung der Importgüter führte, ging auf der einen Seite die Inflationsrate weiter auf 2,5% zurück. Andererseits verbesserte sich die Leistungsbilanz aufgrund der günstigen Wechselkurs- und Importpreisentwicklung; sie schloß erstmals seit 1979 wieder mit einem Überschuß ab. Wie bereits 1985 wuchs das Bruttoinlandsprodukt zu schwach, nämlich nur um 2,1%, um einen neuerlichen Anstieg der Arbeitslosigkeit zu verhindern.[5]

---

1) vgl. Banque de France, La monnaie en 1985, S. 40.

2) vgl. hierzu Bullitin trimestriell de la Banque de France, n° 53, décembre 1984, S. 29-33.

3) vgl. Biacabe (1986), S. 578f.

4) Die politische "Wende" vom März 1986 brachte für die Geldpolitik nichts Neues. Die neue Rechtskoalition unter Premierminister Chirac setzte die Antiinflationspolitik und damit die restriktive Geldpolitik fort. Insgesamt verfolgte sie im Kern eine französische Ausgabe der anderswo betriebenen neokonservativen Krisenpolitik: Deregulierung des Arbeitsmarktes, Privatisierung der Wirtschaft, Liberalisierung der Preise und der Devisenkontrollen, Abbau der Subventionen etc. vgl. hierzu auch Nauschütz (1991), S. 97ff.

5) vgl. Banque de France, La monnaie en 1986, S. 2.

Die Geldpolitik behielt ihren restriktiven Kurs bei, indem sie das Wachstumsziel für die Geldmengenaggregate weiter reduzierte und einen Wert anstrebte, der unter der erwarteten Entwicklung des nominalen Bruttoinlandsproduktes lag. Wie bereits erörtert, wurde 1986 neben einer Zielgröße für M2 von 4% bis 6% auch eine Bandbreite für das breiter definierte Aggregat M3 (3% bis 5%) veröffentlicht. Während die Kontrolle des Geldmengenwachstums im Vorjahr meistenteils noch über die direkte Kontrolle des Kreditvolumens gesteuert wurde, nahm 1986 die Bedeutung der Zinspolitik und der Mindestreserveregelungen auf Passiva deutlich zu.

1986 stellte für die geldpolitische Steuerung insofern ein Übergangsjahr dar, als die monetären Instanzen auch weiterhin die von den Kreditinstituten zu leistenden stark progressiv ausgestalteten Aktiv-Zusatzreserven als Instrument zur Geldmengensteuerung einsetzten.[1] Während die Mindestreserve sowohl auf das Kreditvolumen als auch auf die Sichtverbindlichkeiten der Banken zur Reduzierung des infolge von Kapitalimporten ansteigenden Geldmengenwachstums erhöht wurden, wurden zur gleichen Zeit die Geldmarktsätze zurückgenommen. So senkte die Banque de France ihren Interventionssatz auf dem Geldmarkt auf 7%. Diese Zinssenkung, die mit der internationalen Zinssenkungstendez im Einklang stand, diente u. a. der Begrenzung des Kapitalzustroms aus dem Ausland. Sodann ließen der deutliche Rückgang der Inflationsrate und der relativ stabile Außenwert der französischen Währung eine nach unten gerichtete Zinsentwicklung zu, was aus konjunkturpolitischer Sicht wünschenswert erschien.[2] Dieser Zinssenkungsprozeß wurde im letzten Quartal 1986 gebremst, als wegen der verstärkten Abwertung des US-Dollar insbesondere gegenüber der D-Mark als bevorzugter alternativer Anlagewährung erneute Spannungen im EWS auftraten. Die monetären Instanzen versuchten daraufhin, einer Abwertung des Franc entgegenzuwirken, indem sie den Geldmarktsatz auf das zu Jahresbeginn herrschende Niveau anhoben. Insgesamt wurden die vorgegebenen Geldmengenziele für M2 und M3 erreicht.

---

1) "L'année 1986 a été, pour la politique monétaire, une année de transition." Banque de France, La monnaie en 1986, S. 49.

2) ebenda, S. 51f.

1.2.4 Die Geldpolitik der Jahre 1987 - 1992

Die grundsätzliche Ausrichtung der Geldpolitik, nämlich die Inflationsbekämpfung mittels Kontrolle des Geldmengenwachstums, wurde auch 1987 beibehalten. Was sich allerdings änderte, war das monetäre Steuerungskonzept der Banque de France. Die Steuerung der Geldmengenexpansion erfolgte nun nicht mehr über direkte Kreditkontrollen, sondern über die indirekte Steuerung via Zins- und Liquiditätspolitik.[1] Auch wenn das Steuerungsverfahren modifiziert wurde, an der grundsätzlichen restriktiven Ausrichtung der Geldpolitik wurde trotz anhaltend hoher Arbeitslosigkeit weiterhin festgehalten, um die innere und äußere Stabilität nicht zu gefährden. Während das Wachstum für die Geldmenge M2 mit 4,1% innerhalb der vorgegebenen Bandbreite lag (4% bis 6%), wurde die Zielvorgabe für M3 (3 bis 5%) mit 9,1% deutlich überschritten. In der Folgezeit konzentrierte sich die Banque de France auf das Geldmengenaggregat M2 als Zwischenzielgröße.[2]

Im Jahr 1988 sollte die Geldmenge M2 um 4% bis 6% wachsen.[3] Damit wollte die Banque de France die Geldwertstabilität sichern und ein inflationsfreies Wachstum ermöglichen. "Au total, la politique monétaire est restée assez restrictive pour permettre de préserver les acquis en matière de désinflation sans entraver la croissance économique." Während zu Beginn des Jahres die kurzfristigen Zinssätze am Geldmarkt leicht zurückgingen, kam es gegen Ende des Jahres zu einer Verschärfung der Zinspolitik. Die Banque de France setzte den "taux des appels d'offres" und den "taux des pensions" dreimal herauf. Sie folgte damit dem Beispiel der Deutschen Bundesbank. Zudem wurde der Mindestreservesatz für befristete Verbindlichkeiten und Spareinlagen von 1% auf 2,5% erhöht. Das Wachtum der Geldmenge M2 lag mit 3,9% unterhalb des Zielkorridors (siehe Tabelle 5).

---

1) vgl. Banque de France, La monnaie en 1987, S. 52.

2) Sie begründete dies folgendermaßen: "M2 forme un ensemble homogène d'actifs financiers en francs disponibles à vue (billets et monnaies, compte-chèques, comptes sur livret): il est bien représentatif des encaisses de transactions, susceptibles d'influencer directement la dépense. Cet agrégat est moins affecté que M3 ou L par des substitutions résultant de choix de portefeuille entre placements monétaires et placements à long terme." Banque de France (1988), Compte rendu, S. 16.

3) "En 1988, les autorités monétaires ont publié un objectif de croissance pour l'agrégat M2; en outre, elles ont exercé une surveillance continue sur les agrégats monétaires larges (M3 ou de liquidités L) et sur un agrégat de financement: le crédit intérieur total." ebenda. S. 16.

Tabelle 5: Geldmengenziele und ihre Realisierung im Zeitraum 1987 - 1992
(Zuwachsraten in % gegenüber Vorjahr)

	1987 (M3)	1988 (M2)	1989 (M2)	1990 (M2)	1991 (M3)	1992 (M3)
Ziel: Wachstum der Geldmenge M2 bzw. M3	3 - 5	4 - 6	4 - 6	3,5-5,5	5 - 7	4 - 6
Tatsächliche Ergebnisse	9,1	3,9	4,3	0,7	4,0	5,6
Inflationsrate	3,0	3,1	3,6	3,4	3,1	2,0

Quelle: Banque de France, Compte rendu, div. Jahrgänge

Die Inflationsbekämpfung stand auch 1989 im Mittelpunkt der Geldpolitik. "La politique monétaire a pour but essentiell d'assurer la stabilité des prix."[1] Die Banque de France wollte den verstärkten Preisauftrieb bremsen, ohne das kräftige Wirtschaftswachstum allzusehr einzuschränken. Die kurzfristigen Zinssätze wurden - en concertation avec la Deutsche Bundesbank - schrittweise angehoben. Damit sollte absehbaren Inflationsrisiken frühzeitig begegnet werden.[2] Die Mindestreservesätze wurden um 0,5% erhöht, um die "expansion trop vive des liquidités et l'activité soutenue des banques en matière de distribution de crédit" zu bremsen.[3] Das Geldmengenwachstum verlangsamte sich, so daß das vorgegebene Geldmengenziel für M2 eingehalten wurde. Die Inflationsrate erhöhte sich leicht von 3,1% im Jahr 1988 auf 3,6% im Jahr 1989.

An der grundsätzlichen Ausrichtung der Geldpolitik wurde auch 1990 festgehalten. Mit den Worten der Banque de France: "Conservant son orientation antérieure, la politique monétaire a son objectif final, la maîtrise de l'inflation, et a permis la stabilité des cours du franc français au sein du mécanisme de change du Système monétaire européen."[4] Das Wirtschaftswachstum verlangsamte sich; das reale Bruttoinlandsprodukt ging von 3,7% im Jahr 1989 auf 2,8% im Jahr 1990 zurück. Die Inflationsrate blieb mit 3,4% nahezu unverändert. Die Banque de France lockerte ihren geldpolitischen Kurs, indem sie die "taux directeurs" mehrfach senkte. Sie hat

1) Banque de France (1989) Compte rendu, S. 17.

2) "Les deux banques centrales ont insisté sur la nécessité de s'opposer au développement de tensions inflationnistes." ebenda. S. 25.

3) ebenda. S. 26.

4) Banque de France (1990), Compte rendu, S. 17.

für das Jahr 1990 an der Praxis festgehalten, der Öffentlichkeit den beabsichtigten Kurs der Geldpolitik durch ein Geldmengenziel im voraus bekanntzugeben. Danach sollte die Geldmenge M2 um 3,5% bis 5,5% wachsen. Dieser Korridor war etwas geringer bemessen als das Geldmengenziel 1989. Tatsächlich verringerte sich das Wachstum der Geldmenge M2 um 0,7%.[1] Dies machte - wie bereits dargelegt - einen erneuten Wechsel des monetären Zwischenziels notwendig. "L'agrégat monétaire M3 a été substitué à M2."[2] Die Banque de France war bemüht, den Wechsel des monetären Zwischenziels nicht als Änderung ihrer grundsätzlichen stabilitätsorientierten Politik erscheinen zu lassen.[3]

Auch 1991 und 1992 bestand das Hauptziel der Geldpolitik nach wie vor darin, die Inflationsrate zu senken. Dies sollte wie bisher auch über die Kontrolle des Geldmengenwachstums erreicht werden, auch wenn die längerfristigen Grundbeziehungen zwischen monetärer Expansion und gesamtwirtschaftlicher Ausgabentätigkeit "gestört waren."[4] Obwohl die sich verschlechternde konjunkturelle Situation ein sinkendes inländisches Zinsniveau wünschenswert erscheinen ließ, folgte die französische Zentralbank der Hochzinspolitik der Deutschen Bundesbank.[5] "Les taux à court terme sont fortement élévés afin de défendre du franc contre deutschemark."[6] Gleichzeitig wurden die Mindestreserven substantiell gesenkt "afin de réduire le coût des financements bancaires."[7] Die Reservesätze für befristete Verbindlichkleiten und Spareinlagen wurden, wie gesehen, im Mai 1992 von 2% auf 1% herabgesetzt; der Reservesatz für Sichteinlagen gar von 4,1% auf 1%. Diese liquiditätspolitische Maßnahme konnte nicht verhindern, daß die "liquidité bancaire s'étant fortement contractée, du fait des interventions sur les marchés de change."[8]

---

1) Banque de France (1990), Compte rendu, S. 28.

2) Banque de France (1991), Compte rendu, S. 21. "M3 paraît mieux adapté à la conduite de la politique monétaire; l'objectif monétaire portera donc sur M3 en 1991." ebenda. S. 32.

3) vgl. Banque de France (1991), Bulletin trimestriel n° 78, S. 79f.

4) Banque de France, La monnaie en 1991, S. 13f.

5) "L'environnement international n'a pas permis une baisse plus marquée des taux d'intérêt à court terme, pourtant justifiée sur le plan interne par le ralentissement de l'activité économique." Banque de France (1992), Compte rendu, S. 36.

6) Banque de France (1992), Compte rendu, S. 36. Frankreich konnte sich nicht aus dem "Bannstrahl" der deutschen Geldpolitik lösen und so der Banque de France erlauben, eine binnenwirtschaftlich gerechtfertigte Zinsreduktion vorzunehmen. Dieser Tatbestand wurde im Vorfeld des Maastricht-Referendums in Frankreich heftig diskutiert. vgl. z.B. Le Monde vom 4. September 1992: "L'exploitation de la 'peur de l'Allemagne' dans la campagne irrite beaucoup."

7) ebenda. S. 35.

8) ebenda. S. 36. Der Tagesgeldsatz ("taux au jour le jour") stieg im September 1992 auf 24,06%.

Die für die Geldmengengröße M3 formulierten Zielwerte wurde in beiden Jahren eingehalten (siehe Tabelle 5).

Rückblickend auf die seit 1977 vorliegenden Erfahrungen mit Geldmengenzielen in Frankreich kann festgehalten werden, daß in der Zeit bis 1985 das tatsächliche Geldmengenwachstum in den meisten Jahren das vorgegebene Ziel überschritten hat. Diese Zielüberschreitungen waren nicht allein steuerungstechnisch bedingt, sondern wurden von den "autorités monétaires" angesichts der konjunkturellen Erfordernisse bewußt in Kauf genommen. Allerdings verlor die französische Geldpolitik mit dem Verbleib im EWS einen Teil ihrer Eigenständigkeit und geriet unter außenwirtschaftlichen Handlungszwang. Die Wechselkursverpflichtungen innerhalb des EWS haben eine diziplinierende Wirkung erzeugt, so daß mehr Stabilität erreicht wurde, als ohne außenwirtschaftliche Verpflichtungen in Frankreich durchsetzbar gewesen wäre. Dieser durch das Festkurssystem auferlegte wirtschaftspolitische Disziplinierungszwang diente vor allem der sozialistischen Regierung als Rechtfertigung nach Innen.

Die gesamtwirtschaftliche Bilanz der pragmatisch betriebenen Geldmengenpolitik ist ambivalent. Für ein Land, das in früheren Jahren zweistellige Inflationsraten hatte, ist der Rückgang auf 2% im Jahre 1992 eine beachtliche Leistung. Demgegenüber zeigt die Performance der restlichen Makropolitik ein weniger günstiges Bild, wenn man den Anstieg der Arbeitslosigkeit und das relativ geringe Wirtschaftswachstum betrachtet. Die Wiedergewinnung der Geldwertstabilität wurde durch Erzeugung von Arbeitslosigkeit und damit hohe soziale Kosten erkauft.

2. Die praktische Geldmengenpolitik in Deutschland

Auch die Geldmengenpolitik der Bundesbank hat mehrere Phasen durchlaufen, so daß man den Berichtszeitraum in verschiedene Teilperioden unterteilen kann. Bevor jedoch auf die erste Teilperiode (1975-1978) genauer eingegangen wird, soll zuvor die Geldpolitik seit dem Übergang zum Block-Floaten gegenüber dem Dollar im Jahre 1973 in groben Zügen nachgezeichnet werden. Die in jener Zeit gemachten Erfahrungen mit der direkten Geldmengensteuerung waren entscheidend für die weitere konzeptionelle Ausgestaltung der Geldmengenpolitik der Bundesbank.

Als sie 1973 zur Steuerung der Geldmenge überging, entschied sie sich dafür, die Zentralbankgeldmenge indirekt zu beeinflussen. "Prinzipiell steuert nun die Notenbank unmittelbar die Schaffung von Zentralbankgeld, während sie das vordem nur indirekt über die freien Liquiditätsreserven tat."[1] Eine notwendige Voraussetzung wurde - wie oben dargestellt - mit der Aufhebung der Interventionspflicht gegenüber dem US-Dollar geschaffen. Mit dieser "kopernikanischen Wende" wurden die ökonomischen Rahmenbedingungen für eine erfolgreiche Geldmengensteuerung geschaffen.[2] Das erklärte Ziel der Geldpolitik in den Jahren 1973 und 1974 bestand nahezu ausschließlich in der Senkung der Inflationsrate.[3] Die Höherbewertung der D-Mark im Gefolge der Kursfreigabe erleichterte diese Aufgabe, da "sowohl die explosionsartige Rohstoff- und Ölhausse von 1973/74 als auch der inflationäre Nachfragesog des Auslandes die deutsche Wirtschaft nur in abgeschwächtem Maße trafen".[4] Im Inland erfolgte eine "fast brutale Restriktionspolitik,"[5] welche durch mehrfache Erhöhung der Mindestresevesätze sowie durch zahlreiche Beschneidungen der Rediskontkontingente der Banken charakterisiert war. Erleichtert wurde dies dadurch, daß die ausländischen Geldmarktanlagen mit der Wechselkursfreigabe für das inländische Bankensystem als ganzes ihren Liquiditätsgrad verloren haben. Die freien Liquiditätsreserven des Bankensystems wurden in kurzer Zeit fast völlig abgebaut.[6] Daraufhin wurden die Bankenkredite bis in das Jahr 1975 deutlich teurer und zum Teil schwer erhältlich. Diese restriktive Liquiditätspolitik wurde ergänzt durch gleichgerichtete zinspolitische Maßnahmen. Der Zugang zum Lombardkredit wurde zeitweise ausgesetzt.

---

1) Deutsche Bundesbank (1973), Geschäftsbericht, S. 4.

2) vgl. Emminger (1986), S. 253.

3) vgl. Deutsche Bundesbank (1973 und 74), Geschäftsberichte, S. 1.

4) Deutsche Bundesbank (1974), Geschäftsbericht, S. 58.

5) vgl. Emminger (1986) S. 254

6) Sie betrugen am Ende des ersten Halbjahres 1973 nur noch 1,8 Mrd. DM. vgl. Deutsche Bundesbank (1973), Monatsberichte Nr. 6, S. 7.

Diese "monetäre Schocktherapie"[1] betreibt die Bundesbank von Anfang des Jahres 1973 bis Ende des Jahres 1974. Sie ging hierbei davon aus, daß sie in der Lage sein würde, "... diejenige Zentralbankgeldmenge für die monetäre Expansion bereitzustellen, die ihr angemessen erscheint."[2] Unter diesen Bedingungen praktizierte die Bundesbank das Konzept einer direkten Zentralbankgeldsteuerung. Diese Auffassung wird auch vom Booms vertreten, der in seiner theoretischen Untersuchung zum konzeptionellen Hintergrund der damaligen Geldmengenpolitik feststellt: "Damit war zum ersten Mal in der Bundesrepublik das Konzept einer direkten Steuerung der 'Geldbasis' realisiert;..."[3] Ferner vertritt er die Meinung, daß die Bundesbank von einem relativ stabilen Zusammenhang zwischen Geldbasis und Geldmengenveränderung, zumindest für eine mittlere Frist, ausgegangen sei.[4]

Die Bundesbank mußte allerdings bald erkennen, daß dies entschieden zu einfach gedacht war. Die für eine derartige Geldbasissteuerung zwingend notwendige Quote der freien Liquiditätsreserven von nahe Null machte einen äußerst flexiblen Einsatz der geldpolitischen Instrumente erforderlich. Die kurzfristige Zentralbankgeldversorgung mit Hilfe einer mit den Mengen operierenden Offenmarktpolitik war nicht durchführbar, da Einflüsse der Marktfaktoren, aber auch die Vertrauenskrise, welche durch den Zusammenbruch der Herstatt-Bank entstanden war, Kompensationsmaßnahmen der Bundesbank erforderten, um entweder neu entstehende Liquiditätsreserven abzuschöpfen oder der Gefahr der Illiquidität von Geschäftsbanken zu begegnen.[5] Jene waren auf das ungewohnte Verhalten der Notenbank nicht vorbereitet, so daß es zu sehr ausgeprägten erratischen Schwankungen der Geldmarktsätze kam. Die Tagesgeldsätze bewegten sich im April 1973 zwischen 2% und 30%, im August des gleichen Jahres zwischen 6 3/4% und 40%.[6]

> "Die Bundesbank gewann hieraus die Erkenntnis, daß sich der Geld- und Kreditschöpfungsprozeß auf ganz kurze Sicht nicht unmittelbar im Sinne des monetaristischen Geldbasiskonzepts präzise steuern läßt."[7]

---

1) vgl. Spahn (1988), S. 71.

2) Deutsche Bundesbank (1974), Monatsbericht Nr. 7, S. 19.

3) Booms (1980), S. 133.

4) ebenda S. 139; vgl. hierzu auch Schlesinger (1985), S. 130.

5) "Man kann bei einer Theorie für eine Notenbank nicht davon abstrahieren, daß sie Notenbank ist und damit eine Verantwortung für das Geld- und damit auch das Bankenwesen des betreffenden Landes trägt, der sie genügen muß und von der sie auch die Inflationsbekämpfung nicht dispensiert." Bockelmann (1978), S. 46.

6) vgl. Deutsche Bundesbank (1973), Monatsbericht Nr. 12, S. 47.

7) Schlesinger (1985), S. 131.

Kurzfristig wird die "base" nicht von der Notenbank bestimmt, sondern vom Zentralbankgeldbedarf der Banken. So ist es nicht weiter verwunderlich, daß die Bundesbank mit dem Übergang zu vorangekündigten Geldmegenzielen im Jahre 1975 - "zur Enttäuschung mancher monetaristischer Forscherzirkel -"[1] vom Konzept der direkten Mengensteuerung wieder abrückte und ihre Vorstellungen über die Steuerungsmöglichkeit der Zentralbankgeldmenge relativierte.[2] Sie sieht nun in der Zentralbankgeldmenge nicht mehr den von ihr jederzeit kontrollierbaren alleinigen Ausgangspunkt der Geld- und Kreditexpansion, sondern den "Reflex" der gesamten Geldschöpfung im Geschäftsbankensystem, die sie indirekt steuern muß. Diese Sichtweise ist kennzeichnend für den gesamten Untersuchungszeitraum, der mit der im Dezember 1974 erstmals öffentlich bekanntgegebenen Zielvorgabe für das angestrebte Wachstum der Zentralbankgeldmenge im Verlauf des Jahres 1975 beginnt.

2.1 Erste Teilperiode (1975 - 1978): Geldpolitische Lockerung

Diese Periode ist dadurch charakterisiert, daß die Bundesbank zum einen den Aufbau freier Liquiditätsreserven wieder zuließ und zum anderen in den Jahren 1976 bis 1978 in größerem Umfang Devisen ankauft, wobei es sich zu einem großen Teil um freiwillige Devisenmarktoperationen auf dem DM-Dollar-Markt handelt und nicht nur um die obligatorischen Interventionen im Rahmen des Europäischen Wechselkursverbundes. Ersteres ist die Konsequenz aus der Abkehr von der unmittelbaren Kontrolle der Zentralbankgeldmenge. Die Bundesbank richtet ihre geldpolitischen Maßnahmen wieder direkt auf die freien Liquiditätsreserven.[3] Letzteres ist das Eingeständnis, daß sich die Hoffnungen, die mit der Einführung flexibler Wechselkurse verbunden waren, nämlich die Möglichkeit einer autonomen nationalen Geldpolitik, nicht erfüllt haben. Bereits im Geschäftsbericht der Deutschen Bundesbank für das Jahr 1973 kommt eine gewisse Ernüchterung zum Ausdruck: "Das Ausmaß der Schwankungen des DM-Wechselkurses, vor allem gegenüber dem US-Dollar, übertraf... frühere Vorstellungen".[4]

---

1) ebenda. S. 131.

2) So auch Caesar (1976/77) S. 248; ebenso Booms (1980) S. 208ff.

3) vgl. Deutsche Bundesbank (1975), Monatsbericht Nr. 2, S. 13.

4) Deutsche Bundesbank (1973), Geschäftsbericht, S. 21.

2.1.1 Geldpolitische Maßnahmen

Bereits Ende 1974 schwächt sich die Konjunktur - nicht zuletzt als Ergebnis der Rohstoffverteuerung - spürbar ab. Hierzu beigetragen hat auch die "restriktive Schocktherapie" des Jahres 1973, welche Zinseffekte nach sich zog, die "den letzten Anstoß zum Zusammenbruch der Investitionsneigung gaben."[1] Ebenfalls zur Krise beigetragen haben überzogene Lohnforderungen und ein Konjunktureinbruch im Ausland. Alles zusammen führte zu einer Konjunkturabschwächung, die Anfang 1975 in eine Rezession mündete. Mit geld- und finanzpolitischen Maßnahmen sollte ihr entgegengewirkt werden. Die Bundesbank nahm hierzu umfangreiche zins- und liquiditätspolitische Maßnahmen vor. Die Rediskontkontingente wurden aufgestockt und die Mindestreservesätze gesenkt. Der Diskont- und Lombardsatz wurde im Laufe des Jahres 1975 auf 3 1/2% bzw. 4 1/2% gesenkt.[2] Die freien Liquiditätsreserven der Banken stiegen von 2 Mrd. im Herbst 1974 bis auf das sehr hohe Niveau von 16 Mrd. DM im Herbst 1975. Trotz dieser expansiven Politik gewinnt die monetäre Expansion in der ersten Jahreshälfte nicht an Dynamik; das Wachstum der Zentralbankgeldmenge bleibt zunächst hinter der Zielvorstellung der Bundesbank zurück.[3]

Erst in der zweiten Jahreshälfte bringt der verstärkte Einsatz der Offenmarktpolitik eine Beschleunigung der monetären Expansion. Hierzu beigetragen haben auch die öffentlichen Haushalte, die aufgrund des konjunkturbedingten hohen Budgetdefizits auf zusätzliche Finanzierung angewiesen waren. Dies führte sogar dazu, daß das Geldmengenziel aufgrund der monetären Entwicklung im letzten Quartal 1975 um fast zwei Prozentpunkte übertroffen wurde; angekündigt waren 8% im Verlauf des Jahres, die Zentralbankgeldmenge steigt aber tatsächlich um 10%.[4] Diese Verzerrung der Geldversorgung durch Sondereinflüsse veranlaßte die Bundesbank zur Umstellung auf ein Jahresdurchschnittsziel. Daran gemessen wäre das Wachstum der Zentralbankgeldmenge für 1975 erreicht worden. Tabelle 6 zeigt die Geldmengenziele und ihre Realisierung.

---

1) Spahn (1988), S. 77.

2) Zum Einsatz der geldpolitischen Instrumente in dieser Phase siehe auch Beckh (1990), S. 41f.

3) vgl. Deutsche Bundesbank (1975), Geschäftsbericht, S. 6.

4) vgl. Deutsche Bundesbank (1975), Geschäftsbericht, S. 9.

Tabelle 6: Geldmengenziele und ihre Realisierung
in %

Jahr	Ziel: Wachstum der Zentralbankgeldmenge bzw. der Geldmenge M3[1]			Tatsächliche Entwicklung (gerundete Werte)		Ziel erreicht
	Im Verlauf des Jahres[2]	im Jahresdurchschnitt	Konkretisierung im Verlauf des Jahres	im Verlauf des Jahres[2]	im Jahresdurchschnitt	
1975	etwa 8	–	–	10	–	nein
1976	–	8	–	–	9	nein
1977	–	8	–	–	9	nein
1978	–	8	–	–	11	nein
1979	6–9	–	Untergrenze	6	–	ja
1980	5–8	–	Untergrenze	5	–	ja
1981	4–7	–	untere Hälfte	4	–	ja
1982	4–7	–	obere Hälfte	6	–	ja
1983	4–7	–	obere Hälfte	7	–	ja
1984	4–6	–	–	5	–	ja
1985	3–5	–	–	5	–	ja
1986	3½–5½	–	–	8	–	nein
1987	3–6	–	–	8	–	nein
1988	3–6	–	–	7	–	nein
1989	etwa 5	–	–	5	–	ja
1990	4–6	–	–	6	–	ja
1991	3–5[3]	–	–	5	–	ja
1992	3½–5½	–	–	9	–	nein
1993	4½–6½	–	–			

1 Ab 1988: Geldmenge M3. – 2 Jeweils vom vierten Quartal des Vorjahres bis zum vierten Quartal des laufenden Jahres; 1975: Dezember 1974 bis Dezember 1975. – 3 Gemäß der Adjustierung des Geldmengenziels im Juli 1991.
BBk

Quelle: Deutsche Bundesbank (1993), Sonderdrucke Nr. 7, S. 110.

2.1.2 Devisenmarktpolitik und Geldversorgung

In den Jahren 1976 bis 1978 gewinnt die außenwirtschaftliche Komponente der Zentralbankgeldversorgung wieder zunehmend an Bedeutung. Dabei wurde zunächst (1976) hauptsächlich im Rahmen des Europäischen Wechselkursverbunds, später (1977 und 1978) vor allem am DM-Dollar-Markt interveniert. Während die Geldpolitik vom Frühjahr 1973 bis 1976 alles in allem ohne monetäre Störung von außen verfolgt werden konnte, trat in den Jahren 1977 und 1978 der Konflikt zwischen binnen- und außenwirtschaftlicher Stabilitätspolitik deutlich zutage. Die rapide Abwertung des Dollar ab Herbst 1977 führte zu einem spürbaren Antieg des realen Außenwertes der D-Mark gegenüber dem US-Dollar. Um weitere Aufwertungstendenzen zu verhindern, die die inländische Wettbewerbsfähigkeit gefährdeten[1], orientierte sich die Bundesbank verstärkt am Wechselkurs. Dabei waren die Dollarkäufe deutlich höher als die Dollarverkäufe. So kann nicht mehr von einer Kursglättung gesprochen werden; die Devisenmarktoperationen richteten sich anscheinend

1) vgl. Deutsche Bundesbank (1977), Geschäftsbericht, S. 1.

gegen den Trend.[1] Als Folge dieser Politik kam es zu erheblichen inländischen Liquiditätseffekten, so daß die Geldmengenziele deutlich verfehlt wurden. Diese Überschreitung hätte eine restriktive Geldpolitik nahegelegt, aber die Sorge vor einer noch weitergehenden DM-Aufwertung ließ die Mehrheit des Zentralbankrates zögern. Die merkliche Überschreitung des Geldmengenziels wurde als das kleinere Übel angesehen.[2] Diese Vorgehensweise war für die Bundesbank deshalb gerechtfertigt, weil "die Gefahren für einen Preisauftrieb in dieser Zeit bei einer starken 'realen' Aufwertung der DM als gering eingeschätzt werden (konnten)" und weil "überdies eine Dämpfung der monetären Expansion das Risiko erhöht (hätte), daß die Ansätze zu einer Kräftigung der Inlandskonjunktur zunichte gemacht worden wären."[3]

2.1.3 Zwischenergebnis

Die Bundesbank ist in der untersuchten Berichtsperiode (1975 -1978) bemüht, Preisniveaustabilisierung zu erreichen, ohne die konjunkturelle Erholung nach der tiefen Rezession von 1975 zu gefährden. "Die Deutsche Bundesbank wird 1977 die Geldpolitik so führen, daß der Preisanstieg weiter eingedämmt wird und das reale Sozialprodukt kräftig wachsen kann."[4] Während die Preisniveaustabilität zunächst im Vordergrund steht, rückt das Beschäftigungs- und Wechselkursziel gegen Ende dieser Periode mehr und mehr in den Vordergrund. Die Geldpolitik ist expansiv angelegt und alimentiert die antizyklische Finanzpolitik. Abgesichert durch eine zurückhaltende Lohnpolitik kann so ein nachhaltiger wirtschaftlicher Aufschwung eingeleitet werden. Das reale Bruttosozialprodukt wächst mit einer durchschnittlichen Rate von knapp 4%. Allerdings bringt dies nur eine geringe Entlastung für den Arbeitsmarkt.[5] Besonders auffällig ist in diesem Zeitraum der Rückgang der Inflation trotz des konjunkturellen Aufschwungs. Die Inflationsrate sinkt zwischen 1974 und 1978 von 6,9 auf 2,7%. Der Rückgang der Inflation ist auch deshalb bemerkenswert, weil zwischen 1975 und 1978 die Zentralbankgeldmenge recht kräftig wächst und die Bundesbank ihre Geldmengenziele zum Teil erheblich verfehlt. Bei einem angekündigten Wachstum von 8% liegt die Zuwachsrate der Zentralbankgeldmenge in den Jahren 1976 und 1977 um ca. 1 Prozent darüber, während das Geldmengenziel im Jahre 1978 sogar um 3 Prozentpunkte verfehlt wird.

---

1) vgl. Beckh (1990), S. 41.

2) vgl. Pöhl (1985/86), S. 78.

3) vgl. hierzu Deutsche Bundesbank (1978), Geschäftsbericht, S. 27f.

4) Deutsche Bundesbank (1977), Monatsbericht, Nr.1, S. 5.

5) Eine ausführliche Analyse der Wirtschaftpolitik jener Jahre findet sich bei Rohwäder (1990), S. 142ff.

Hierfür ist nicht nur die expansive Geldpolitik verantwortlich, sondern auch die Umlaufgeschwindigkeit, die "Achillesferse" der Geldmengensteuerung.[1] Die Bundesbank hatte die Umlaufgeschwindigkeit falsch prognostiziert, so daß die Geldmengenziele von Anfang an zu niedrig lagen. Sie ging davon aus, daß im konjunkturellen Aufschwung die Umlaufgeschwindigkeit - wie gewohnt - steigen würde. Tatsächlich war das Gegenteil der Fall.[2] Die in dieser Periode zu beobachtende relativ zum Produktionspotential größere Geldmengenexpansion hätte möglicherweise Inflationswirkungen zur Folge haben können. Wenn aber, wie in dieser Zeit zu beobachten, steigende Wechselkurse die Preissteigerungsrate mindern, Kapazitäten unterausgelastet sind und die Nachfrage nach Investitions- und Exportgütern stagniert, ist die Gefahr von Preissteigerungen sehr unwahrscheinlich. Dies gilt besonders für die Jahre 1977 und 1978. Die expansive Geldpolitik der Bundesbank scheint demzufolge gerechtfertigt.[3]

2.2 Zweite Teilperiode (1979 - 1982): Die geldpolitische Wende zur Restriktion

Anfang 1979 leitete die Bundesbank aus Sorge um das Ziel der Preisniveaustabilität einen geldpolitischen Bremskurs ein, der bis in das Jahr 1981 hinein weiter verschärft wurde. Maßgeblich hierfür waren die drastische Ölverteuerung, die damit einhergehende Passivierung der Leistungsbilanz und die - auch hierdurch hervorgerufene - Abwertung der D-Mark von 1980 an.[4] Ohne geldpolitische Restriktion befürchtete die Bundesbank eine Beschleunigung der Inflation, nämlich ein "Teufleskreis" aus DM-Abwertung, Einfuhrverteuerung, Preis- und Lohnsteigerungen und wieder Abwertung ("vicious circle"). Damit konnte sie nach ihrer Meinung "... weniger als früher den konjunkturellen Problemen im Inland, die ihr immer voll gegenwärtig waren, Rechnung tragen; sie mußte sich zeitweilig stärker außenwirtschaftlich orientieren".[5]

---

1) vgl. Emminger (1986), S. 413ff.

2) vgl. hierzu Emminger (1984), S. 52ff.

3) Emminger macht in diesem Zusammenhang darauf aufmerksam, daß die Überschreitung der Geldmengenziele in den Jahren 1975-1976 folgenlos geblieben sei; von einem Inflationspotential der reichlich vorhandenen Liquidität, die sich später in einer Übernachfrage niedergeschlagen hätte, sei bis 1979 nichts spürbar geworden. Die Preissteigerungen des Jahres 1979 sei eine Folge der zweiten Ölkrise und der DM-Abwertung gewesen. Es grenze an Naivität zu glauben, daß eine vorsorglich restriktivere Geldpolitik diesen Preisschub hätte verhindern können. vgl. Emminger (1986), S. 419.

4) vgl. Deutsche Bundesbank (1981), Geschäftsbericht, S. 74.

5) Deutsche Bundesbank (1981), Geschäftsbericht, S. 1.

Ab 1980 kommt es zunehmend zu einem trade-off zwischen innerer und äußerer Stabilität und dem Beschäftigungsziel. Während die Notenbank der Sicherung der Währung den Vorrang gibt, sieht sich die Regierung dem Beschäftigungsziel verpflichtet. Die hierdurch entstehenden Reibungsverluste zwischen Geld- und Finanzpolitik haben die Krise tendenziell verschärft.[1)]

2.2.1 Geldpolitische Maßnahmen

Wie in der Restriktionsphase von 1973/74 reduziert die Bundesbank mit zins- und liquiditäspolitischen Maßnahmen im Jahre 1979 drastisch die freien Liquiditäsreserven der Banken, um so die Zentralbankgeldschöpfung besser kontrollieren zu können. Dieses Mal möchte sie diese Vorgehensweise nicht als grundlegenden Strategiewechsel verstanden wissen, sonder als übliche Maßnahme, um die monetäre Expansion begrenzen zu können. "Ähnlich wie in früheren Restriktionsphasen wurde der geldpolitische Kurs zunächst dadurch gestrafft, daß der Bestand der Banken an freien Liquiditätsreserven (...) durch absorbierende Maßnahmen (...) rasch vermindert wurde."[2)] Hierbei werden die Rediskontkontingente reduziert und die Mindestreservesätze erhöht. Unterstützt werden diese Maßnahmen durch Devisenabflüsse, vor allem im ersten Halbjahr 1979. Die Zinssätze werden mehrfach erhöht, so daß der Satz für Dreimonatsgeld von Anfang 1979 bis zum ersten Halbjahr 1981 von 4% auf über 13% steigt. Im Februar 1981 zieht die Bundesbank entgültig die Notbremse[3)] und sperrt den Zugang zum Lombardkredit um stattdessen einen Sonderlombardsatz von 12% einzuführen. Diese Schocktherapie war nach Auffassung von Pöhl notwendig, "um Regierung und Tarifpartnern den Ernst der Lage vor Augen zu führen."[4)]

2.2.2 Devisenmarktpolitik und Geldversorgung

Im Jahre 1979 hat sich die Bundesbank im wesentlichen auf das binnenwirtschaftliche Ziel der Preisniveaustabilität konzentriert. Sie verfolgte eine restriktive Geldpolitik, um über den Umweg der Preisstabilisierung eine Verbesserung der Wettbewerbssituation der inländischen Wirtschaft und der Beschäftigung zu erreichen.[5)] Das geringe Engagement am Devisenmarkt zeigt, daß sie auf die direkte Beeinflussung des

---

1) Zum Verhalten der einzelnen Politikbereiche siehe Rohwäder (1990), S. 165.

2) Deutsche Bundesbank (1979), Geschäftsbericht, S. 20.

3) vgl. Pöhl (1985/86), S. 78.

4) ebenda. S. 79.

5) vgl. Deutsche Bundesbank (1979), Geschäftsbericht, S. 1.

Wechselkurses verzichtete. Die relativ zum Vorjahr geringen Interventionen auf dem DM-Dollar-Markt wurden durch sonstige Devisenbewegungen mehr als ausgeglichen und hatten deshalb keine Liquiditätswirkungen.[1]Im Gegensatz hierzu versuchte die Bundesbank 1980/81 aber durch massive US-Dollar-Verkäufe, die über das Maß der Inflationsdifferenzen hinausgehende Abwertung der D-Mark aufzuhalten. Ab Oktober 1980 kommt es zu Nettokapitalabflüssen aus Deutschland, und die D-Mark, die schon seit März 1980 innerhalb des EWS schwach notiert war, geriet nun auch gegenüber dem Dollar unter starken Abwertungsdruck. Zu Beginn des Jahres 1981 erschien das monetäre außenwirtschaftliche Ungleichgewicht "so stark ausgeprägt, daß der D-Mark international eine ernsthafte Vertrauenskrise drohte."[2] Die starken Devisenmarktinterventionen hatten kaum Erfolg bei den Bemühungen, die Kursbewegungen zu stabilisieren. Sie führten lediglich zu einem kurzfristigen Halt in der Abwertungsentwicklung der D-Mark.[3]

Ab Februar 1981 verschärfte die Bundesbank ihren Restriktionskurs drastisch, um durch einen weiteren deutlichen Zinsanstieg das Vertrauen in die D-Mark wiederzugewinnen und Kapitalexporte - aufgrund des Zinsgefälles zugunsten der Vereinigten Staaten - zu verringern. Sie war nicht länger bereit, "... Geldabflüsse ins Ausland ohne Konsequenz für Zinsen und Liquidität im Inland zu refinanzieren."[4] Die Ausrichtung der Geldpolitik am externen Gleichgewicht bedeutet gleichzeitig die Hinnahme eines binnenwirtschaftlichen Ungleichgewichts - "das Beschäftigungsziel wird dem Versuch einer internationalen Stärkung der D-Mark geopfert."[5]

2.2.3 Zwischenergebnis

Der starke monetäre Bremskurs der Bundesbank führte dazu, daß sie in den Jahren 1979 und 1982 ihr proklamiertes Geldmengenziel erreichte, während sie es 1980 und 1981 vor allem mit Rücksicht auf die außenwirtschaftliche Situation etwas stärker unterschreitet (siehe Tabelle 6). Die Geldmengenziele wurden allerdings nicht mehr als Punktziele formuliert, sondern die Bundesbank gab einen Korridor von 3% Punkten an, wobei sie von Anfang an dessen untere Grenze ansteuerte. In den Jahren 1980 und 1982 weicht sie von ihrer bisherigen Potentialorientierung dahingehend ab,

---

1) vgl. ebenda. S. 57f.

2) Deutsche Bundesbank (1981), Geschäftsbericht, S. 1.

3) Insgesamt hatten die Interventionen im Jahre 1981 einen Wert von 21,5 Mrd. DM. vgl. Deutsche Bundesbank (1981), Geschäftsbericht, S. 9.

4) ebenda. S. 7.

5) Spahn (1988), S. 99.

daß sie die Zentralbankgeldmenge mit einer Wachstumsrate unterhalb des Potentialpfades ausweiten läßt aus Angst vor einem sich gegenseitig bedingenden Prozeß von Inflation und Abwertung. Das Wachtum der Zentralbankgeldmenge geht im Untersuchungszeitraum von 6,4% im Jahre 1979 auf 4,9% im Jahre 1980 und 3,6% im Jahre 1981 zurück.[1] Die starke Eindämmung der monetären Expansion kann dennoch nicht verhindern, daß die Inflationsrate bis 1981 weiter steigt. Erst ab 1982 geht sie spürbar zurück. Ebenfall zurück geht das Bruttosozialprodukt und damit die Beschäftigung. Dies war "... zum Teil die unvermeidliche Begleiterscheinung der Inflationsbekämpfung."[2]

Von verschiedener Seite wird allerdings bezweifelt, ob die Inflationsängste der Bundesbank und ihre daraus resultierende restriktive Geldpolitik tatsächlich der Realität entsprachen und ob es nicht angebracht gewesen wäre, in einem Mittelweg die Inflation zu bekämpfen ohne, gleichzeitig die Produktion und Beschäftigung allzusehr zu beeinträchtigen.[3] Aufgrund der erfolgreichen Inflationseindämmung und der Überwindung des monetären außenwirtschaftlichen Ungleichgewichts beginnt die Bundesbank im Herbst 1981 mit einer behutsamen geldpolitischen Auflockerung via Zinssenkung. Deren Grenze lag jedoch dort, wo zinsinduzierte Kapitalabflüsse zugunsten der amerikanischen Währung die D-Mark erneut schwächten.[4] Hier wird wiederum deutlich, daß der binnenwirtschaftliche Spielraum der Geldpolitik auch für zinspolitische Maßnahmen durch außenwirtschaftliche Bedingungen eingegrenzt ist.

2.3 Dritte Teilperiode (1982 - 1987): Der Aufschwung

Die Bundesbank setzte 1982 die im Herbst 1981 begonnene geldpolitische Auflockerung weiter fort, indem sie die Zinssenkungsspielräume gegenüber der amerikanischen Währung konsequent ausnutzte, um zur Überwindung der Rezession beizutragen. Dies kam auch dadurch zum Ausdruck, daß 1982 und 1983 jeweils die obere Hälfte der Zieltrichter angesteuert werden sollte. Es drohte für 1983 sogar eine Überschreitung des Geldmengenziels, denn im Frühjahr führten starke Spannungen im EWS zu DM-Interventionen, welche zu kräftigen Geldzuflüssen führten. Infolgedessen erhöhte sich die Zentralbankgeldmenge beträchtlich. Doch nach dem "Realignement" und der damit verbundenen Aufwertung der DM im März kam es zu Rückflüssen; wegen der

---

1) Die Zahlen sind den jeweiligen Geschäftsberichten der Deutschen Bundesbank entnommen.

2) Deutsche Bundesbank (1982), Geschäftsbericht, S. 54.

3) Kritisch äußerten sich hierzu u.a. vier der fünf großen Wirtschaftsforschungsinstitute. Einen Überblick über die verschiedenen Positionen gibt Schröder (1981), S. 622ff.

4) vgl. Deutsche Bundesbank (1982), Geschäftsbericht, S. 33 und S. 78.

damit verbundenen Zinssteigerungen auf dem Geldmarkt gelangte die Zentralbankgeldmenge bis zum Jahresende in den Zieltrichter (siehe Tabelle 6).

Mit der Geldpolitik 1982/83 wollte die Bundesbank zwar die Stabilität weiter fördern, es sollten aber auch die "monetären Voraussetzungen für eine wirtschaftliche Erholung (verbessert)"[1)] und der "konjunkturellen Erholung Raum" gegeben werden.[2)] Unter dem Eindruck des steigenden Dollarkurses in den Jahren 1984 und 1985 verhielt sich die Geldpolitik deutlich restriktiv. Die Ausweitung der Zentralbankgeldmenge blieb am unteren Rand des Trichters. Erst Mitte 1985 konnte die Bundesbank dank der Abwertung des Dollar eine eher expansive Politik mit leichten Zinssenkungen betreiben.

1986 war außenwirtschaftlich durch einen rapiden Verfall des Dollarkurses gekennzeichnet. Zu der daraus resultierenden Verbilligung der Einfuhrpreise in Deutschland kamen weitere drastische Ölpreissenkungen hinzu.[3)] Diese preisdämpfenden Außeneinflüsse führten 1986 sogar zu einem inländischen Preisrückgang. Sie waren auch der Grund dafür, daß der Überschuß in der deutschen Leistungsbilanz insbesondere 1986 kräftig anstieg. Unter diesen Umständen konnte die Bundesbank eine Zinssenkungspolitik betreiben, die zusammen mit liquiditätspolitischen Maßnahmen dazu beitrug, daß die Zentralbankgeldmenge stark expandierte und 1986 das Geldmengenziel deutlich überschritten wurde. Im Verlaufe des Jahres 1987 orientierte sich die Bundesbank noch stärker als im Vorjahr am Wechselkurs, da der rapide Rückgang des Dollarkurses die internationale Wettbewerbsfähigkeit der Wirtschaft erheblich beeinträchtigte. Sie versuchte mit nochmaligen Senkungen der Leitzinsen dem weiteren Anstieg des D-Mark-Außenwertes entgegenzuwirken. Sie nahm dabei bewußt in Kauf, daß sich die Zentralbankgeldmenge kräftig erhöhte. Der Zwiespalt "zwischen außenwirtschaftlichen Zwängen und binnenwirtschaftlichen Zielsetzungen" trat wieder deutlich zutage.[4)]

---

1) Deutsche Bundesbank (1982), Geschäftsbericht, S. 31.

2) Deutsche Bundesbank (1983), Geschäftsbericht, S. 35.

3) vgl. Deutsche Bundesbank (1985), Geschäftsbericht, S. 14.

4) vgl. Sachverständigenrat (1987) S. 87; Deutsche Bundesbank, Monatsbericht 12/87, S. 7

2.4 Vierte Teilperiode (1988 - 1992): Straffung der Geldpolitik

Im Verlauf des Jahres 1988 verschärfte die Bundesbank ihren geldpolitischen Kurs. Während sie noch im Frühjahr die infolge der Börsenturbulenzen des Jahres 1987 eingeleitete geldpolitische Lockerung fortsetzte, ging sie um die Jahresmitte 1988 "zu einer weniger expansiven Linie" über. Begründet wurde dies mit dem beschleunigten Geldmengenwachstum, der verstärkten Binnenkonjunktur sowie dem verschlechterten Preisklima.[1] Diese Kurskorrektur, die in den folgenden Jahren weiter verstärkt wurde, war jedoch keineswegs so stark ausgeprägt wie der Übergang zur restriktiven Geldpolitik im Jahre 1979.

Das Jahr 1988 war durch umfangreiche US-Dollar-Verkäufe der Bundesbank zur Stützung der DM geprägt. Hierdurch wurden 30,6 Mrd. DM Zentralbankgeld absorbiert. Die Bundesbank reagierte mit einer deutlichen Ausweitung der Wertpapierpensionsgeschäfte, über die sie den Banken 50,4 Mrd. DM zur Verfügung stellte. Zudem machte sie im Herbst 1988 die zu Jahresbeginn vorgenommene Kürzung der Resikontkontigente rückgängig. Im Zusammenhang mit den Devisenmarktinterventionen erhöhte die Bundesbank schrittweise die Wertpapierpensionssätze sowie den Diskont- und Lombardsatz.

Für das Jahr 1988 wurde - wie bereits dargelegt - das Geldmengenziel erstmals auf der Basis der breit definierten Geldmenge M3 formuliert.[2] Die Bundesbank strebte eine Ausweitung dieser Größe um 3% bis 6% an. Hiermit war die Absicht verbunden, "die Geldwertstabilität zu erhalten und das Wachstum der Binnennachfrage zu fördern."[3] Im Ergebnis nahm die Geldmenge M3 im Jahresverlauf 1988 um 6,7% zu und überschritt damit im dritten aufeinanderfolgenden Jahr die monetäre Vorgabe.

Die "Härtung der geldpolitischen Linie" wurde auch 1989 fortgesetzt, da "vor dem Hintergrund einer mehrjährigen reichlichen Geldversorgung, zunehmender konjunktureller Anspannungen und einer lange anhaltenden Schwäche der D-Mark an den Devisenmärkten"[4] die Gefährdung der Preisstabilität zunahm. Im Verlauf des Jahres 1989 erhöhte die Bundesbank den Diskont- und Lombardsatz insgesamt viermal; die Zuteilungssätze der Wertpapierpensionsgeschäfte stiegen entsprechend. Das Notenbankzinsniveau wurde auf den höchsten Stand seit 1982 geführt. Das auf "etwa 5%" festgelegte Geldmengenziel wurde eingehalten.

---

1) vgl. Deutsche Bundesbank (1988), Geschäftsbericht, S. 19 und 36.

2) vgl. hierzu auch Deutsche Bundesbank (1988), Monatsbericht Nr 3, S. 18ff.

3) Deutsche Bundesbank (1988), Geschäftsbericht, S. 40.

4) Deutsche Bundesbank (1989), Geschäftsbericht, S. 34.

Die Deutsche Bundesbank führte ihren geldpolitischen Kurs im Jahr 1990 - trotz der Ausweitung des Geltungsbereichs der DM auf das Gebiet der ehemaligen DDR - fort. Die seit Mitte 1988 zur "Abwehr absehbarer Gefährdungen der Preisstabilität" restriktiv angelegte Geldpolitik wurde beibehalten.[1] Die Geldmenge M3, die Anfang des Jahres noch an der Obergrenze des Zielkorridors (von 4% bis 6%) gelegen hatte, bewegte sich bis in die Jahresmitte hinein an dessen unterem Rand.
Die monetäre Entwicklung beschleunigte sich nach Inkrafttreten der Währungsunion.[2] Die Zielvorgabe für das Wachstum der Geldmenge M3 wurde dennoch eingehalten.

Im Jahre 1991 beschleunigte sich der Preisauftrieb als "eine Spätfolge der Überforderung der Produktivkräfte, zu der der einigungsbedingte Nachfrageschub 1990/91 geführt hat."[3] Vor diesem Hintergrund hielt die Bundesbank an ihrem restriktiven Kurs fest. Sie erhöhte in drei Schritten den Diskont- und Lombardsatz, so daß diese Notenbankzinsen Ende des Jahres ihren höchsten Stand in der deutschen Nachkriegsgeschichte erreichten.[4] Für das Jahr 1991 stellte die Bundesbank erstmals ein gesamtdeutsches Geldmengenziel auf, wonach die Geldmenge M3 im gesamten Währungsgebiet der D-Mark um 4% bis 6% zunehmen sollte. "Mit der gegenüber 1990 unveränderten Zielvorgabe demonstrierte die Bundesbank nach innen und nach außen, daß sie auch im erweiterten Währungsgebiet an ihrer straffen Geldpolitik festhalten wollte, was angesichts der sich abzeichnenden Preisrisiken dringend geboten erschien."[5] Das Wachstum der Geldmenge M3 lag im ersten Halbjahr überwiegend unter dem Zielkorridor von 4% bis 6%. Die Bundesbank nahm dieses "Überschießen" der Geldmengenentwicklung zum Anlaß, den Zielkorridor bei der Zielüberprüfung zur Jahresmitte auf 3% bis 5% herabzusetzen. Diese Zielvorgabe wurde mit 5% gerade noch eingehalten.

Im ersten Halbjahr 1992 war die Zinspolitik weiter restriktiv, "um die in dem 'überschießenden' Geldmengenwachstum liegenden Stabilitätsrisiken zu vermindern und die geldpolitische Glaubwürdigkeit nicht zu gefährden.[6] Der Diskontsatz wurde von 8% auf 8,75% heraufgesetzt. "Andererseits hat die Bundesbank bewußt darauf verzichtet,

---

1) vgl. Deutsche Bundesbank (1990), Geschäftsbericht, S. 42.

2) ebenda. S. 47f.

3) Deutsche Bundesbank (1991), S. 20.

4) Der Diskont- und Lombardsatz wurde im Februar um jeweils 1/2 Prozentpunkt auf 6,5% bzw. 9% heraufgesetzt. Weitere Anhebungen folgten im August (7,5% bzw. 9,25%) und im Dezember (8% bzw. 9,75%) vgl. Deutsche Bundesbank (1991), Geschäftsbericht, S. 43.

5) Deutsche Bundesbank (1991), Geschäftsbericht, S. 46.

6) Deutsche Bundesbank (1992), Geschäftsbericht, S. 54f.

auch den Lombardsatz und damit die Geldmarktsätze anzuheben, um die Auswirkungen auf das internationale Zins- und Wechselkursgefüge so gering wie möglich zu halten."[1] Im Herbst des Jahrs 1992 erfolgte eine vorsichtige Zinssenkung. Der Diskont- und Lombardsatz wurde auf 8,25% bzw. 9,5% herabgesetzt; darüber hinaus schloß die Bundesbank die Wertpapierpensionsgeschäfte zu schrittweise sinkenden Zinssätzen ab. Infolge der EWS-Währungsturbulenzen im Herbst 1992 verstärkte sich die monetäre Expansion. Durch Stützungskäufe von EWS-Währungen flossen im September Devisen und demzufolge den inländischen Kreditinstituten liquide Mittel im Rekordbetrag von über 92 Mrd DM zu.[2] Das Geldmengenwachstum (9%) lag deutlich oberhalb des Zielkorridors (3,5% bis 5,5%). "Das Geldmengenziel der Bundesbank wurde damit stärker übertroffen als jemals zuvor in der 18jährigen Geschichte verkündeter Geldmengenziele."[3]

Vergleicht man die von der Bundesbank vorgegebenen Geldmengenziele mit den tatsächlichen Ergebnissen, so läßt sich festhalten, daß in den ersten Jahren der Geldmengenpolitik die Zielwerte deutlich überschritten wurden. Erst als die Bundesbank 1979 zu jährlichen Verlaufszielen mit größeren Bandbreiten überging, war die "Treffsicherheit" größer. Starke Zielverfehlungen gab es vor allem in den "Ausnahmejahren" 1978, 1986/87 und 1992. Die Bundesbank hat dies - wie gezeigt werden konnte - aus außenwirtschaftlichen und konjunkturellen Gründen zugelassen. Sie betont ausdrücklich, daß sie ihr jährliches Geldmengenziel

> "...nie als alleinige Richtschnur für liquiditäts- und zinspolitisches Handeln betrachtet, sondern (...) auch die jeweilige binnen- und außenwirtschaftlichen Probleme berücksichtigt."[4]

Bei dem Endziel, der Preisniveaustabilität, ergibt sich ein einigermaßen günstiges Bild. Praktisch wurde 1986 und 1987 eine "Nullinflation" erreicht. Dudler weist in diesem Zusammenhang darauf hin, daß die Bundesbank ihre Glaubwürdigkeit eher durch die Erfolge ihrer Politik in der Inflationsbekämpfung zu erreichen sucht, als durch "hohe Trefferquoten bei jährlichen Geldmengenzielen."[5]

---

1) ebenda. S. 55.

2) ebenda. S. 56.

3) ebenda. S. 61.

4) Deutsche Bundesbank (1993), Sonderdrucke Nr.7, S. 112.

5) Dudler (1984), S. 128.

3. Zusammenfassung

Die Analyse der praktischen Geldpolitik hat gezeigt, daß beide Zentralbanken einer Überschreitung des von ihr selbst gesetzten Wachstumsziels für die Geldmenge nicht verhindert haben, sondern nachträglich stets Gründe anzuführen wußten, die ihr Verhalten erklären sollten. Dies macht deutlich, daß weder in Deutschland noch in Frankreich geldpolitische Handlungsempfehlungen der Theorie mechanistisch in die Praxis umgesetzt werden.

Auch nach dem Übergang zu Geldmengenzielen wurde in beiden Ländern bei starker Gefährdung der Beschäftigung oder der Wechselkursentwicklung diese Orientierung temporär aufgegeben, um andere geldpolitische Variable, wie Zinssätze oder Wechselkurse zu steuern. Für die Bundesbank waren die außenwirtschaftlichen Belastungen ein hinreichender Grund, um von der mittelfristigen Orientierung ihrer monetären Politik vorübergehend in einem plausiblen Maße abzurücken. So versuchte sie u.a. in Phasen der Dollarschwäche, die Wettbewerbsfähigkeit der deutschen Wirtschaft mit einer aufwertungshemmenden expansiven Geldpolitik zu verteidigen.

Die französische Geldpolitik wurde vor allem durch die Währungskonkurrenz zur DM innerhalb des EWS bestimmt.[1] Sie war fast die ganze Zeit hindurch einem Anpassungsdruck ausgesetzt, wenn sie eine von der Kapitalflucht getriebene Abwertungs-Inflationsspirale vermeiden wollte. Die bisherige Praxis, mit nominalen Abwertungen den inländischen Lohnkostendruck überzukompensieren, mußte in einer Situation der Währungskonkurrenz innerhalb des EWS an den von den Marktkräften gesetzten Grenzen scheitern. Die französische Geldpolitik verlor so einen Teil ihrer Eigenständigkeit und geriet unter außenwirtschaftlichen Handlungszwang. Die Wechselkursverpflichtungen haben eine disziplinierende Wirkung erzeugt, so daß mehr Stabilität erreicht wurde, als ohne außenwirtschaftliche Verpflichtungen im Inland durchsetzbar gewesen wäre. Dieser durch das Festkurssystem auferlegte wirtschaftspolitische Disziplinierungszwang diente als Rechtfertigung nach Innen. Dies ist ein wesentlicher Grund dafür, daß sich die Inflationsraten stark angenähert haben. Die Inflationsdifferenz ist von mehr als 8 Prozentpunkte im Jahre 1980 auf 1 Prozentpunkt im Jahre 1990 zurückgegangen.[2] "Depuis juin 1991, l'écart d'inflation avec l'Allemagne est devenu négatif et ce, pour la première fois depuis 1973."[3]

1) In der Tat: "La politique monétaire française a suivi la stratégie monétaire allemande." Pariente/-Gaudron (1990), S. 254.

2) Auch die kurz- und langfristigen Realzinsen (Geldmarktsätze und Kapitalmarktrenditen) haben sich stark angenähert. Siehe hierzu Eyffinger (1991), S. 185f.

3) Banque de France (1991), Compte rendu, S. 18. Die Inflationsrate lag in Frankreich 1991 bei 3,1% und in Deutschland bei 4,2%.

VI. Schlußbetrachtung

Die vorliegende Arbeit untersuchte mit Blick auf die europäische monetäre Integration, inwieweit zwischen Deutschland und Frankreich bereits Konvergenz auf dem Gebiet der Geldpolitik erreicht worden ist. Versteht man hierunter die schrittweise Verringerung von Unterschieden institutioneller und konzeptioneller Art, so kann für beide Länder festgehalten werden, daß die "convergence" der Geldpolitiken in hohem Maße erreicht ist. Dies gilt für die geldpolitischen Ziele, die geldpolitische Konzeption und die geldpolitischen Instrumente gleichermaßen. Voraussetzung hierfür war, daß sich die institutionellen Rahmenbedingungen als Determinanten für die Ausgestaltung der Geldpolitik einander angeglichen haben.

Die grundlegenden Reformen des finanziellen Sektors in Frankreich, namentlich die Bankenreform und die Deregulierung und Liberalisierung der Geld- und Kapitalmärkte, haben die Voraussetzungen für Konvergenzfortschritte in der Geldpolitik geschaffen. Die bisher in Frankreich bestehenden administrativen Kontrollmechanismen wurden durch marktwirtschaftliche Lenkungsmethoden ersetzt. Mit der Reform der französischen Notenbankverfassung, die die "indépendance de la Banque de France" zum Ziel hat, wird ein weiterer wichtiger Schritt in Richtung auf eine Harmonisierung der deutschen und französischen Geldpolitik getan. Das Ziel der Preisniveaustabilität ist nun auch explizit in den Statuten der Banque de France verankert. Sie erhält nach deutschem Vorbild die funktionelle und personelle Unabhängigkeit von der Regierung und wird dadurch in die Lage versetzt, die französische Geldpolitik nach eigenem Verständnis zu gestalten. Allerdings erscheint es wenig wahrscheinlich, daß es zu grundsätzlichen Änderungen in der französischen Notenbankpolitik kommen wird. Dies schon deshalb, weil die geldpolitischen Vorstellungen der Regierung und der Banque de France seit 1983 weitgehend kongruent sind und das EWS den geldpolitischen Handlungsspielraum der französischen Geldpolitik nach wie vor stark einengt.

Die Analyse der geldpolitischen Konzeptionen im zweiten Teil der Arbeit hat deutlich gemacht, daß sich die monetäre Konvergenz unter der Ägide der Geldmengenziele wesentlich verbessert hat. Das mittelfristige Wachstum der Geldmenge wurde zuerst in Deutschland und dann in Frankreich zum strategischen Leitbild der Geldpolitik. Der wesentliche Aspekt der Geldmengensteuerung liegt in der Beeinflussung der Inflationserwartungen, die neben den Knappheitsverhältnissen auf den Arbeits- und Gütermärkten ein zweiter Bestimmungsfaktor der Lohn- und Preisdynamik sind. Auch wenn man sich zuweilen von Seiten der Banque de France und der Bundesbank auf quantitätstheoretische Zusammenhänge beruft, besagt dies nicht, daß beide Zentralbanken ein monetaristisches Konzept verfolgen. Dagegen sprechen jährlich wechselnde Zielvorgaben für die Geldmenge, diskretionäre Devisenmarktinterventionen und der Übergang zu Bandbreiten. Dieser Übergang vom Punktziel zum Zielkorridor ermöglichte beiden Zentralbanken eine flexible Anpassung und Kompromisse zwischen einer regelgebundenen Geldmengenpolitik und einer praxisbedingten diskretionären Steuerung durch Einsatz der geldpolitischen Instrumente.

Mit ihrer Hilfe kontrollieren sowohl die Banque de France als auch die Deutsche Bundesbank das Wachstum der Geldmenge nur indirekt, indem sie die notwendigen Knappheitsverhältnisse am Geldmarkt erzeugt und auf diesem Weg die Konditionsgestaltung der Geschäftsbanken und damit letztendlich auch das Portfolio- und Finanzierungsverhalten der Nichtbanken beeinflußt. Ferner hat die Diskussion um die geldpolitischen Instrumente gezeigt, daß zur Geldmengensteuerung zins- und mengenmäßige Maßnahmen parallel eingesetzt werden. Die Entwicklung der Geldmenge wird beeinflußt von Entscheidungen der Banken und Nichtbanken sowie der Geldpolitik und zwar sowohl durch eine Änderung der Liquiditätsbedingungen für die Banken als auch durch direkte Änderung der Zinssätze. Der theoretische Rigorismus, mit dem die Frage Mengen- oder Zinssteuerung zuweilen diskutiert wird, geht am eigentlichen Problem vorbei.

Die Analyse der Geldmengenpraxis im vierten und letzten Teil dieser Arbeit hat gezeigt, daß in beiden Ländern eine gradualistische Strategie der Geldmengenkontrolle betrieben wurde, die auf einen langsamen Abbau des Geldmengenwachstums und der Inflation baute. So wurde in Deutschland und Frankreich versucht, die Inflationsrate Schritt für Schritt abzubauen, um den damit verbundenen Anstieg der Arbeitslosigkeit in Grenzen zu halten. Hierzu gehört auch das Bestreben beider Zentralbanken, allzu heftige inflations- oder rezessionsfördernde Veränderungen des Außenwerts der jeweiligen Währung geldpolitisch abzumildern. Dies ist auch ein Grund dafür, warum die Geldmengenziele häufig nicht eingehalten wurden.

Abschließend bleibt festzuhalten: Beide Notenbanken verfolgen das Konzept einer potentialorientierten Geldpolitik mit diskretionärem Ausnahmevorbehalt. Vom monetaristischen Konzept einer reinen Verstetigungsstrategie ist die Notenbankpolitik in Deutschland und Frankreich mitunter weit entfernt. Man hat demzufolge auf ein bedingungsloses Festhalten an starren Geldmengenzielen verzichtet, vielmehr betreibt man diesseits und jenseits des Rheins eine pragmatische Geldpolitik, die auf konjunkturelle Belange Rücksicht nimmt. Die Abweichung von der monetaristischen Verstetigungsstrategie kann als Beweis für die Einsicht der Geldpolitiker gewertet werden, daß sie den Widerspruch zwischen theoretischem Konzept und praktischen Anforderungen schnell realisiert und sich flexibel darauf eingestellt haben. Auch für die geldmengenorientierte Politik gelten die Einsichten, mit denen Jörg Niehans sein Lehrbuch "Theorie des Geldes" schließt:

> "Die Wirtschaftswissenschaft darf jedoch nicht der Illusion verfallen, daß die Zentralbankpolitik je zu einer Wissenschaft wird ... In der Geldpolitik zählt das Unerwartete am meisten... Wie weit die Geldtheorie auch fortschreiten mag, die Zentralbankpolitik wird wahrscheinlich eine Kunst bleiben."[1)]

Das heißt aber nicht, daß die Notenbankpolitik "theorielos" betrieben wird, sondern daß sie unter Wahrung bestimmter Grundsätze versucht, ihre gesetzlich vorgegebenen Ziele zu erreichen. Wie ähnlich sich diese Grundsätze in beiden Ländern geworden sind, hat die vergleichende Analyse der geldpolitischen Konzeption der Banque de France und der Deutschen Bundesbank deutlich gezeigt. Diese Konvergenz der Geldpolitik hat Deutschland und Frankreich einer Währungsunion nähergebracht, als allgemein angenommen wird.

---

1) Niehans (1980), S. 336.

Literaturverzeichnis

Aftalion, F./Poncet, P. (1981), Le monétarisme, PUF, Paris 1981.

Aftalion, F./Poncet, P. (1984), Les taux d'intérêt, PUF, Paris 1984.

Aftalion, F./Poncet, P. (1986), Le MATIF, PUF, Paris 1986.

Aftalion, F./Portait, R. (1978), Propositons pour une stratégie monétaire, in: Revue Banque n° 369, janvier (1978), S. 29 - 34; n° 370, février, S. 167 - 174.

Aglietta, M. (1987), Structures économiques et innovations financières, in: Revue d'économie financière, N° 2, 1987, S. 43 - 58.

Aglietta, M./Orleon, A. (1982), La violance de la monnaie, Paris 1982.

Aglietta, M (1989), Union monétaire et Banque centrale, in: Revue d'Economie financière, n° 8/9 mars/juin 1989.

Aglietta, M. (1990), Union monétaire et politique économique, in: Cahiers Français n° 244, La France et l'Europe, janvier-février 1990, S. 65 - 70.

Akhtar, M.A. (1983), Financial Innovations and their Implications for Monetary Policy: An International Perspective, BIS Economic Papers No. 9, Basle, December 1983.

Alesina, A. (1989), Politics and Business Cycles in Industrial Democracies, in: Economic Policy, (1989)8, S. 55 - 98.

Andreas, K. (1988), Kapitalmarkt, in: Obst, G., Hintner, O., Geld-, Bank- und Börsenwesen, 38. Aufl., hrsg. N. Kloten und H. v. Stein, Stuttgart 1988, S. 955 - 997.

Artus, P. (1985), Le choix des objectifs intermédiaires de la politique monétaire, Banque de France, mimeo.

Artus, P. (1987a), La politique monétaire en France, in: Revue française d'économie, n°3, été 1987, S. 165 - 217.

Artus, P. (1987b), Fixation de l'objectif monétaire et réputation de la Banque Centrale, in: Revue économique, n° 3, mai 1987, S. 807 - 835.

Artus, P. (1988), Les effets des variations des taux d'intérêt, in: Les Cahiers Français, n° 238, monnaie et finace, oct.-dec. 1988, S. 36 - 38.

Artus, P. (1989), Comportements des banques centrales et structure des taux d'intérêt, in: Revue française d'économie, n° 2, printemps 1989, S. 90 - 107.

Artus, P./Barroux, Y./Pecha, J. (1986), Objectif quantitatif de croissance de la masse monétaire et fonction de réaction des autorités monétaires, in: Banque de France, Cahiers économiques et monétaires, n° 27, 1986, S. 49 - 56.

Artus, P./de Boissieu, C. (1988), Der Finanzinnovationsprozeß: Ursachen, Erscheinungsformen und Konsequenzen, in: Innovation, Technik und Finanzwesen, Hrsg. Heertje,A., Oxford 1988, S. 92 - 111.

Baleste, M. (1991), L'économie française, 11. ed. Paris 1991.

Balladur, E. (1987), Vers la liberté, La réforme économique 1986, Balladur (Hrsg.), La Documentation Française, Paris 1986.

Banaian, K./Laney, L.O./Willet. T.D. (1983), Central Bank Independence: An International Comparison, Economic Review Fereal Reserve Bank of Dallas, March 1983, S. 1-13. Wiederabgedruckt in E.F. Toma, M. Toma (eds.), Central Bankers, Bureaucratic Incentives, and Monetary Policy, Dordrecht u.a. 1986 S. 199 - 217.

Bandt, O. (1991), Politique monétaire et agrégats de monnaie en France, in: Banque de France, Bulletin trimestriel, n° 78, S. 79 - 93.
Banque de France (1986), La Banque de France et la monnaie, Paris 1986.
Banque de France, Bulletin trimestriel:
n°24, septembre 1977, Les justifications théoriques et empiriques du choix des objectifs et des instruments de la politique monétaire.
n°30, mars 1979, La politique monétaire française: un essai de réponse aux dérèglements actuels par M. Bernard Clappier, Gouverneur de la Banque de France.
n°36, septembre 1980, Le concept de base monétaire et son application au cas français.
n°38, mars 1981, La politique monétaire française.
n°41, décembre 1981, Les fondements de la politique monétaire française par M. Renaud de la Genière, Gouverneur de la Banque de France.
n°43, juin 1982, Situation de la politique monétaire en 1981 et 1982.
n°44, septembre 1982, L'évolution monétaire au cours du premier semestre de 1982 par M. A. Prate, sous-Gouverneur de la Banque de France.
n°50, mars 1984, Politique du crédit et régulation monétaire - Colloque Banque de France/-Université des 30 novembre 1983.
n°53, décembre 1984, Le nouveau régime des réserves obligatoires.
n°57, décembre 1985, La redéfinition des agrégats monétaires.
n°61, décembre 1986-janvier 1987, La réforme du fonctionnement du marché interbancaire et des modalités d'intervention de la Banque.
n°65, décembre 1987-janvier 1988, Présentations de la méthodologie des statistiques monétaires.
n°67, juin-juillet 1988, Groupe de travail sur les instruments et techniques du marché monétaire.
n°69, décembre 1988-janvier 1989, Le marché interbancaire.
n°71, juin-juillet 1989, Taux d'intérêt à long terme, courbe des rendements et politique monétaire.
n°74, mars-avril 1990, Les options de taux d'intérêt.
n°76, septembre-octobre 1990, Les réserves obligatoires, instrument de politique monétaire.
n°77, décembre 1990-janvier 1991, La réforme des agrégats de monnaie et le nouveau cadre d'analyse conjoncturelle des évolutions monétaires et financières.
n°78, mars-avril 1991, Politique monétaire et agrégats de monnaie en France.
Banque de France, Comptes rendus, Exercice, diverse Jahrgänge
Banque de France, Bulletin mensuel, diverse Jahrgänge
Banque de France, La monnaie en ... .
Banque de France, Note d'information:
n° 40, Le Système Monétaire Européen, mai 1979.
n° 60, Les crédits de trésorerie, février 1984.
n° 82, 10 ans d'activité des établissements de crédit 1978 - 1987, décembre 1988.
n° 75, Les agrégats monétaires, avril 1988.
n° 38, Le Fonds de Stabilisation des Changes, décembre 1978.

n° 77, Le système des réserves obligatoires, avril 1988.
n° 73, Le marché monétaire, juin 1987.
n° 70, Les principeaux taux d'intérêt sur les marchés internes de capitaux", mars 1987.
n° 78, Les titres du marché monétaire, octobre 1988.
n° 95, Les statistiques monétaires et les principaux cadres synthétiques d'analyse de la monnaie, des placements et des financements, octobre 1993.

Barre, R. (1980), L'économie française quatre ans après, in: Revue des Deux Mondes, septembre 1980, S. 532 - 573.

Barre, R. (1981), Une politique pour l'avenir, Plon, 1981.

Beckh, S. (1990), Das Instrumentarium der Deutschen Bundesbank seit dem Übergang zur Geldmengensteuerung: Bestandsaufnahme und Entwicklungsperspektiven, Berlin 1990.

Bensahel, L. (1989), L'économie contemporaine de la France, Grenoble 1989.

Berger, P. (1987), Le marché monétaire, 4. Auflage, PUF, Paris 1987.

Bezbakh, P. (1988), Inflation et désinfaltion, La Découverte, 1988.

Biacabe, P. (1980), Quelle réforme pour le système monétaire français? in: Revue Banque N° 396, juin 1980, S. 669 - 678.

Biacabe, P. (1984), La politique monétaire en France, in Revue d'économie politique, N° 5, 1984, S. 639 - 648.

Biacabe, P. (1986a), De l'independance de la Banque de France, Chroniques d'actualité de la SEDEIS, Bd. 35 (1986)8, S. 298 - 308.

Biacabe, P. (1986b), La politique monétaire en 1985: Une transition avant la rupture, in: Revue d'économie politique, N° 5, 1986, S. 575 - 584.

Biacabe, P. (1988), D'une intermédiation financière à une autre: le cas de la désintermédiation, in: Revue d'économie financière, N° 4, 1988, S. 34 - 48.

Bingham, T.R.G. (1985), Le secteur bancaire et la politique monétaire, OCDE, Paris 1885.

Blanchon, D./Ferrandier, R. (1988), L'évolution récente du système financier français: les mots et les choses, in: Economies et Sociétés, n° 1, 1988.

Blondel, D./Parly, J.M. (1978), La politique monétaire en 1977, in: Revue d'économie politique, N° 6, S. 833 - 853.

Blondel, D./Parly, J.M. (1981), La politique monétaire en 1980, in: Revue d'économie politique, n° 5, septembre 1981, S. 749 - 767.

Bockelmann, H. (1974), Die Rolle der Banken in der Geldpolitik, in: Kredit und Kapital, Heft 2, 1974, S. 145 - 164.

Bockelmann, H. (1978a), Streitfragen zur Kontrolle der Geldschöpfung durch die Notenbank, in: W. Ehrlicher, A. Oberhauser (Hrsg.), Probleme der Geldmengensteuerung, Berlin 1978, S. 39 - 48.

Bockelmann, H. (1978b), Quantitative Targets for Monetary Policy in Germany, in: Banque de France, Cahiers économiques et monétaires, N° 6, 1978, S. 11 - 24.

Bockelmann, H. (1980), Die Zinsbildung am Geldmarkt, in: Kredit und Kapital, Heft 3, 1980, S. 339 - 348.

Bockelmann, H. (1981), Geldpolitik zwischen Theorie und Praxis, in: Sparkasse 2/1981, S. 45 - 48.

Bockelmann, H. (1984), Orientierungspunkte der Geldpolitik, in: Kredit und Kapital, Heft 1, 1984, S. 64 - 83.
Bockelmann, H. (1985), Zehn Jahre Erfahrungen mit Geldmengenzielen, in: Sparkasse 3/1985, S. 91 - 95.
Bockelmann, H. (1989), Hauptsachen und Nebensachen - der Kurswechsel in der Geldpolitik der Bundesbank 1973/74, in: Geldwertsicherung und Wirtschaftsstabilität, Festschrift für H. Schlesinger, S. 191 - 203.
Bofinger, P. (1987), Geldpolitik im Zeichen sogenannter Finanzinnovationen, in: Sparkasse, 103. Jg. 1986/4, S. 139 - 149.
Bofinger, P. (1988), Das Europäische Währungssystem und die geldpolitische Koordination in Europa, in: Kredit und Kapital, 21. Jg. 1988, S. 317 - 345.
Boissieu, C. de (1976), La structure des taux d'intérêt, Economica, Paris 1976.
Boissieu, C. de (1980), Principes de politique économique, Economica, Paris 1980.
Boissieu, C. de (1987a), La nouvelle politique monétaire française, in: Revue d'économie politique, n° 2, S. 156 - 164.
Boissieu, C. de. (1982), Innovations financières et contrôle monétaire: un essai d'interprétation, in: Banque n° 413, janvier 1982, S. 32 - 36.
Boissieu, C. de. (1985), Economie d'endettement, économie de marchés financiers, in: Keynes aujourd'hui, Economica, Paris 1985, S. 337 - 358.
Boissieu, C. de. (1986a), Les innovations financières en France, in: Revue d'économie politique, N°5 (1986), S. 585 - 600.
Boissieu, C. de. (1986b), Quelques réflexions sur l'analyse économique des innovations financières, in: Économie appliquée, N°3 (1986), S. 449 - 472.
Boissieu, C. de. (1987b), Mutations et fragilité des systèmes financiers, in: Revue française d'économie, Vol.II, N°1 (1987), S. 74 - 110.
Boissieu, C. de (1988), La politique monétaire française en perspective, in: lettre mensuelle de conjoncture, Chambre de commerce et d'industrie de Paris, S. 25 - 36.
Boissieu, C. de (1989), La politique monétaire française en perspective, in: lettre mensuelle de conjoncture, Chambre de Commerce et d'industrie de Paris, S. 21 - 28.
Boissieu, C. de (1990), La politique monétaire française en perspective, in: lettre mensuelle de conjoncture, Chambre de commerce et d'industrie de Paris, S. 23 - 30.
Boissieu, C. de (1991), La politique monétaire française en perspective, in: lettre mensuelle de conjoncture, Chambre de commerce et l'industrie de Paris, S. 21 - 29.
Bompaire, F. (1986), Le marché obligataire français, PUF, Paris 1986.
Bonin, v.K. (1979), Zentralbanken zwischen funktioneller Unabhängigkeit und politischer Autonomie. Dargestellt an der Bank von England, der Bank von Frankreich und der Deutschen Bundesbank, Studien zum Bank- und Börsenrecht, Bd.4, Baden Baden 1979.
Booms, H. (1980), Geldtheoretische und geldpolitische Konzepte der Deutschen Bundesbank: Ermittlung und Kritik, Bochum 1980.
Borchert, M. (1989), Geldmengenkonzepte der Deutschen Bundesbank und des Sachverständigenrates, in: Gahlen u.a. (Hrsg.), Wirtschaftswachstum, Strukturwandel und dynamischer Wettbewerb, Berlin u.a. 1989, S. 94 - 105.

Bordes, C. (1986), Mécanismes de transmission de la politique monétaire dans le nouvel environnement financier, mimeo, Université de Limoges.
Bordes, C./Strauss-Kahn, M.O. (1987), 1977 - 1986: Dix ans de politique d'objectifs en France ou le "Targeting" à la française, Tilburg 1987.
Bordes/Driscoll/Donald (1985), Le contenu en information des agrégats monétaires français, in: Revue économique, n°6, novembre 1985, S. 1169 - 1205.
Bordes, C./Raymond, R./Strauss-Kahn, M.-O. (1991), L'Europe et la coordinationdes politiques monétaires, in: Revue d'économie politique, n°1, 1991, Ed. Sirey.
Bouhourse, P. (1991), L'économie de la France: une approche d'économie descriptive, Paris 1991.
Boutillier, M./Villa, P. (1985), Politique monétaire en économie d'endettement vue à travers le modèle O.F.C.E. annuel, in: Observations et diagnostics économiques, n° 13, (1985), S. 119 - 147.
Bouvier, J. (1988), The Banque de France and the State from 1850 to the Present Day, in: G. Toniolo (ed.), Central Banks'Independence in Historical Perspective, Berlin 1988, S. 73 - 104.
Bruneel, D. (1985a) La rédefinition des agrégats monétaires, in: Bulletin trimestriel de la Banque de France, n° 57, décembre 1985.
Bruneel, D. (1985b), Objectifs et action des pouvoirs publics sur le niveau et la structure des taux d'intérêt, in: Banque de France, Cahiers économiques et monétaires, N° 25, (1986), S. 263 - 281.
Bruneel, D. (1987), La nomenclature des institutions financières, in: Bulletin trimestriel de la Banque de France, n° 62, mars-avril 1987.
Bruneel, D. Patat, J.P. (1984), Dix ans de régulation monétaire, in: Banque de France, Cahiers économiques et monétaires, n° 18, S. 5 - 44.
Brunner, K. (1984), Hat der Monetarismus versagt?, in: Kredit und Kapital, Heft 1, 1984, S. 18 - 63.
Bub, N. (1986), Geldpolitik zur Sicherung eines inflationsfreien Wachstums, in: Tomann, H.(Hrsg.), Wirtschaftspolitische Antworten auf die Stagnation, Berlin 1986, S. 135 - 151.
Burgard, J.-J. (1988), La Banque en France, Dalloz, Paris 1988.
Büschgen, H. E. (1991), Bankbetriebslehre, 3. Aufl. Gabler Verlag, Wiesbaden 1991.
Caballero, C. (1990), Le marché monétaire, 2. Auflage, Paris 1990.
Caesar, R. (1976/77), Die Rolle der Mindestreservepolitik im Rahmen der Geldbasiskonzeption der Bundesbank, in: Jahrbuch für Nationalökonomie und Statistik, Bd. 191, 1976/-1977, S. 229 - 250.
Caesar, R. (1980), Die Unabhängigkeit der Notenbank im demokratischen Staat. Argumente und Gegenargumente, in: Zeitschrift für Politik, Bd. 27, (1980), S. 347 - 369.
Caesar, R. (1981), Der Handlungsspielraum von Notenbanken. Theoretische Analyse und internationaler Vergleich, Baden Baden 1981.
Caesar, R. (1990), Die "Autonomie" der Deutschen Bundesbank-Ein Modell für Europa?, Europäische Zentralbank; Europas Währungspolitik im Wandel, Hasse, R.H./Schäfer, W. (Hrsg.), Göttingen 1990, S. 111 - 127.

Capul, J.-Y. (1988), La modernisation du sytème financier français, in: Les Cahiers Français, n° 238, monnaie et finance, La Documentation Française, S. 42 - 45.
Castel, M./Masse J.A. (1983), L'encadrement du crédit, PUF, Paris 1983.
Chaineau, A. (1981), Mécanismes et politique monétaire, PUF, Paris 1981.
Chaineau, A. (1985), L'encadrement du crédit en 1985 - examen d'une réforme, in: Revue d'économie politique n° 1, octobre 1985, S. 39 - 51.
Choinel, A./Rouyer, G. (1988), Le système bancaire français, 4° ed. PUF, Paris 1988.
Claassen, E. M. (1974), Die Definition der Geldmenge: M1, M2, ... oder Mx?, in: Kredit und Kapital, 7.Jg. 1974, S. 273 - 291.
Clappier, B.M. (1979), La politique monétaire française: un essai de réponse aux dérèglements actuels, in: Banque de France, Bulletin trimestriel n° 30, mars 1979, S. 21 - 26.
Cloes, R./Schogs, F. (1989), Frankreichs Wirtschaft zwischen Staat und Markt, in: Die Bank, Heft 2, 1989, S. 100 - 104.
Combe, O. (1987), La structure des taux d'intérêt en France, Communication présentée aux 4e journées internationales d'économie monétaire et bancaire, Aix-en-Provence, 11 et 12 juin 1987.
Commissariat General du Plan, Perspectives du financement de l'économie française, Documentation Française, Paris 1987.
Commissariat Général du Plan, Modèles monétaires de l'économie française, La Documentation Française, 1976.
Commissariat Général du Plan, Rapport "Quels intermédiaires financiers pour demain?" La Documentation Française, 1984.
Commissariat Général du Plan, Rapport et annexes du Comité du financement du VIII° Plan, La Documentation Française, 1980.
Commission des Communautés européennes, Marché unique, monnaie unique, in: Economie européenne, n° 44, octobre 1990, et Economica, 1991.
Conseil National de Crédit, Rapports annuels
Coudert, V. (1987), Monnaie et finance en Allemagne Fédérale, in: Revue d'économie financière, N° 3, décembre 1987, S. 59 - 71.
Coutière, A. (1977), Le système monétaire français, Economica, Paris 1977.
David, J.-H. (1977), Les limites du contrôle monétaire, in: Revue Banque N° 366, octobre 1977, S. 1031 - 1037.
David, J.-H. (1986), La monnaie et la politique monétaire, Economica, Paris 1986.
David, J.H. (1975), Un modèle de l'économie française inspiré des thèse monétaristes, in: Banque de France, Cahiers économiques et monétaires, n° 2, S. 5 - 50.
De Montbrial, T. (1984), Les fondements de la politique économique de Raymond Barre, in: Les Cahiers Française, n° 218, octobre-décembre 1984, S. 44 - 48.
De Mourgues, M. (1988), La monnaie, Système financier et théorie monétaire, Economica, Paris 1988.
Debonneuil, X. (1986), A la recherche d'agrégats monétaires pondérés, in: Banque de France, Cahiers économiques et monétaires, N° 11, S. 71 - 104.
Debonneuil, X./Ophele, R. (1986), La politique monétaire et son contexte économiaue, La Revue Banque Edition, Paris 1986.

Denis, P. (1987), La Banque de France et le pouvoir monétaire, Institut la Boetie, Paris 1987, S. 1 - 31.
Denizet, J. (1980), Monnaie et financement dans les années 1980, Dunod, Paris 1980.
Deppe, H.-D. (1980), Geldmarkt und Geldmarktkonzepte, in: Kredit und Kapital, 13. Jg., 1980, S. 289 - 322.
Descreux, B. (1988), Le marché obligataire et la gestion des obligations, in: Les Cahiers Français, N° 237, juillet-septembre 1988, "La bourse", S. 40 - 45.
Deutsche Bundesbank, - Geschäftsberichte, diverse Jahre
- Monatsberichte, diverse Jahrgänge und Monate
- Auszüge aus Presseartikeln
Deutsche Bundesbank, Die Deutsche Bundesbank: Geldpolitische Aufgaben und Instrumente, Sonderdrucke der Deutschen Bundesbank Nr. 7, diverse Auflagen.
Dickertmann, D./Siedenberg, A. (1984), Instrumentarium der Geldpolitik, 4. Aufl. Düsseldorf 1984.
Dromer, J. (1985), Réflexions pour une politique monétaire, in: Revue Banque n° 448, mars 1985, S. 227 - 230.
Dudler, H.-J. (1980), Kein Kurswechsel in der Stabilitätspolitik, in: Deutsche Bundesbank, Auszüge aus Presseartikeln Nr. 107, 29.12.1980, S. 5 - 6.
Dudler, H.-J. (1983), Instrumente und quantitative Hilfsmittel der kurzfristigen Geldmengenkontrolle, in: Geld- und Währungsordnung, Schriften des Vereins für Sozialpolitik 1983, Nr. 138, S. 39 - 81.
Dudler, H.-J. (1984), Geldpolitik und ihre theoretischen Grundlagen, Frankfurt 1984.
Dudler, H.-J. (1986), Geldmengenpolitik und Finanzinnovationen, in: Kredit und Kapital, 1986, S. 472 - 495.
Dudler, H.-J. (1988), Innovations financières, risques globaux en matière de surveillance des banques et rôle de la banque centrale, in: Revue d'économie politique, N° 5, 1988, S. 615 - 637.
Durand, J.-J. (1988), Stratégies et crédibilité des autorités monétaires, in: Banque de France, Cahiers économiques et monétaires, n° 32, S. 127 - 144.
Duwendag, D. (1975), Geldpolitische Konzeptionen zwischen Keynes und Friedman, in: Schneider, H.K/Wittmann, W./Würgler, H. (Hrsg.), Stabilisierungspolitik in der Marktwirtschaft, Schriften des Vereins für Sozialpolitik, Bd. 85/II., 1975, S. 937 - 964.
Duwendag, D. (1976), Die neue Geldpolitik der Deutschen Bundesbank, in: Konjunkturpolitik, 22. Jg. 1976, S. 265 - 306.
Duwendag, D. (1978), Alternative Ansätze der Geldmengensteuerung, in: Ehrlicher, W./-Oberhauser, A. (Hrsg.), Probleme der Geldmengensteuerung, Berlin 1978, S. 49 - 93.
Duwendag, D. (1980), Der Rückfall in die antizyklische Geldpolitik, in: Deutsche Bundesbank, Auszüge aus Presseartikeln Nr. 105, 18.12.1980, S. 6.
Duwendag, D. (1982), Anmerkungen zur geldpolitischen Strategie der Deutschen Bundesbank, in: Beihefte zu Krdit und Kapital, Heft 7, 1982, S. 111 - 129.
Duwendag, D. (1988), Das Konzept der Deutschen Bundesbank: Zwischen Geldmengenzielen und zinspolitischer Flexibilität, in: Beihefte zu Kredit und Kapital, Heft 10, 1988, S. 21 - 35.

Eck, J.-F. (1982), Le Trésor, PUF, Paris 1982.
Eck, J.-F. (1988), Histoire de l'économie française depuis 1945, Coll. "Cursus", Armand Colin, Paris 1988.
Ehrenberg, H. (1988), Autonom bis zum europäischen Ende?, Wirtschaftsdienst, 68. Jg. (1988)3, S. 119 - 121.
Ehrenberg, H. (1991), Abstieg vom Währungsolymp, Frankfurt 1991.
Ehrlicher, W. (1981), Geldtheorie und Geldpolitik VI: Geldpolitik, in: Handwörterbuch der Wirtschaftswissenschaften, Band 3, Stuttgart 1981, S. 423 - 451.
Ehrlicher, W. (1984), Monetarismus und Keynesianismus in der "Neuen Geldpolitik", in: Kredit und Kapital, Heft 1, 1984, S. 1 - 17.
Ehrlicher, W. (1985), Ein neuer Methodenstreit?, in: Jahrbuch für Sozialwissenschaft 36, 1985, S. 109 - 127.
Ehrlicher, W. (1988), Wandlungen in der Konzeption der Geld-, Finanz- und Lohnpolitik 1948-1986, in: Filc, W. u.a. (Hrsg.), Herausforderungen der Wirtschaftspolitik, Festschrift zum 60. Geburtstag von C. Köhler, Berlin 1988, S. 315 - 336.
Emminger, O. (1982), Deutsche Geldpolitik im Zeichen des Monetarismus, in: Sparkasse, Deutscher Sparkassen- und Giroverband, 99.Jg., Heft 7, 1982, S. 286 - 301.
Emminger, O. (1986), D-Mark, Dollar, Währungskrisen, Stuttgart 1986.
Eyffinger, S.C.W. (1991), Konvergenz in der Geldpolitik: das Beispiel Deutschland - Frankreich, in: Europa auf dem Weg zur Währungsunion, (Hrsg.), M. Weber, Darmstadt 1991, S. 171 - 192.
Faugère, J.-P./Voisin, C. (1989), Le système financier français, crises et mutatons, Nathan, Paris 1989.
Fautz, W.M. (1975), Analyse einer geld- und kreditpolitischen Konzeption der Deutschen Bundesbank für die Jahre 1958 bis etwa 1970, in: Kredit und Kapital, 8.Jg. 1975, S. 450 - 472.
Ferrandier, R./Koen, V. (1988), Marchés de capitaux et techniques financières, Paris 1988.
Fleuriot, P. (1988), La modernisation du marché financier, in: Les Cahiers Français, N° 237, juil.-sept. 1988, "La bourse", S. 19 - 25.
Flouzat, D. (1990), Économie contemporaine. Les phénomènes monétaires, Bd.2, 10°ed., Paris 1990.
Fonteneau, A. (1990), La politique économioque française depuis le second choc pétrolier, in: Cahiers Français, N° 245, La Documentation Française, mars-avril 1990, S. 43 - 50.
Fonteneau, A./Muet, P.-A. (1985), La gauche face à la crise, Paris 1985.
Förster, G. (1980), Der optimale Geldmengenbegriff. Eine theoretische und empirische Analyse für die Bundesrepublik Deutschland, Berlin 1980.
Francke, H. (1975), Bankenliquidität und Zins als Orientierungsvariable der Geldpolitik, Berlin 1975.
Francke, H.-H. (1988), Finanzinnovationen und Geldangebotsprozeß, in: Beihefte zu Kredit und Kapital, Heft 8, 1988, S. 264 - 276.
Friedman, M. (1973), Die Gegenrevolution in der Geldtheorie, in: Kalmbach, P. (Hrsg), Der neue Monetarismus, S. 47 - 69.

Friedman, M. (1982), Monetary Policy - Theory and Practice, in: Journal of Money, Credit and Banking, Vol 14, No.1, February 1982, S. 98 - 118.
Friedmann, B.M. (1975), Targets, Instruments and Indicators of Monetary Policy, in: Journal of Monetary Economics, Vol. 1 (1975), S. 443 - 473.
Friedmann, W. (1988), Die Mindestreserve im deutschen Finanzsystem, in: Beihefte zu Kredit und Kapital, Heft 10, S. 79 - 108.
Fröchen, P./Voisin, P. (1985), La stabilité de demande de monnaie: le cas de la France de 1970 à 1984, in: Banque de France, Cahiers économiques et monétaires, n° 21, S. 5 - 48.
Gabrielli, D. (1988), L'intégration monétaire et financière européenne, in: Les Cahiers Français, n° 238, monnaie et finance, La Documentation Française, 1988, S. 56-62.
Généreux, J. (1993), Chiffres clés de l'économie française, Editions du Seuil, Paris 1993.
Genière, R. de la (1979), Une politique monétaire à moyen terme, in: Revue Banque n° 383, avril 1979, S. 423 - 432.
Genière, R. de la (1981), Les fondements de la politique monétaire française, in: Banque de France, Bulletin trimestriel, n° 41, S. 19 - 23.
Genière, R. de la (1982), Situation de la politique monétaire en 1981 et 1982, in: Banque de France, Bulletin trimestriel, n° 43, S. 15 - 17.
Gleske, L. (1986), Wandlungen in der Geldpolitik, in: Deutsche Bundesbank, Auszüge aus Presseartikeln Nr. 42, 13.06.1986, S. 1 - 8.
Gleske, L. (1988), Die Geldmarktpolitik der Bundesbank. Erfahrungen und Probleme, in: Filc, W. u.a. (Hrsg.), Herausforderungen der Wirtschaftspolitik, Berlin 1988, S. 131 - 146.
Greffe, X. (1991), Politique économique: programmes, instruments, perspectives, Economica, Paris 1991.
Guillaumont-Jeanneney, S. (1982), Pour la politique monétaire, Paris 1982.
Gurley, J./Shaw, E.S. (1973), La monnaie dans une théorie des actifs financiers, Cujas, Paris 1973.
Hartwig, K.-H. (1983/84), Bundesbankautonomie und Inflationsbekämpfung: Politische Ökonomie des Notenbankverhaltens, in: List Forum, Bd. 12, (1983/84)5, S. 307 - 322.
Hasenbach-Jaenisch, K. (1985), Strategien der Geldpolitik - Eine Kritik der Geldmengensteuerung, Hamburg 1985.
Hasse, R. (1989), Die Europäische Zentralbank: Perspektiven für eine Weiterentwicklung des Europäischen Währungssystems, Gütersloh 1989.
Hayek, v. Friedrich, A. (1977), Entnationalisierung des Geldes, Tübingen 1977.
Heise, M. (1988), Wie groß ist der Handlungsspielraum der Geldpolitik?, in: Wirtschaftsdienst, 68. Jg., Heft 4, S. 218 - 224.
Herschtel, M.-L. (1986), Frankreich: eine Verschuldungswirtschaft, in: Öffentliche Finanzen, Kredit und Kapital, (Hrsg.), D. Cansier u. D. Kath, Festschrift für Werner Ehrlicher zur Vollendung des 65. Lebensjahres, S. 515 - 537.
Herz, B. (1988), Geldpolitik bei finanziellen Innovationen, Frankfurt 1988.
Herz, B./Röger, W. (1988), Wechsel des monetären Zwischenziels, in Wirtschaftsdienst, 68. Jg., Heft 3, S. 163 - 168.
Hicks, J.R. (1974), The crisis in Keynesian economics, Basil Blackwell (1974).

Hiss, D./Schröder, W. (1988), Geldmengenpolitik der Deutschen Bundesbank: Probleme der Steuerung und Interpretation, in: Filc, W. u.a. (Hrsg.), Herausforderungen der Wirtschaftspolitik, Festschrift zum 60. Geburtstag von C. Köhler, Berlin 1988, S. 147 - 168.

Hoffmann, D. (1989), Zur Unabhängigkeit der Deutschen Bundesbank, in: E. Stein/H. Faber (hrsg.), Auf einem Dritten Weg, Festschrift für H. Ridder zum siebzigsten Geburtstag, Neuwied 1989, S. 49 - 63.

Hommet, J.-M. (1991), Le système bancaire français, Dunod, Paris 1991

Icard, A. (1987a), La réforme du marché interbancaire, in: Revue Banque n° 468, janvier 1987, S. 77 - 81.

Icard, A. (1987b), Les instruments de la politique des taux, in: La Revue Banque n° 474, juillet-août (1987), S. 698 - 702.

Icard, A. (1988), Interventions de la Banque de France sur le marché monétaire et hiérachie des taux, in: Banque de France, Cahiers économiques et monétaires, N° 32, (1988), S. 147 - 163.

Issing, O. (1982), Die Unabhängigkeit der Bundesbank. Theoretisch umstritten-praktisch bewährt, W. Ehrlicher/D.B.Simmert (Hrsg.), Geld- und Währungspolitik in der Bundesrepublik Deutschland, Beihefte zu Kredit und Kapital, Heft 7, Berlin 1982, S. 49 - 60.

Issing, O. (1988), Das Instrumentarium der Deutschen Bundesbank - Argumente für eine Neuorientierung, in: Bombach, G. (Hrsg.), Geldtheorie und Geldpolitik, Tübingen 1988, S. 61 - 74.

Issing, O. (1990), Einführung in die Geldpolitik, 3. Aufl. Verlag Vahlen, München 1990.

Issing, O. (1992), Unbhängigkeit der Notenbank und Geldwertstabilität, Deutsche Bundesbank, Auszüge aus Presseartikeln, Nr. 79 (1992), S. 1 - 8.

Jahnke, W. (1983), Geldpolitische Instrumente und monetärer Transmissionsprozeß im Bundesbankmodell, in: Ehrlicher, W./Richter, R. (Hrsg.), Geld- und Währungsordnung, Berlin 1983, S. 9 - 37.

Jeanneney, J.-M. (1989), L'économie française depuis 1967, Paris 1989.

Joffre, Ch./Strauss-Kahn, M.O. (1980), Quelques implications de l'hétérogénéité des banques françaises quant à la conduite de la politique monétaire, in: Banque de France, Les Cahiers économiques et monétaires, N° 11.

Kaiser, R.H. (1980), Deutsche Bundesbank: Stärkung der personellen Autonomie, in: Zeitschrift für das gesamte Kreditwesen, Heft 8, S. 324 -332.

Kaldor, N. (1985), Le fléau du monétarisme, Economica, Paris 1985.

Kaldor, N./Trevithick, J. (1981), Geldtheorie und Geldpolitik, V: Aus keynesianischer Sicht, in: Handwörterbuch der Wirtschaftswissenschaften, 3. Bd., 1981, S. 412 - 423.

Kath, D. (1974), Die theoretischen Grundlagen geldpolitischer Steuerungskonzepte, in: Strukturwandel und makroökonomische Steuerung, Festschrift Fritz Voigt, Hrsg. S. Klatt u. M. Willms, S. 341 - 361.

Kath, D. (1979), Das Geldmengenziel der Deutschen Bundesbank, in: Wirtschaftswissenschaftliches Studium (WiST), Heft 10, Oktober 1979, S. 455 - 460.

Kath, D. (1985), Monetäre Steuerungsprobleme in parlamentarischen Demokratien, in: Geldtheorie, Entwicklung, Stand und systemvergleichende Anwendung, Thieme, H.J. (Hrsg.), Monographien der List Gesellschaft, N.F., Bd.8, Baden-Baden 1985, S. 177ff.

Ketterer, K.-H. (1975), Probleme der Neo-Quantitätstheorie und der Geldmengenpolitik, Berlin 1975.

Ketterer, K.-H./Kloten, N. (1988), Geldversorgung und Notenbankpolitik, Kapitel 4 in: Obst/Hintner, Geld,-Bank- und Börsenwesen, N.Kloten, H.J. von Stein (Hrsg.), 38., völlig neu bearbeitete und erweiterte Auflage, Stuttgart 1988, S. 113ff.

Klein, K.R. (1986), Structure bancaire et politique monétaire, in: Eurepargne, n° 1, octobre 1986, S. 34 - 37.

Kloten, N. (1981), Die Praxis der Notenbankpolitik. Zur Rezeption theoretischer Erkenntnisse in der Geldpolitik, in: Geld, Banken und Versicherungen, Beiträge zum 1. Symposion Geld, Banken und Versicherungen an der Universität Karlsruhe, Bd. 1, Königstein/Ts., S. 39 - 54.

Kloten, N. (1987), Paradigmawechsel in der Geldpolitik, in: Zeitschrift für Wirtschaft- und Sozialwissenschaften, 108, S. 1 - 23.

Köhler, C. (1973), (Hrsg.) Geldpolitik - kontrovers, Köln 1973, S. 94 - 108.

Köhler, C. (1977), Geldwirtschaft, Bd. 1, Berlin 1977.

Köhler, C. (1978), Der Zins als kreditpolitische Steuergröße, in: Deutsche Bundesbank, Auszüge aus Presseartikeln Nr. 77, 11.10.1978, S. 1 - 4.

Köhler, C. (1978a) Möglichkeiten und Grenzen der Geldpolitik, in: Deutsche Bundesbank, Auszüge aus Presseartikeln Nr. 30, 12.04.1978, S. 1 - 3.

Köhler, C. (1978b), Probleme der Zentralbankgeldmengensteuerung, in: Ehrlicher,W./-Oberhauser, A.: Probleme der Geldmengensteuerung, Berlin 1978, S. 9 - 37.

Köster, W. (1989), Erfahrungen mit Geldmengenzielen und ihre Implikationen für die konzeptionelle Ausgestaltung der Geldpolitik, in: Gahlen u.a. (Hrsg.) Wirtschaftswachstum, Strukturwandel und dynamischer Wettbewerb, Berlin u.a 1989, S. 107 - 124.

Lacoue-Labarthe, D. (1985), Les taux d'intérêt dans les mécanismes d'ajustement et de régulation monétaires en France, in Banque de France, Cahiers économiques et monétaires, N° 25, (1986), S. 305 - 333.

Lacoue-Labarthe, D. (1987), Les réserves obligatoires ne sont plus ce qu'elles étaient, in: Revue d'économie financière, n° 3, S. 135 - 146.

Lagayette, P. (1987), L'evolution des instruments de la politique monétaire en France et le nouveau dispositif de contrôle monétaire, in: Analyse financière, 2° trimestre 1987/5.

Lagayette, P. (1992), La politique monétaire française au début des années quatre-vingt-dix, in: Bulletin mensuel n° 37, janvier 1993.

Lamfalussy, A. (1986), Innovations financières, politique monétaire et stabilité des marchés, in: Banque N° 457, janvier 1986, S. 8 - 14.

Lampe, O. (1971), Die Unabhängigkeit der Deutschen Bundesbank, 2. Auflage, München 1971.

Larosière, de J. (1991), La situation monétaire à mi-année, in: Bulletin mensuel n° 19, juin 1991.

Larosière, de J. (1991), L'union monétaire européenne, in: Bulletin mensuel n° 22, octobre 1991.

Larosière, de J. (1992) Comment la politique monétaire a-t-elle influencé l'économie française?, in: Bulletin mensuel n° 27, mars 1992.

Larosière, de J. (1992), A propos de la crise monétaire de septembre 1992 et la stabilité du franc, in: Bulletin mensuel n° 36, décembre 1992.
Le Cacheux, J. (1988), Politique monétaire et politiques économiques, in: Les Cahiers Français, n° 238, "monnaie et finance", octobre-décembre 1988, S. 39 - 41.
Le Heron, E. (1990), Economie d'endettement, économie de marché financier et politique monétaire, Institut d'études politiques de Bordeaux, 7° journées internationales d'économie monétaire et bancaire, Caen 1990, S. 1 - 19.
Lebeque, D. (1985), La nouvelle politique du crédit, in: Revue Banque, fèvrier 1985, S. 123 - 125.
Lerch, W. (1983), Das "Experiment Barre", Köln 1983.
Levet, J.L. (1990), Une France sans complexes, Economica, Paris 1990.
Levy-Garboua, V./Maarek, G. (1985), La dette, le boom, la crise, Paris 1985.
Levy-Garboua V./Weymuller, B. (1984), Macroéconomie contemporaine, Paris 1984.
Lévy-Garboua, V. (1980), Doit-on être monétariste en France en 1980, in: Revue Banque, n° 390, déc. 1979, S. 1395 - 1404, n° 391, janv. 1980, S. 15 - 20.
Loef, H.-E. (1988), Diskretionäre Geldpolitik, rationale Erwartungen und Politikglaubwürdigkeit, in: Jahrbücher für Sozialwissenschaft, 39.Jg. (1988), S. 361 - 375.
Maarek, G. (1978), Monnaie et inflation dans une économie d'endettement, in: Revue d'économie politique, n° 1, 1978.
Maarek, G. (1985), L'encadrement du crédit: abolition ou consolidation?, in: Revue de l'I.P.E.C.O.D.E., n° 7, février 1985, S. 1 - 19.
Maier, G. (1984), Varianten der Geldmengensteuerung international, in: Die Bank 6/84, S. 268 - 274.
Mainert, P. (1988), Geldmarkt, in: Obst, G., Hintner, O., Geld-, Bank- und Börsenwesen, 38. Aufl., hrsg. von N. Kloten und H. v. Stein, Stuttgart 1988, S. 937 - 955.
Maris, B/Couret, A. (1991), Les politiques économiques conjoncturelles, "Que sais-je?" PUF, Paris 1991.
Malinvaud, E. (1986), The Rise of Unemployment in France, Economica, Paris 1986.
Mélitz, J. (1982), Le système financier français: les mécanismes et la question de sa réforme, in: Annales de l'I.N.S.E.E., vol 47-48, S. 762 - 792.
Mélitz, J. (1991), Monetary Policy in France, Discussion Paper No. 509, January 1991, Centre for Economic Policy Research, London 1991.
Métais, J./Szymczak, P. (1986), Les mutations du système financier français, innovations et déréglementation, Documentation Française, Paris 1986.
Ministère de l'Economie, des Finances et du Budget (1986), Livre blanc sur la reforme du financement de l'économie, La Documentation Française, Paris 1986.
Modigliani, F. (1978), Die monetaristische Kontroverse oder: Sollten wir auf Stabilitätspolitik verzichten?, in: Beihefte zu Kredit und Kapital, Heft 4, 1978, S. 247 - 279.
Muet, P.-A./Fonteneau, A. (1984), La politique conjoncturelle de la gauche: la relance ucontrariée, in Cahiers Français, N° 218, octobre-décembre 1984, S. 48 - 54.
Muet, P.-A./Fonteneau, A. (1990), Reflation and Austerity: Economic Policy under Mitterrand, London 1990.

Naouri, J.-C. (1986), La réforme du financement de l'économie, in: La Revue Banque N° 459, mars 1986, S. 211 - 221.

Nauschütz, M. (1992), Beschäftigungspolitische Konzeptionen verschiedener gesellschaftlicher Gruppen in Frankreich, Paffenweiler 1992.

Nelder, M. (1975), Einige problematische Aspekte der monetaristischen Stabilitätspolitik, in: Konjunkturpolitik, Bd. 21, S. 22 - 35.

Nemitz, K. (1980), Aspekte der Geldmarktsteuerung, in Kredit und Kapital 13. Jg. 1980, S. 323 - 338.

Nemitz, K. (1988), Stabilitätspolitik und Konsensbildung, in: Filc, W. u.a. (Hrsg.), Herausforderungen der Wirtschaftspolitik, Festschrift zum 60. Geburtstag von C. Köhler, Berlin 1988, S. 375 - 388.

Neubauer, W. (1978), Über die Unmöglichkeit einer monetaristischen Geldpolitik, in: Die Monetarismus-Kontroverse, Beihefte zu Kredit und Kapital, Heft 4, S. 149 - 170.

Neumann, M.J.M. (1974), Zwischenziele und Indikatoren der Geldpolitik, in: Geldtheorie, hrsg. v. Brunner, K., Monissen, H.G. und Neumann, M.J.M., Köln 1974, S. 360ff.

Neumann, M.J.M. (1975), Konstrukte der Zentralbankgeldmenge, in: Kredit und Kapital, Heft 8, 1975, S. 317 - 345.

Niehans, J. (1980), Theorie des Geldes, Bern 1980.

Nowotny, E. (1986), Möglichkeiten einer effizienteren Abstimmung zwischen Geld-, Finanz- und Einkommenspolitik, in: Krupp/Rohwer/Rothschild (Hrsg.), Wege zur Vollbeschäftigung, Freiburg 1986.

Oberhauser, A. (1969), Die Zentralbank als Geschäftsbank des Staates, in: Finanzarchiv, Bd. 28, 1969.

Oberhauser, A. (1972), Geldpolitik als Liquiditätspolitik. Ein Vorschlag zur Neugestaltung des geldpolitischen Instrumentariums, in: Kredit und Kapital, Heft 4, 1972, S. 373 - 405.

Oberhauser, A. (1977), Liquiditätstheorie des Geldes als Gegenkonzept zum Monetarismus, in: Kredit und Kapital, Heft 2, 1977, S. 205 - 230.

Oberhauser, A. (1983), Die Bedeutung der Verteilungszusammenhänge für Geldtheorie und Geldpolitik. Dargestellt am Beispiel der Staatsverschuldung, in: Jahrb. f. Nationalökonomie und Statistik, (Vol.) 198/1, S. 2 - 19.

Oberhauser, A. (1987), Kritische Thesen zu einer strikt potentialorientierten Geldmengenpolitik, in: Gutowski, A. (Hrsg.), Geldpolitische Regelbindung: Theoretische Entwicklung und empirische Befunde, Berlin 1987, S. 123 - 132.

Oberhauser, A. (1988), Änderungen in der Einkommensverteilung und Zinsbildung, in: Filc, W. u.a. (Hrsg.), Herausforderungen der Wirtschaftspolitik, Festschrift zum 60. Geburtstag von C. Köhler, Berlin 1988, S. 98 - 111.

OECD Wirtschaftsberichte: Frankreich, Paris, div. Jahrgänge.

OFCE (1992), Premier rapport. La désinflation compétitive, le mark et les politiques budgétaires en Europe. Coll. "Economie et société", Editions du Seuil, Paris 1992.

Paprotzki, M. (1991), Die geldpolitischen Konzeptionen der Bank von England und der Deutschen Bundesbank. Eine Analyse über den Einfluß des monetaristischen Paradigmas, Frankfurt/M 1991.

Pariente, G./Gaudron, P. (1990), Eléments d'économie monétaire, Economica, Paris 1990.

Pastre, O. (1986), La modernisation du système bancaire, Documentation Française, Paris 1986.

Patat, J.-P. (1986), Les nouveaux agrégats monétaires en France, in: Banque de France, Cahiers économiques et monétaires, N° 27, S. 59 - 85.

Patat, J.-P. (1987a), Monnaie, institutions financières et politique monétaire, 4. Auflage, Paris 1987.

Patat, J.-P. (1987b), Du bon usage des réserves obligatoires, in: Revue d'économie financière, n° 3, décembre 1987, S. 4 - 58.

Patat, J.-P. (1988a), Les autorités monétaires face à l'instabilité et aux nouveaux risques du système financier, in: Revue d'économie politique, N° 5, sept.-oct. 1988, S. 747 - 763.

Patat, J.-P. (1988b), Intégration des marchés de capitaux: stratégie et crédibilité des autorités monétaires, in: Banque de France, Cahiers économiques et monétaires, n° 32, S. 111 - 125.

Patat, J.-P./Lutfalla, M. (1986), Histoire monétaire de la France au XX° siècle, Economica, Paris 1986.

Pébereau, M. (1987), La politique économique de la France: les objectifs, Coll. "U", Armand Colin, 1987.

Pecha, J. (1979), Mise en pratique de l'objectif monétaire en France, in: New Approaches in Monetary Policy (1979), S. 153 - 165.

Penaud, R. (1985), Les institutions financières françaises, Revue Banque, Paris 1985.

Penaud, R./Gaudichet, F. (1985), Sélectivité du crédit. Financement, politique monétaire, Economica, Paris 1985.

Petit, M.J.-P. (1991), Le système bancaire français, in: Les Notes Bleues n° 521 de Ministère de l'Économie, des Finances et du Budget, 1991, S. 1 - 21.

Pfleiderer, O. (1981), Zins- und Liquiditätspolitik im Rahmen der Geldmengensteuerung, in: Göppl, H., Henn, R. (Hrsg.), Geld, Banken und Versicherungen, Königstein 1981, S. 264 - 272.

Pohl, Reinhard, (1978), Hat sich die neue geldpolitische Strategie der Deutschen Bundesbank bewährt? in: DIW - Vierteljahreshefte, Heft 1, S. 5 - 21.

Pohl, Reinhard (1988), Erfahrungen mit Geldmengenzielen in der Bundesrepublik Deutschland, in: Geldtheorie und Geldpolitik, G. Bombach (Hrsg.), Tübingen 1988, S. 83 - 113.

Pohl, Rüdiger (1973), Geldbasis versus Liquiditätsbasis - Ein Vergleich zweier geldtheoretischer Konzepte, in: Geldpolitik kontrovers, (Hrsg.), C. Köhler, Köln 1973, S. 94 - 108.

Pohl, Rüdiger (1976), Geldkreislauf und Einkommenskreislauf, Berlin 1976.

Pohl, Rüdiger (1986), Die Rolle der Geldpolitik im Rahmen einer aktiven Beschäftigungspolitik, in: Krupp, H.J./Rohwer, B./Rothschild, K.W (Hrsg.), Wege zur Vollbeschäftigung, Freiburg 1986.

Pohl, Rüdiger (1987), Brauchen wir eine neue geldpolitische Konzeption?, in: Wirtschaftsdienst 1987/VII, S. 339 - 345.

Pohl, Rüdiger (1988), Zum Informationsbedarf geldpolitischer Strategien, in: Filc, W. u.a. (Hrsg.), Herausforderungen der Wirtschaftspolitik, Festschrift zum 60. Geburtstag von C. Köhler, Berlin 1988, S. 113 - 127.

Pöhl, K.O. (1985/86), Deutsche Geldpolitik im Spannungsfeld der internationalen Währungsentwicklung, in: List Forum, Bd. 13, S. 73 - 82.

Pollin, J.-P. (1985), Les agrégats de monnaie et de crédit: leur utilisation dans la conduite de la politique monétaire française, in: Économique appliquée, n°1, 1985, S. 325 - 355.

Pollin, J.-P. (1987), Les politiques monétaires à l'aventure, in: Revue d'économie finan-cière, n°3, 1987, S. 121 - 132.

Pollin, J.-P. (1988a), Turbulence financière et crise des politiques monétaires, in: Revue d'économie financière, n°5/6, 1988, S. 22 - 32.

Pollin, J.-P. (1988b), La politique monétaire française: historique et perspectives, in: Les Cahiers Français, n° 238, monnaie et finance, La Documentation Française, oct.-déc. 1988, S. 27 - 34.

Prate, A. (1987), La France et sa monnaie, Paris 1987.

Quinet, E. (1990), La planification française, PUF, Paris 1990.

Rapport annuel sur les Comptes de la Nation.

Raymond, R. (1978), Les politiques internes de caractere conjoncturel, in: Banque de France, Cahiers économiques et monétaires, n° 9, S. 111 - 120.

Raymond, R. (1983), The Formulation and Implementation of Monetary Policy in France, in: Meek, P. (ed.): Central Bank Views on Monetary Targeting, Federal Reserve Bank of New York, S. 105 - 114.

Raymond, R. (1985), Evolution des objectifs et des instruments de la politique monétaire en France, in: Banque n° 455, novembre 1985, S. 1001 - 1005.

Raymond, R. (1987), La régulation monétaire par les taux d'intérêt dans les principaux pays: justification et portée, in: Revue d'économie financière, n° 1, S. 22 - 32.

Raymond, R. (1991), Les institutions monétaires en France, PUF, Paris 1991.

Raymond, R. (1993), L'unification monétaire en Europe, PUF, Paris 1993.

Raymond, R. (1977), Les justifications theoriques et empiriques du choix des objectifs et des instruments de la politique monétaire, in: Banque de France, Bulletin trimestriel n° 24, S. 37 - 41.

Redon, M./Besnard, D. (1987), La monnaie: politique et institutions, Paris 1987.

Redon, M./Besnard, D. (1989), La Banque de France, PUF, Paris 1989.

Renversez, F. (1986a), Facteurs constitutifs d'une économie d'endettement, in: Cahiers Français, n° 224, La Documentation Française, Janv.-fevr. 1986, S. 3 - 10.

Renversez, F. (1986a), La France est-elle encore une économie d'endettement, in: Cahiers Français, n° 224, La Documentation Française, Janv.-fevr. 1986, S. 13 - 22.

Renversez, F. (1988a), Eléments d'analyse monétaire, Mémentos Dalloz, 1988.

Renversez, F. (1988b), Innovations financières, désintérmediation et économie d'endettement, in: Économies et Societés, N°4 (1988), S. 49 - 79.

Ribhegge, H. (1988), Widersprüche in der Geldmengenpolitik der Deutschen Bundesbank, in: Kredit und Kapital, Heft 2, Berlin 1988, S. 197 - 220.

Riché, P./Wyplosz (1993), L'Union monétaire de l'Europe, Coll. "Points", Editions du Seuil, Paris 1993.

Richard, B. (1987), Un nouveau marché: les options sur contrats MATIF, in: Banque n° 469, février 1987.

Richter, F. (1992), Die Zentralbankgeldmärkte der Bundesrepublik Deutschland, Düsseldorf 1992.
Rohde, A. (1982), Durchschnittsziel und Verlaufsziel als monetäre Zielvorgabe, in: Wirtschaftswissenschaftliches Studium (WiST), 11.Jg., S. 436 - 438.
Rohde, A. (1985), Mengensteuerung und Zinssteuerung - Eine Analyse monetärer Steuerungsstrategien, Berlin 1985.
Rohwäder, J. (1990), Die Geldpolitik der Deutschen Bundesbank zwischen 1969 und 1982 im Lichte von Monetarismus und Keynesianismus, Hamburg 1990.
Roth, W. (1982), Humane Wirtschaftspolitik, Köln 1982.
Ruckriegel, K. (1989), Finanzinnovationen und nationale Geldpolitik: Neuerungen im finanziellen Sektor; Darstellung und Analyse ihrer Implikationen für das geldpolitische Konzept der Deutschen Bundesbank, Bayreuth 1989.
Sachs, J./Wyplosz, C. (1986), France under Mitterrand, in: Economic Policy, A European Forum, Vol. 1, n°2, April 1986, S. 260 - 322.
Sachverständigenrat zur Begutachtung der gesamtwirtschaftlichen Entwicklung (SVR), Jahresgutachten, verschiedene Jahrgänge.
Santini, J.J. (1988), Les mutations du système financier français depuis le début des années quatre-vingt, in: Les notes bleues N° 386 de Ministere de l'Economie des Finances et du Budget, 1988, S. 1 - 12.
Schlesinger, H. (1974), Recent experience of West German Monetary Policy, in: Deutsche Bundesbank, Auszüge aus Presseartikel, Nr. 45, S. 1 - 4.
Schlesinger, H. (1976), Neuere Erfahrungen der Geldpolitik in der Bundesrepublik Deutschland, in: Kredit und Kapital, Heft 4, S. 433 - 454.
Schlesinger, H. (1978), Die Geldpolitik der Deutschen Bundesbank 1967 - 1977, in: Kredit und Kapital, Heft 1, S. 3 - 27.
Schlesinger, H. (1985), Zehn Jahre Geldpolitik mit einem Geldmengenziel, in: Öffentliche Finanzen und monetäre Ökonomien, Gebauer, W., (Hrsg.), Festschrift für Karl Häuser zur Vollendung des 65. Lebensjahres, Frankfurt/M., S. 123 - 147.
Schlesinger, H. (1988a), Das Konzept der Deutschen Bundesbank, in Beihefte zu Kredit und Kapital, Heft 10, S. 3 - 19.
Schlesinger, H. (1988b), Kontinuität in den Zielen, Wandel in den Methoden, in: Filc, W. u.a. (Hrsg), Herausforderungen der Wirtschaftspolitik, Festschrift zum 60. Geburtstag von C. Köhler, Berlin 1988, S. 197 - 209.
Schlesinger, H./Bockelmann, H. (1973), Monetary Policy in Twelve Industrial Countries, Federal Reserve Bank of Boston, 1973, S. 162 - 175.
Schlesinger, H./Jahnke, W (1987), Geldmenge, Preise und Sozialprodukt: Interdependenzzusammenhänge im Lichte ökonometrischer Forschungsergebnisse für die Bundesrepublik Deutschland, in: Jahrbuch für Nationalökonomie und Statistik, Bd. 203/5-6, Stuttgart 1987, S, 576 - 590.
Schmidt, P.-G. (1983), Die Zentralbank in der Demokratie, Jahrbuch für Neue Politische Ökonomie, 2. Bd., Tübingen 1983.

Schmidt, R. (1973), Grundlagen und Grenzen der Unabhängigkeit der Deutschen Bundesbank, Xenion, Festschrift für Pan. J. Zepos, (Hrsg.) E.v. Caemmerer u.a. Bd. II, Köln 1973, S. 662 - 685.

Schmölders, G. (1968), Geldpolitik, 2. Auflage, Tübingen 1968.

Schneider, T. (1989), Die wirtschaftspolitische Beratung im Vergleich - Frankreich und Bundesrepublik Deutschland, Paffenweiler 1989.

Siebke, J. (1982), Steuerung der Geldmengenaggregate: zwischen Können und Wollen, in: Beihefte zu Kredit und Kapital, Heft 7, Berlin 1982, S. 147 - 157.

Siebke, M./Willms, M (1974), Theorie der Geldpolitik, Berlin 1974.

Silber, W. (1983), The Process of Financial Innovation, in: American Economic Review, mai 1983, S. 89 - 95.

Spahn, H.-P. (1988), Bundesbank und Wirtschaftskrise, Studien zur monetären Ökonomie, Band 1, Regensburg 1988.

Starbatty, J. (1981/82), Bilanz der Geldpolitik im letzten Konjunkturzyklus (1976 - 1981), in: List Forum Bd. 11, Heft 5, S. 321 - 339.

Sterdyniak, H./Vasseur, C. (1985), Encadrement du crédit et politique monétaire, in: Observations et diagnostics économiques, n° 11, avril 1985, S. 105 - 136.

Sterdyniak, H./Villa, P. (1981), La monnaie disparue, in: I.N.S.E.E., note 219/341-1, 320 du 15 avril 1981.

Strauss-Kahn, (1987), Mécanismes de transmission et effets macroéconomiques de la politique monétaire en France, Banque de France, Cahiers économiques et monétaires, N° 27.

Théron, M. (1978), La politique monétaire française au cours des dix dernières annèes, in: Kredit und Kapital (1978), S. 53 - 83.

Thomas, K. (1988), Das Verhältnis von Refinanzierungs- und Offenmarktpolitik, in: Beihefte zu Kredit und Kapital, Heft 10, Berlin 1988, S. 109 - 127.

Toullec, C. (1979), Economie de marché, économie d'endettement et politique monétaire, in: Revue Banque n° 382, mars 1979, S. 291 - 300.

Truquet, J. (1985), Le développement des interventions de la Banque de France sur le marché monétaire, in: Banque de France, Les cahiers économiques et monétaires N° 25, S. 295 - 304.

Truquet, J. (1986), Le nouveau marché monétaire, in Revue Banque n° 458, février 1986, S. 176 - 179.

Tuchtfeld, E. (1990), Geldmengenziele im internationalen Vergleich, in: Monetäre Steuerung und ihre Probleme in unterschiedlichen Wirtschaftssystemen, (Hrsg.), Wagner, H.-J. Berlin 1990, S. 97 - 120.

Tuppen, J. (1988), France under recession 1981 - 86, Macmillan 1988.

Ullmo, Y. (1987), Innovations financières, agrégats monétaires, politique monétaire, in: Revue d'économie financière, N° 2, septembre 1987, S. 25 - 36.

Ullmo, Y. (1988), Intermédiation intermédiaires financiers et marché, in: Revue d'economie politique, N° 5, juillet 1988, S. 639 - 654.

Uterwedde, H. (1985), Mitterrands Wirtschaftspolitik - Was bleibt vom Sozialismus, in: Aus Politik und Zeitgeschichte, Beilage zur Wochenzeitung das Parlament, B 19/85, 11. Mai 1985, S. 3 -13.

Vial, P. (1989), La répercussion des chocs d'intérêt sur l'économie française, in: Revue française d'économie, printemps 1989, S. 65 - 88.

Vignon, J. (1984), Le delorisme en économie, in: Cahiers Français N° 218, octobre-décembre 1984, La Documentation Française, S. 60 - 68.

Wagenmann, J. (1991), Wertpapierpensionsgeschäfte: Das überlegene Refinanzierungsinstrument, Schriften zur Geldtheorie und Geldpolitik, Paffenweiler 1991.

Wagner, H. (1988), Soll die Bundesbank eine nominelle BSP-Regelpolitik betreiben? in: Kredit und Kapital, 21. Jg., S. 8 - 33.

Weizäcker, C.C.v. (1987), BIP statt Geldmenge, in Wirtschaftsdienst 7/1987, S. 76 - 80.

Willms, M. (1972), Der Inflationsprozeß in der Bundesrepublik und die Geldpolitik der Bundesbank, in: Cassel, D./Gutmann, G./Thieme, H.J. (Hrsg.): 25 Jahre Marktwirtschaft in der Bundesrepublik Deutschland. Konzeption und Wirklichkeit, Stuttgart 1972, S. 189 - 192.

Willms, M. (1978), Monetäre Zwischenziele europäischer Zentralbanken, in: Wirtschaftsdienst, Heft 3, 1978, S. 154 - 160.

Willms, M./Riechel, K. (1978), Monetäre Indikatoren, in: Handwörterbuch der Wirtschaftswissenschaft, Band 4, Stuttgart u.a. 1978.

Woll, A. (1988), Die Unabhängigkeit der Deutschen Bundesbank muß gesichert werden, Wirtschaftsdienst, 68. Jg. (1988)3 S. 122 - 124.

Woll, A. (1991), Die Unabhängigkeit der Europäischen Zentralbank: Dogma oder Notwendigkeit, in: M. Weber (Hrsg.): Europa auf dem Weg zur Währungsunion, Darmstadt 1991, S. 157 - 169.

Wyplosz, C. (1988), Monetary Policy in France: Monetarism or Darwinism?, in: Finanzmarkt und Portfolio Management, hrsg. von der Schweizerischen Gesellschaft für Finanzumarktforschung, 2, Jg. (1988), Nr. 4, S. 56 - 67.

MIX

Papier | Fördert gute Waldnutzung

FSC® C083411

Kolibri 360 GmbH
Ferdinand-Jühlke-Straße 7
99095 Erfurt, Deutschland
produktsicherheit@kolibri360.de